U0592870

河南省哲学规划年度项目（2021CJJ127）

河南省重点研发于推广专项（软科学）项目（222400410591）

河南财经政法大学华贸金融研究所2021年度科研项目（HUEL2021139）

韩雪亮◎著

迈向数智时代的管理变革

MANAGEMENT
CHANGE TOWARDS
THE AGE OF
DIGITAL INTELLIGENCE

经济管理出版社

ECONOMY & MANAGEMENT PUBLISHING HOUSE

图书在版编目（CIP）数据

迈向数智时代的管理变革/韩雪亮著 . —北京：经济管理出版社，2022.8
ISBN 978-7-5096-8694-2

Ⅰ.①迈…　Ⅱ.①韩…　Ⅲ.①企业经营管理—研究　Ⅳ.①F272.3

中国版本图书馆 CIP 数据核字（2022）第 160490 号

组稿编辑：魏晨红
责任编辑：魏晨红
责任印制：黄章平
责任校对：张晓燕

出版发行：经济管理出版社
　　　　　（北京市海淀区北蜂窝 8 号中雅大厦 A 座 11 层　100038）
网　　址：www. E-mp. com. cn
电　　话：（010）51915602
印　　刷：北京市海淀区唐家岭福利印刷厂
经　　销：新华书店
开　　本：720mm×1000mm/16
印　　张：14
字　　数：227 千字
版　　次：2022 年 8 月第 1 版　　2022 年 8 月第 1 次印刷
书　　号：ISBN 978-7-5096-8694-2
定　　价：68.00 元

·版权所有　翻印必究·
凡购本社图书，如有印装错误，由本社发行部负责调换。
联系地址：北京市海淀区北蜂窝 8 号中雅大厦 11 层
电话：（010）68022974　　邮编：100038

序

　　以大数据为关键生产要素、以数字化技术迭代创新为核心驱动力、以移动商务智能为重要载体而风靡世界的数智经济新形态，正在不断地改变我们的生产和生活方式。传统管理正在向数智化管理演进，那些基于数字科技创新的企业，正在通过新一轮的"野蛮生长"而一跃成为商界新星，正在试图或已经颠覆传统企业的经营模式和成功经验，正不断地改变深谙"管理之道"的企业家和管理学家的认知。由数字技术提供的无处不在的大连接和动力支持，正在挑战存在已久的商业模式；并开启、创造和获取价值的新途径，从本质上改变企业经营过程的不确定性及其应对不确定性的方式。市场瞬息万变、不确定性陡增，已经成为现代企业管理人员最大的梦魇。数智经济的崛起在商业管理领域掀起了一场革命，触发了一系列管理议题，加速了学者对现有理论的创新和对学术研究成果解释力的反思。这些反思包括但不局限于：大数据及其算法如何影响组织？数智化如何影响组织中的管理者？管理者如何应对"乌卡"和"流变"带来的冲击？组织如何打响数智革命的第一枪？企业在实现数智化过程中将面临哪些挑战、会衍生出哪些新的问题？

　　迈向数智经济时代的路有多条，只不过有些人或组织是融入，有些人或组织是卷入。在"大智移云区"等新兴技术创新日益加速的冲击下，如果不了解数智时代的管理变革，就极有可能"赢得了对手，却输给了时代"。面对未来发展方向的不确定性和未来发展路径的不连续性：我们必须警惕照搬原有管理理论和经验去预测未来的风险；我们必须把握住变化带来的挑战和机遇，去实施新的乃至颠覆性的管理方法或模式；我们需要调整观念、端正态度、储备新知识和提高技能，以便我们有足够的勇气、信心、实力和魄力在新的时代继续发光发热。企业更要树立"技术引领变革，管理创造价值"的理念，全面审视管理变革的必要性和重要性，重视管理变革的内容及其在"百年未有之大变局"中所扮演的不可或缺的角色，助力企业的长期可持续发展，有效提升企业的竞争力，锻造自身的组织韧性，迎合时代发展的新需求。

基于管理大变革的视角，本书围绕"数据赋能"这一核心，从"价值创造""价值贡献""价值衍生"和"价值悖论"四个方面，阐述因数据赋能而带来的商业模式变革、组织结构变革、运营管理变革、市场营销变革、人力资源管理变革、财务管理变革、战略管理变革、管理决策变革、数据隐私和数据治理等内容。本书力求扭转读者对"乌卡"的认知，撕掉不稳定性（Volatility）、不确定性（Uncertainty）、复杂性（Complexity）和模糊性（Ambiguity）的"旧乌卡时代"（旧 VUCA）标签，重新冠以愿景（Vision）、理解（Understand）、勇气（Courage）和适应（Adaptability）的"新乌卡时代"（新 VUCA）属性，以帮助读者重构数智时代的愿景，理解数智时代的管理变革，增加自身的勇气，适应时代的发展。

本书的特色体现在"全""简""瞻"三个字。"全"：围绕企业价值链上的职能领域展开，包含了企业经营离不开的商业模式、组织结构、运营管理、市场营销、人力资源、财务管理、战略管理等重要环节，同时对数据要素在其中所扮演的角色进行了讨论；"简"：在内容安排上化繁为简，用最简单的语言梳理相应模块的"历史"，让读者能够清晰地把握知识的发展脉络以及在数智时代所要面对的问题；"瞻"：从历史角度探讨社会发展的趋势，描绘了社会和管理的未来，阐述了隐私的生命周期和数据治理等一系列人们比较关心的议题。

王霄

暨南大学管理学院

2022 年 5 月

目　录

1　绪论

1.1　万物皆数：数据的发展历程

1.1.1　数据：源起

"万物皆数"。古希腊先哲毕达哥拉斯（Pythagoras）早在公元前 6 世纪就已经意识到物是数据的载体，而数据又可以用来反映物的本质。"数据"一词对应的英文单词"data"源自拉丁文"datum"，而"datum"的本意是"给定的事物"。在某种意义上，"数据"这一概念的起源，已经很好地诠释了毕达哥拉斯有关数据和事物是统一的认知。如今，我们把数据看作一组为了参考或分析而收集在一起的事实、统计资料和观测值。因此，现在我们提到数据时，已不仅是一串串的数字（Number），而是还包括一些定性的描述、词汇等内容。如果说"2021 年中国 GDP 总量达到 114.4 万亿元"这句话里面的"2021""114.4"是数据，相信并不会招来质疑；但是，要说"让传统文化强势出圈的舞蹈节目《唐宫夜宴》，极富现代艺术感，蕴藏了深厚的文化"也是数据，恐怕会在一定程度上引来异样的目光。不过，无论是从毕达哥拉斯"万物皆数"的定理来看，还是从"数据"（Data/Datum）的定义和内涵来看，后者也是数据，这一点毋庸置疑。

维克托·迈尔·舍恩伯格和肯尼思·库克耶在《大数据时代：生活、工作与思维的大变革》一书中提醒我们："大数据开启了一次重大的时代转型，就像望远镜让我们能够感受宇宙，显微镜让我们能够观测微生物一样，大数据正在改变我们的生活以及我们理解世界的方式，成为新发明和新服务的源泉，而更多的改变正蓄势待发。"然而，从历史的视角来看，从"数据"发展到"大数据"先后历经了四次大的浪潮和三个标志性阶段。

第一次浪潮大约从1万年前开始，当时的整个人类社会正处于农耕时代，此时期是对原始基础数据的积累；第二次浪潮发生在工业时代，从17世纪末开始，促使人类社会从农业社会向工业社会转型；第三次浪潮从20世纪50年代后期开始，促使整个人类社会逐渐从工业时代向信息时代过渡；第四次浪潮是伴随着移动互联网的崛起而开始的，由于存储能力和云计算的发展、大数据的落地，把人类社会带入了数字时代。每一次数据浪潮都是人类社会发展的一次重大飞跃。

从数据到大数据，尤其值得关注的是在后两次浪潮中的三个标志性阶段。第一个阶段：世界上第一台通用计算机 ENIAC 横空出世。计算机：尤其是数据库被发明之后，数据管理的复杂度大大降低，各行各业开始产生数据，并被记录在数据库中，这时候的数据以结构化数据为主，数据的产生也是被动的。第二个阶段：互联网2.0时代的出现。互联网2.0最重要的标志就是用户原创内容，随着互联网和移动通信设备的普及，人们开始使用博客、Facebook、YouTube、QQ等社交网络，从而开始主动"生产"大数据。第三个阶段：感知式系统阶段。随着物联网的发展和应用，各种各样的感知层节点开始自动产生大量的数据。遍布世界各个角落的传感器、摄像头，各种类型的智能穿戴设备（包括下载安装到智能手机中的"悦动圈"App等应用系统），无时无刻不在自发式地产生新数据。

1.1.2　大数据的特征

1.1.2.1　"5V"大数据观

数据科学家和大数据研究者先后用"3V"和"5V"来描述大数据的特征。目前，比较流行的是"5V"大数据观。这里的"5V"分别是：规模性（Volume）、真实性（Veracity）、价值性（Value）、多样性（Variety）、时效性/高速性（Velocity）。其中，规模性指的是数据量的庞大，在存储上只有达到

PB 级别的才能够称得上大数据，而 TB 以下的皆为小数据；真实性意味着数据的真实性和质量是影响决策的重要因素，虚假数据不仅占据空间，还容易导致管理混乱，甚至会误导决策；价值性并非意味着大数据就一定有价值，有时候庞大的数据存量更多的是对现有资源的一种掠夺和侵占，大数据的价值性指的是它的价值密度比较低，在海量的数据中真正有价值的只是其中很小的一部分；多样性指的是大数据来源具有多途径，数据种类繁多，包括结构化数据（如年龄、价格、工资等）和非结构化数据（如图片、文本和视频等）；时效性/高速性意味着，随着新型技术的发展和人类活动的增加，随时随地都可能产生海量的数据。这些在数字化时代看似很平常的事情，在方便了人们的生活、愉悦了人们的精神之余，也给管理和决策带来了一系列问题。

1.1.2.2 管理学家眼中的大数据

从管理的视角来看，大数据特征具有决策的有用性、复杂性、可重复开采性、功能多样性。决策的有用性体现在，通过分析、挖掘和发现其中蕴藏的知识，可以为各种实际应用提供其他资源难以提供的决策支持；数量规模之大、来源之广和形态结构之多，使其状态变化和开发方式等充满了不确定性，间接地表达了复杂性；对于给定的大数据资源，任何拥有该资源使用权的人或组织都可以对其进行开采和挖掘，体现了可重复开采性的特点；功能多样性这一特点，体现在医疗卫生管理、舆情监控和公共安全管理、社交网络分析、商业模式创新和市场营销、生产销售管理、客户关系管理和人力资源管理等方面。1980 年，著名的未来学家阿尔文·托夫勒在《第三次浪潮》一书中明确提出："数据就是财富。"[①] 2012 年，世界经济论坛指出，数据就像货币和黄金一样，是一种具有较高价值的新的资产。以管理中的服务决策为例研究认为，大数据对管理中服务决策的价值主要体现在两个方面：一是帮助企业了解用户。通过数据分析，将用户行为精确定位到目标客群的消费特点、品牌偏好、地域分布，从而引导商家的运营管理、品牌定位和推广营销等服务。二是帮助企业了解自己。企业在生产经营中需要大量的资源，而大数据可以完美地分析和锁定资源的具体情况，将资源可视化，从而帮助企业管理者更直观地了解企业的运作状态，以更快地发现问题，及时调整经营，进而获得更高的利润。

---

① 阿尔文·托夫勒. 第三次浪潮［M］. 黄明坚，译. 北京：中信出版社，2006.

1.1.3 大数据的思维

1.1.3.1 大数据的观念思维

维克托·迈尔—舍恩伯格和肯尼思·库克耶在《大数据时代：生活、工作与思维的大变革》一书中带有前瞻性地讲述了大数据触发的思维变革、商业变革和管理变革，并把思维变革作为开篇内容。他们认为，大数据将触发三大思维的转变：第一，在事物分析的过程中，需要分析与之相关的所有数据，而不再依赖于随机采样；第二，人类不应该再刻意地追求数据的精确度，而是要逐渐适应并学会接受数据的纷繁复杂；第三，从海量数据中探求因果关系是没有必要的，对大数据的分析有相关性就足够了。尽管他们关于大数据只要知道是什么而无须关心为什么的观点在今天仍然备受争议，但是数智经济的发展的确从根本上颠覆了人类固有的传统思维，挑战了人类对世界的认知和开展交流的方式。

1.1.3.2 大数据的实用思维

在数智时代下，清晰地认识数据并挖掘数据价值是非常重要的。大数据涉及数据管理和数据分析两个方面：一是数据管理。包括数据的获取、存储、提炼、注解、整合、聚类、描述。二是数据分析。首先建模，对数据再编码，然后分析（包括文本分析、音频分析、视频分析、社交媒介分析、预测分析）。当然，这些分析是针对结构化数据的。对于非结构化数据，则需要运用其他的分析方式。通过清晰地认识数据，决策者就会知道虚假的数据会带来虚假的价值，从而减少由于采用虚假数据导致的误判行为。挖掘数据价值，鉴于大数据具有低价值密度，那么我们就要对数据进行挖掘，了解数据的整个系统，大数据系统分为"造"和"用"两个方面："造"是大数据的分析。如用户的画像、深度的学习、推断、体系、功能和数据库的建设。"用"是使用行为和使用创新。在使用行为上，对数据要素进行采纳、产生影响及管理；在使用创新上，对数据要素进行把握、提取价值、创造市场。

值得注意的是：大数据流量和相关思维带来的决策，并不是总能给人们带来足够好的生活体验。在传统思维中，商品只有足够好才会有人去买，才会值得买，才会带来消费的愉悦感。在大数据驱动下，流量思维指导的是依托用户基础量来营造商业模式。

1.1.4 大数据的来源

虽然实务界和学术界关于大数据的概念众说纷纭，但是大多认同大数据的来源有以下五种：

（1）社交媒体产生的大数据。随着移动互联网的发展，各种社交 App 层出不穷。任何一个信息，包括虚假信息，都在潜移默化地操控着信息接收者的思想和行为。随着数智时代的临近，在社交媒体上发声的，除了生物人外还有机器人。Hjouji 等（2020）在《机器人在社交网络观点中的影响》一文中证实了社交机器人对社交网络舆论具有重大影响，占消费者总数不到 1% 的活跃的机器人，足以左右整个社交网络的舆论风向。对此，早在 2000 多年前，马克·奥勒留在《沉思录》中预言："我们所听到的一切，只是人们的主观意见，并非客观事实；我们所看见的一切，只是事物的冰山一角，并非本来真相。"

（2）机器对机器产生的大数据。机器对机器意味着，机器设备之间在没有人类行为的干预下，可以直接通过网络沟通而自发式地完成相应的任务。虽然机器对机器的数据传输方式可能受限、时间可能较长，但是作为物联网技术发展中的一项非常关键的底层技术，对于企业而言是非常重要的。随着机器学习和万物互联的发展，机器对机器产生的数据量亦呈指数级增长。

（3）交易产生的大数据。在人类的经济活动中，积累了大量的相关数据。随着人类社会活动和经济活动的频繁开展，这类数据的增长势头迅猛。有关人类交易产生的大数据，在后文中的生命大数据、经济大数据和管理大数据中将予以更多的介绍。

（4）生物计量学产生的大数据。生物计量学也称生物测定学，原指用数理统计的方法来分析生物，现多指通过分析以人为代表的生物体本身的特征进而对其之间的差异进行区分的计算技术。例如，语音、面部、指纹、手掌纹、虹膜、视网膜、体形、个人习惯等，采用相应识别技术进行语言识别、人脸识别、指纹识别、掌纹识别、虹膜识别、视网膜识别、体形识别、签字字迹识别等，可以将人与人之间进行有效的区分。目前，在商业领域推出的刷脸支付、无感支付等，就是生物计量学的应用和推广。

（5）人工合成的大数据。人类自从有了活动以来，就在源源不断地制造数据。电商呼叫中心的记录单、医院的电子病例等，都是人工合成的数据。这类数据往往涉及个人隐私，并带有高度的敏感性，既是数字犯罪的高发地，也是数据治理难以逾越的屏障。

1.2 生命、经济和管理中的大数据

1.2.1 生命大数据

数据中记录着生命在历史长河中留下的每一个足迹。生命在地球上已存在38亿年，在这几十亿年中演化出了各种各样的生物。从达尔文的进化论中我们可以知道，生命是在不断进化的。在5亿4200万年前到5亿3000万年前的寒武纪时期，出现了一次生物大爆发，各种各样的生物开始出现，这与达尔文的进化论相悖，至今也是古生物学和地质学的一大悬案。目前，对此有两派观点：一是认为达尔文的进化论确实有不足之处，在某些因素的影响下物种的演化确实以较快的速度进行，这些因素可能是氧含量的积累、臭氧层的形成、生物的共同进化、基因片段的形成等。二是认为寒武纪大爆发其实是一个伪命题，因为很多物种的分化在寒武纪之前就已经出现，而到了寒武纪，物种多样性也只是在此前的基础上持续稳定地增长而已。寒武纪大爆发至今也是一大谜题，自寒武纪大爆发后，各式各样的生物开始出现，虽然也有很多物种因为各种原因消失了，但留下来的生物和谐共生，共同组成了我们所熟悉的自然界，而自然界又将它记录下来的上亿年前的数据传递给后代。科学家相信随着大数据与算法的发展，在不久的将来，人们终将破解寒武纪大爆发的秘密，甚至破解生物乃至地球的秘密。从寒武纪大爆发中我们可以知道，很多数据是无法磨灭的，有的深藏于岩层，直至被现代人发现。从生命史来看，数据史伴随着生命甚至早于生命就存在了。

在生命大数据中，眼睛发挥着重要的作用。眼睛是人类智慧的开端，其改变了生物生存的两项法则：一是捕食方式变为主动捕食；二是开始寻找优质的对象繁衍后代。① 眼睛的出现进一步"加速"了生命的进程，使数据更加丰富化和多样化。自机器人诞生以来，它们在我们的生活中出现的频次越来越高。根据雷·库兹韦尔（Ray Kurzweil）在《奇点临近》一书中的观点：人类正在迈向数智化经济时代，而从机器人到人工智能，是另一个新物种大爆发的开始。随着时代的发展，机器人在不断演化。人越来越像机器，而机器越来越像人。支持人机共舞、人机融合的只有技术，而技术的背后却是数据和算法。正因如此，有人提出：未来的生命将会被数据化，依托这些数据进而被运算，进而把不可能变为可能。例如：可以计算出我们的祖先是谁，从而杜绝拐卖儿童事件的发生；预测疾病并采取措施，让我们不再被疾病所困扰；等等。

人工智能在不断的发展中完善，促进着新"AI"时代的到来。如今机器人正在不断地加入人们生活中，为人类服务，人类的生活也越来越离不开机器人。机器人发展的背后是技术的进步，这也正是我们追寻的目标。人类在发展的过程中，不断地完善技术，使生命在不断地进化，伴随而来的是基因库也在不断地更新。人类所发展的技术，从底层逻辑来看都是算法与数据的发展，这也将会使人类走向数据化。2012年，美国有30万人拥有基因组数据，2017年增长至1200万人。② 从这组数据来看，人类的基因组数据库正在加速完善，发展速度可谓惊人。可以想象，数十年后，或许人人都将拥有自己的基因组数据，基因将与我们的生命相关联。

基因的数据化让生命可以通过数据被运算出来，生命的数据化也将为我们带来诸多好处。例如，23魔方已经能够通过数据库的运算，计算出刘邦、赵匡胤、朱元璋等DNA的遗传标记。技术的进步，不仅能预测到我们祖先的基因数据，也能分析出不同的人之间存在的基因关系。随着基因数据库的完善，人类疾病会不断地被预测，并且能够协助找到失踪的亲人。当人类的生命能够以数据化的方式呈现时，破解人类生命的奥秘将不再遥不可及。

1.2.2　经济大数据

从经济学的角度来看，人类的活动史就是一部经济史。人类为了生存、生

---

① 安德鲁·帕克. 第一只眼［M］. 于肿涵，李晨昊译. 北京：北京联合出版有限责任公司，2021.

② 周坤. 人类生命数据化的未来［EB/OL］. https：//zhuanlan，zhihu. com/p/49736090.

活和延续所开展的活动，都被以数据的形式记录在经济史中。提到经济史，就不得不说人类活动的发展和状态变迁。根据大卫·克里斯蒂安（David Christian）在《极简人类史：从宇宙大爆炸到 21 世纪》一书中的描述：人类社会或者说经济活动的发展大致可以分为五个阶段，分别为：采集狩猎阶段（公元前 30 万年到公元前 1 万年）、农耕文明阶段（公元前 8000 年到公元前 4000 年）、工业发展阶段（18 世纪 60~80 年代）、移动互联阶段（20 世纪 80 年代中后期开始）以及正在步入的人工智能阶段。对于数智化阶段，其实我们很难清晰地界定它的起始时间。智能化的概念从广义层面来讲，是指让人类从原有的繁重工作中解放出来。人类从 3 万年前甚至更早就已经开始尝试智能化，只不过那时候还没有明确的定义和概念，所以，我们不能把它归于一个新时代的概念，从古至今我们一直都没有停止对人工智能阶段的探索，因此目前的一个说法也只是暂且把它归结在最新的一个阶段。

在此，需要提出一个问题：眼睛在经济发展中到底扮演了一个怎样的角色？在采集狩猎阶段，眼睛可以帮助人们通过观察动物的足迹与粪便，来预测猎物的位置。在农耕文明阶段，眼睛可以通过观察天象来决定何时播种与收割。在工业发展阶段，眼睛的作用逐渐淡化，但依旧不可或缺。眼睛可以通过观察科技以及市场的变化来调整经济发展。在移动互联阶段，人们通过数字信息来精确掌握每个人的信息。例如，新冠肺炎疫情防控期间人们可以借助信息来掌握一个人的行动轨迹。而在未来人工智能阶段，碳生命、硅生命与 AI 将构成"金三角"，机器人开始"大爆发"，"人—机"博弈开始新繁衍。这种状况并不是我们想要看到的，我们期待的是"人—机"的和谐相处。

那么，我们现在处于什么阶段？移动互联阶段显然已经不足以形容当前的状况，而用人工智能阶段来形容当下又为时过早。因此，我们用数字经济时代来形容当下的经济社会：一个介于移动互联阶段和人工智能阶段的阶段性概念来概括这个中间阶段。在经济学中，数字经济是指人类通过大数据的"识别—选择—过滤—存储—使用"，来引导、实现资源的快速优化配置与再生，实现经济高质量发展的经济形态。谈到数字经济时就离不开其本质与三大定律，其中数字经济的本质是信息化。三大定律：①正梅特卡夫法则。网络的价值等于其节点的平方。②摩尔定律。计算机硅芯片的处理能力，每 185 个月就翻一番，而价格以减半数下降。③达维多定律。进入市场的第一代产品能够自动获得 50%的市场份额。

如今，我国数字经济发展规模全球领先，这一切都离不开政府的包容、第四次工业革命、统一的大市场这三个重要的原因。数字经济趋势①包括但不局限于：人类社会正在迈向史无前例的大规模、大尺度、精准化协作新阶段；数字商业红利是消费扩张的助推器，已成为国民经济增长的新引擎；数字商业基础设施就绪度不断上升，正引领和支撑企业的数字化变革；线上线下打通，实体零售店重新焕发活力；消费需求持续演进升级，已成为培育和创造中国品牌的新契机；新一代消费者进入主力消费年龄段，将主导未来生活方式变革的新趋势；"双十一"已成为新技术创新、孵化、大规模应用的试验场，阐释了培育核心技术的新模式；数据驱动的个性化、柔性化、服务化等新制造模式正在兴起，将开启制造业数智化转型的新阶段；跨境电商涨势喜人，新型全球贸易雏形已现；数字经济助力普惠发展。

1.2.3 管理大数据

现代管理在我国一致被认为是舶来品，全球管理史在人类史和经济史面前显得极为渺小。然而，有意义的管理活动始终伴随着人类的社会活动和经济活动。古希腊著名的思想家、哲学家、教育家、公民陪审员苏格拉底和他的学生柏拉图以及柏拉图的学生亚里士多德并称为"古希腊三贤"，更被后人认为是西方哲学的奠基者。据记载，身为雅典公民的苏格拉底最后被雅典法庭以侮辱雅典神和腐蚀雅典青年思想之罪名判处死刑。尽管苏格拉底曾获得逃亡的机会，但他仍选择饮下毒酒而死，因为他认为逃亡只会进一步破坏雅典法律的权威。从现代管理的视角来看，苏格拉底的行为就是管理者的自我管理。因此，苏格拉底和他的学生，以及他学生的学生不仅是古代西方哲学的奠基人，而且也是古代管理思想的奠基人。东方管理除孔子那段辉煌时期外，还有异常耀眼的诸子百家，其中有很多思想来源于法家和道家。春秋战国时期，社会急剧变化，许多问题亟待解决。同时，也产生了各种思想流派，呈现出我国古代前所未有的学术繁荣局面，后世称为"百家争鸣"。无论是东方还是西方，管理思

---

① 智领·智库观点：2018 双 11 预演"后移动时代"数字经济十大趋势［EB/OL］. https：//view. ckcest. cn/WebSearch/ArtDetails. aspx？TableName＝%E5%BF%AB%E8%AE%AF&sysid＝6152.

想均来自哲学,由哲学作为管理的奠基。

从时间跨度来看,上述以哲学为基础、以思辨为支柱的管理与大数据第一次浪潮同期;而后从工业革命开始近代科学管理则与近几次数据浪潮相伴而生。从工业革命史来看,第一次工业革命在英国伦敦开始进入机械化,第二次工业革命进入电气化,第三次工业革命进入自动化和精益化,第四次工业革命进入智能制造时代,预测第五次工业革命人类将进入超级人工智能时代。历次工业革命都会引起管理的变革,在工业的机械化阶段,出现了工厂制、企业家的合伙制,此后出现股份制、职业经理人、大规模生产与消费建设、局域网和全球网。从组织的形式来看,历次工业革命与组织结构的演进也有很大关系,使数据来驱动组织发生变化,从简单到职能制、事业部制,再到网络型、平台型,以至到后来的大数据驱动组织。从数据的角度来看,任何组织结构的变迁史都是"数据"驱动的结果。2020 年 4 月,《中共中央、国务院关于构建更加完善的要素市场化配置体制机制的意见》提出了土地、劳动力、资本、技术、数据五个要素领域改革的方向,数据作为一种新型生产要素首次正式出现在了官方文件中。由此,数据在管理中的价值地位和价值贡献,注定要得到前所未有的提升。

1.3 本书的结构安排

在本书的绪论部分对数据的发展历程进行了简单的介绍,重点探讨了大数据的特征、大数据思维和大数据来源等问题;探寻生命史、经济史和管理史中大数据的足迹,旨在说明尽管大数据概念的提出并不遥远,但大数据的足迹古来有之。第 1 章旨在介绍大数据的起源、特征和发展,阐释大数据与经济和管理之间密不可分的关系。

二战期间,英国首相温斯顿·丘吉尔(Winston Churchill)曾经说过:"你能向后看得越久,就能向前看得越远。"本着继往开来的宗旨,本书在接下来的结构安排如下:第 2 章界定商业模式的概念,简述商业模式发展和演化,重点探讨商业模式变革逻辑和数智时代商业模式的创新与设计;第 3 章介绍组织结构变革的演进，指出了以科层组织为代表的传统组织所面临的挑战，并列举了一系列新兴的组织结构；第 4 章在阐述运营管理历史演进的基础上，探讨数字化和智能化在运营管理特别是智能制造和供应链管理领域的应用与实践；第 5 章阐述市场营销的历史演进，指出传统市场营销所面临的重大挑战，以及大数据时代下市场营销面临的问题，探讨数智时代下市场营销要素和场景的转变；第 6 章阐述人力资源管理的历史演进，以及在大数据时代下，人力资源管理所面临的挑战和现如今的发展与实践状况，尤其关注人力资源大数据及其在新时代人力资源管理中的应用；第 7 章阐述财务管理的历史演进，论述如今的数智时代下，财务管理所面临的误区、挑战及转型；第 8 章阐述战略管理的历史演进，以及数智时代下战略管理的转型与发展，介绍即兴战略、数字化战略等适应数智时代发展的新战略；第 9 章回到一切管理问题的根源——决策，阐述管理决策的历史演进，以及数智时代下，人们对管理决策的研究和决策分析的发展和实践；第 10 章反思在数智化蓬勃发展的时代背景下，大数据给人们带来的个人隐私、数据孤岛以及商业伦理道德等方面的新问题；第 11 章锚定管理未来与数据治理，根据历史的演进以及现在的科学技术发展趋势，推测未来的社会与未来的科学发展状况，尤其关注数据管理和数据治理。

2 商业模式的变革

今天企业的竞争已经不单是产品的竞争，而是商业模式之间的竞争。

——彼得·德鲁克

2.1 商业模式及其演进

2.1.1 商业模式的概念

商业模式在企业组织管理领域，被视为企业赚钱的方式或方法，一个好的商业模式能够给企业带来持久的收益。商业模式的成功，本身就是企业可持续竞争优势的表现形式。在概念上，商业模式描述并指定了企业应该如何将自己的产品/服务与市场现有或潜在客户的需求相匹配。因此，商业模式是一种建立在多种构成要素及其关系之上、用来说明特定企业商业逻辑的概念性工具，它可用来说明企业如何通过创造顾客价值、建立内部结构以及与伙伴形成网络关系来开拓市场、传递价值、创造关系资本、获得利润并维持现金流。参与商业路演的企业家或创业者通过客户细分、价值主张、客户关系、核心资源、关键业务、重要合作、渠道通路、收入来源和成本结构，来展示自己独特的商业模式，其核心内容都在于诠释独特的创新模式和价值创造。一个成功的商业模式需要具备以下关键的要素：

第一，客户。客户要素是商业模式设计中首先要解决的问题，也是搭建商业模式的基础。商业模式中的客户要素就是市场，一个商业模式中的市场定位越精准，就越能找到潜在的目标客户。例如，"不是所有的 SUV 都叫 Jeep"，非常明确地将 Jeep 的客户群体定位为对 SUV 有所需求和期待的潜在购车人员。

第二，产品/服务。产品设计和服务流程一般要独具特色，产品的性能、特征、灵活性、耐用性、美感等，服务的及时性、礼貌性、愉悦性、便捷性、完整性等，是否能够满足或超出现有的或潜在的客户预期，是商业模式设计的核心元素之一。质量、功用、价格、品牌价值要有前瞻性，知道客户的痛点在哪里，并且能够精准打击。一般原则是："人无我有，人有我优，人优我专。"产品/服务只有融入设计思维后，才能真正地有利于提升商业模式价值。例如，一款外形酷似鸭蛋，内含牛奶、巧克力及松脆可可球的蛋形巧克力玩具——奇趣蛋，巧妙地融合了"吃"和"玩"两种元素，既满足了小孩子的口欲和味蕾，又迎合了他们的好奇心。

第三，管理。国家机器运转离不开治理，而商业运作同样也离不开管理。1961 年，哈罗德·孔茨在《管理理论的丛林》一文中，把各式各样的管理理论分成了六个重要学派：管理过程学派、经验或案例学派、人类行为学派、社会系统学派、决策理论学派、数学学派；19 年后，他在《再论管理理论的丛林》中将管理理论进一步划分为了 11 个学派：经验主义管理学派、人际关系学派、组织行为学派、社会系统学派、管理科学学派、权变理论学派、决策理论学派、系统管理理论学派、经验主义学派、经理角色学派、经营管理学派。时隔 20 年，哈罗德·孔茨对管理学流派的研究发现，现实不但没有走出这篇管理丛林，这片丛林反而越加茂盛。当前学术界和实务界的界限非常明显，并且有着数不清的江湖门派。用各大门派都听得懂的语言来讲：管理就是在"一边吃饭喝酒博感情，一边审时度势布战略"中，"搭班子""定战略""带队伍"。当然，一些"推""拖""拉"等，也被视为极具文化特色的管理艺术。

第四，竞争壁垒。为了防止客户和企业价值的流失，任何企业都需要建立竞争壁垒以保护自己的商业模式。企业商业模式的保护壁垒包括但不限于市场领导定位、专利版权、品牌、产品领先、技术领先、速度领先、持续创新和客户关系的维系和改善。作为企业自我保护的坚实屏障，它已经深深地刻入企业商业模式的各个环节。

企业的客观实践对商业模式的诠释五花八门，而商业模式的概念亦为现代人津津乐道。向来严谨或者应该严谨的商业组织管理研究者对商业模式也有异常强烈的兴趣和偏好，并围绕其定义、分类和原型争论不休。当然，科学研究的严谨性难以掩饰不同学者在研究中为了便于自己开展研究的"私心"，然而学术界喋喋不休的声音在某种意义上的确推动了商业模式的发展。总之，商业模式是企业为了实现价值的最大化，通过最优的形式来满足客户的需求从而赚取更多的利润。

2.1.2　商业模式的演化

作为一个比较时髦的词语，商业模式曾经一度被认为会像其他流行语一样难逃被淘汰的命运。然而，商业模式却奇迹般地生存了下来，并创造了属于自己的历史。商业模式的演化不仅是商业术语及经营战略术语的更迭，也是商业模式变革的历史见证。三谷宏治在《商业模式全史》中记载了 14 世纪的美第奇家族、17 世纪的三井越后屋、21 世纪的阿里巴巴……共涉及 70 个商业模式、200 家公司、140 位改革先驱和商业领袖。根据对不同商业模式的对比，三谷宏治将商业模式的发展历程划分为创生期、变革期、创造期和传播期四个阶段，如表 2-1 所示。

表 2-1　商业模式的演化

时期	远古至 1990 年		1991~2001 年	2002 年后
	创生期 （1963~1969 年）	变革期 （1970~1990 年）	创造期	传播期
用途	未被广泛应用		解释电子商务	系统分析竞争优势的持续性
案例	大型连锁商店	小型复印机	直销模式	全渠道营销
实例	纵向一体化模式	精益生产	B2B、C2C	社交网络

资料来源：[日] 三谷宏治. 商业模式全史 [M]. 南京：江苏凤凰文艺出版社，2016.

从商业模式发展的"近代史"（特别是近 20 年）来看，三谷宏治对商业模式的划分显然还有待补充。21 世纪初以来，随着信息通信技术的快速发展、突破和迭代，新型电子商务企业开始涌现，基于互联网的平台经济开始形成。

作为信息通信技术和互联网巨头的谷歌、苹果和亚马逊等企业，经常被认为是新时代商业模式的象征，引领相关行业创新的潮流和趋势。在数智经济的推动下，亚马逊的无人商店引爆人工智能下的商业模式。根据亚马逊无人商店的设计，客户通过自己的智能手机进行验证后，无须等待就可以在亚马逊无人商店完成整个采购过程。

亚马逊无人商店的购物流程如下：顾客在走进 Amazon Go 之前，需要下载 Amazon Go App，并在注册登录账户之后，通过这款软件生成二维码，扫码进店。不用操心如何为他人付款，生成的每个二维码可以对应多个人，这主要是为了应对家庭购物场景。在购物环节，亚马逊通过"取货"动作来判断消费者购买了哪些商品，为他人取货也会记到个人的账户。另外，为了方便识别，货架上的商品都需要摆放整齐，亚马逊无人商店内有专门的理货人员来整理商品。亚马逊无人商店使用的标签并不是常用的条形码或者射频识别（Radio Frequency Identification，RFID），而是一种独创的点状标签，这种类似盲文的标签更有利于摄像头识别。在选好所需商品之后，支付不需要任何操作，在走出店门后仅需等待 5~15 分钟，即可获得账单，出现问题的商品可以点击退换。从本质上讲：无人商店并不是要"消除"所有的人工环节，店内不出现任何店员，而是"消除"导购员、收银员这类人工成本相对较高的职位，在一定程度上可节约人力成本，更大的意义是将线下场景数字化、提升运营效率、实现精准营销等，并通过提供更便捷的结账方式提升用户体验感。随着非接触经济的发展，无人商店如雨后春笋般涌现。F5 未来商店、缤果盒子、淘咖啡以及天猫超市等一大批不同形态的店家，将无人商店的商业模式进一步升级，并加速了无人商店商业模式的发展。我国商业巨头及初创公司纷纷入场，无人商店已经出现在街头巷尾，甚至三四线城市和一些小县城。

除了无人商店外，拼购式商业模式和点数化商业模式也迅速崛起。拼多多采用的就是拼购类社交电商商业模式，这种模式是聚集 2 人及 2 人以上的用户，通过多人拼团的方式降低商品价格，主要是激励用户分享商品的有关信息，从而吸引更多的用户。与以往的团购模式相比，这种模式的社交属性更强。拼多多发展很迅速，它基本上是靠数据驱动的。智能终端设备的更新换代和移动互联网的快速发展，使企业的营销成本得到降低。利用用户的社交关系，可以快速增长用户获取巨大的流量实现用户裂变。拼多多的拼团商业模式就是裂变的一种方式：通过老用户来带动新用户的增长。此外，还有助力裂变、邀请裂变等方式。助力裂变就是将信息分享给好友让好友完成一定的操作任务，从而帮助自己得到收益。邀请裂变就是让老用户邀请好友成为新用户，从而双方都能获得一定的奖励。做好用户裂变可以降低获得新客户的成本，美团等软件的用户扩容营销策略，和拼多多的拼团模式在一定程度上极其相似。支付宝的芝麻信用是将人脉与品性等"个人信用"进行点数化设计的一种商业模式，芝麻信用利用阿里巴巴电子商务、支付宝、合作平台等数据，搭建了个人信用评价体系，推出了芝麻分、芝麻信用、信用报告等产品与服务。通过芝麻分、芝麻信用形成了较完整的合作运营模式，用户可以通过芝麻分实现信用借还、信用租赁、免押出行、免押住宿，同时用户的芝麻分与支付宝的蚂蚁借呗额度相关联，实现了信用与互联网金融的紧密联系。目前，芝麻分的应用已经遍布各个行业，如出行、住宿、运营商、金融等。各类生活服务商户以及金融机构在提供服务时会参考用户的芝麻分，从而更快速、更精准地做出决策。

近年来，越来越多来自亚太地区的创业型企业呈现出了新颖的、特定环境的价值创造和创新模式。其中，有些商业模式几乎背离了创造商业利润的宗旨和假设，其背后还有政府的影子。例如，随着电动摩托车在越南、印度和中国等国家的销售蒸蒸日上，也带动了其副产品和副产品相关新商业模式的发展，如电池租赁、充电服务和共享单车。诸如此类的商业模式在这些国家之所以能够落地开花，主要是因为各国政府考虑到电机产业链有利于节能环保，制定了相关的补贴政策以促进电机产业链的创新发展。换句话说，与典型的西方和美国营利公司领导的商业活动不同，在一些由政府主导的亚太地区的商业活动中，潜在的价值创造逻辑可能不受商业市场逻辑的支配。因此，在当代数字时代，价值创造和创新的规模和范围，需要跨越传统的边界和行业进行根本性的思考。一些学者将这类企业称为"社会创业"，也有些学者将其总结为"儒家商业模式画布"以便于后来企业模仿。儒家商业模式的设计、内容和治理在很大程度上符合儒家思想的社会规范、信仰和价值观，以及儒家思想的心理程序系统，遵循阴阳和谐认知的规律（儒家社会合法性）。如图2-1所示。

儒家社会合法性				
制度控制			机构推动	
关键伙伴	关键活动	价值主张	客户关系	客户细分
	关键资源		渠道	
成本结构			收入来源	

图 2-1　儒家商业模式画布

资料来源：Tachia Chin，Yi Shi，Chris Rowley & Jianwei Meng. Confucian Business Model Canvas in the Asia Pacific：A Yin-Yang Harmony Cognition to Value Creation and Innovation ［J］. Asia Pacific Business Review，2020，27（3）：342-358.

2.2　商业模式变革的逻辑

2.2.1　推动商业模式持续变革的外在因素：消费升级

"顾客就是上帝"，客户是企业存在的唯一价值。消费升级在推动商业模式持续变革的过程中，发挥着至关重要的作用。消费升级至少包含三个方面的内容：第一，消费观念的升级；第二，消费方式的升级；第三，消费层次的升级。

我国历来提倡勤俭、节约，是一个标准的储蓄型国家。相对于消费而言，赚了钱更多的是要先存起来。不仅个人如此，企业也是如此。我国家族企业代表之一的康百万，横跨三个朝代、传承四百多年、富裕十二代，其留余的经营理念影响至今。很多企业仍然会备足现金流，以备不时之需，特别是在百年变局和世纪疫情叠加危机四伏之际，"留余"给这些企业注入了一针"强心剂"。相反，无法享受"现金为王"优越感的企业就备感煎熬，甚至走向灭亡。不可否认，企业的消费概念随着西方管理思想的引入发生了分歧和改变，个人的消费观念随着全球化和时代发展也发生了重大改变。以花呗为代表的消费工具，满足了部分人"想花就花"的短期欲望，也塑造了消费者的新理念。预支未来收入的消费观念在过去的些许年内，在年轻人群体中逐渐兴起并开始流行，甚至愈演愈烈。一些消费观念超前的大学生，一度陷入了"校园贷"事件，最后不得不让政府出手。另外，2022 年以来，全国各地"法拍房"频频爆出，触发了关于对"要不要贷款买房""银行要不要实行客户延期还贷"等问题的讨论。从本质上来讲，这些问题反映的都是对消费观念的理解和消费意识的转变。

消费观念和意识的转变，也带来了消费方式的升级。近年来，夜间经济已经成为现代城市经济的重要组成部分。大到一二线城市，中到三四线城市，小到乡镇集市，夜间经济已成为满足当地人民、外地游客夜间消费需求的重要方式，成为激发消费升级的重要途径和有利抓手。有研究机构称：人们的夜间消费意愿远高于白天，大约有 60% 的消费都是在夜间发生的；在北京王府井超市，100 万人的高峰客流发生在夜市；在重庆餐饮界，2/3 的营业额也是发生在夜间。与此同时，不少地方政府都出台相应的政策支持，全力打造"夜间经济"发展新格局。尽管从营养健康学的角度来讲，夜生活并不是健康的生活方式，甚至违背了"日出而作，日落而息"这一几千年来的生活方式。特别是在夜间吃烧烤、喝啤酒，就更有悖于"过九不食"的原则，严重增加了脾、肝、胃的负担，甚至影响了人们的身体健康。不过，现在人们似乎不太注意这些，似乎越到晚上越疯狂，大城市的地铁运营时间不断地往后延迟。当然，有可能因为白天工作忙、压力大，无暇去消费，而被动地选择夜间消费。但是，无论是主动选择还是被动加入，本质上都反映了当代人消费方式的改变。

随着人们物质生活水平的提高，消费层次也在升级。在管理学领域，马斯洛需求层次理论是一个广为人知的模型，包括生理需求、安全需求、爱和归属需求、尊重需求和自我实现需求五个层次。如果从个人或社会发展角度来看：生理需求和安全需求解决的都是温饱问题；如果有了爱和归属需求，就基本具备了享受"小康"水平的能力；一旦赢得尊重，甚至达到了自我实现，基本上就算是富裕。从消费的视角来看，"吃"可以非常形象、逼真地体现马斯洛的需求层次理论，如图 2-2 所示。

结合消费层次升级，可以从"吃"的角度完美地解读马斯洛的需求层次理论。"饿不饿?"这显然对应的是生理需求，因为它是一个最基本的饮食问题，

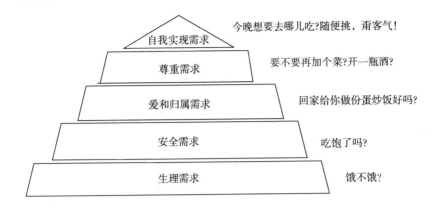

图 2-2　马斯洛的需求层次理论中"吃"的艺术

维持的是基本生存；"吃饱了吗？"要上升一个层次，因为它体现了"稳定"，脱离了饥不择食的困境，享有起码的安全；"回家给你做份蛋炒饭好吗？"说明有"家"了，而家是温馨的港湾，"身有所托、心有所寄"，是爱和归属的体现；"要不要再加个菜？开一瓶酒？"说明吃得更加多元化，开始注重食物的品质，享受吃的过程中的愉悦，是双方对彼此的尊重；"今晚想要去哪儿吃？随便挑，甭客气！"豪情中带着那么一点点霸气，开启放飞自我的模式，彰显个体价值，体现了自我实现需求。

伴随着消费的升级，也催生了一些新型的商业模式。例如，消费方式升级拉动夜间经济只是"当日下午 6 点到次日早上 6 点所包含的经济文化活动，其业态囊括晚间购物、餐饮、旅游、娱乐、学习、影视、休闲等"，而对于大多数上班族或者"宅民"而言，外卖几乎成了不二选择。因此，催生了"美团""饿了么"等平台，带动了上千万的就业，全职或兼职外卖骑手的数量逐年增加。事实上，随着人们出行方式的改变，神州专车、曹操出行等也相继涌现出来。特别是一些打车平台还推出了包月、包年服务，或者推出了优享车、品质专车和六座商务车等不同档次的服务，以满足不同消费层次消费者的需要。

2.2.2　数智时代商业模式变革的底层逻辑：大数据

大数据是一项重要的战略性资产，包括大数据基础资源、大数据人力资源、大数据技术资源等。资源基础观认为，企业获得竞争优势的关键是内部因素而不是外部因素；企业拥有的独特资源和基于这类资源衍生出的核心能力，是企业构建核心竞争力和建立可持续竞争优势的关键。消费升级在新型商业模式的兴起和发展中固然起到了推动的作用，但是上文提到的外卖平台和打车平台，其底层仍然离不开大数据及其算法的支持。从本质上来讲，数智时代商业模式变革的底层逻辑是大数据。从资源的角度来讲，大数据资源与技术资源、人力资源以及其他物质资源的完美结合，奠定了商业模式变革的新基础。在消费升级的背景下，如果企业只是简单地拥有大数据这种特殊资源，而没有将这些资源所具有的价值需要与企业分析、整合和利用资源的能力进行结合，是不能为企业带来竞争优势的。

从能力的角度来讲，大数据能力的形成和培育必须能够响应市场消费升级的需求，这是开发新商业模式战略竞争力的关键。企业必须具备分析、整合、利用内外部基础资源、人力资源以及技术资源等大数据资源的能力，只有当企业能够将大数据资源转化为企业的大数据能力时，企业才可以在动态的环境中提高绩效，获得持续竞争优势。换言之，数据资源虽不能直接给企业带来竞争优势，但是数据资源和能力一旦得到合理的匹配，就有可能形成培育企业竞争优势的源泉。

大数据能力是在企业开发、管理和利用大数据的过程中形成的对大数据的收集、存储、分析和使用的一种意识。事实上，大数据能力是在整合资源基础观和动态能力理论的基础上形成的一个新概念。资源基础观认为，企业获得持续竞争优势的来源是企业有价值的、稀缺的和难以替代的资源，这些资源可以转化为企业的能力——大数据能力。动态能力理论认为，企业的发展和外部环境的不确定性可能使企业的资源消耗殆尽，企业需要培养一种能够适应环境变化的能力。在数字经济时代，企业应积极从外部环境中获取有价值的信息，整合内部大数据资源，与外部环境实现动态匹配，以应对环境流变。另外，有学者还从IT能力和信息管理能力的角度提出了大数据能力的概念，认为大数据能力是企业利用数据管理基础设施和人才等资源来提高业务的洞察能力，使其转化为企业的竞争优势。在消费观念、消费方式和消费层次不断升级迭代的数智时代，消费大数据对企业的生存发展就显得尤为重要。消费痕迹成为企业获得竞争优势的一个要素，动态能力的本质是更新或重新配置现有资源以适应动态环境动态挑战的能力。因此，从本质来讲，大数据能力也是新时代背景下的一种动态能力。

从战略的角度来讲，大数据能力能够通过创新的精准定位，运用的精准把控以及盈利模式的精准预测，响应价值主张、提供价值创造，这是最终商业模式的完美呈现。这就要求企业至少具备三种能力：资源整合能力、大数据分析能力和实时洞察与预测能力。因此，从战略管理的视角来分析商业模式的变革，它包含思维模式的变革、经营模式的变革和价值实现途径的变革。换言之，维克托·迈尔·舍恩伯格和肯尼思·库克耶在《大数据时代：生活、工作与思维的大变革》一书中之所以强调大数据触发的思维变革，其战略意义是不言而喻的。从思维模式来看，未来数智化推动的商业模式变革的逻辑要进一步跨越现有的流量思维模式进而过渡到单元思维模式；从经营模式来看，它基本上涉及从品类经营到场景经营的转变；从价值实现的途径来看，它是从功能属性到体验属性的转变。数智化商业模式不仅仅是满足人们的一些功能性需求，更多的是需要关注人们在选购或享用过程中的体验。因此，数智时代的企业需要依托大数据等资源构建或者计划构建自己的数据库，并能够在恰当的时间、合适的地点将产品或服务通过虚拟现实/混合现实等多种方式精准地推荐给目标客户。

2.2.3 数智时代驱动商业模式变革的内在机制

数智时代的特质属性可以从大数据的容量、大数据的结构、大数据的要素之间的关系和大数据本身的管理价值来考虑。数智时代的特质会触发企业主体和行为主体两方面的反应，其中，企业主体的反应包括数据的连接、知识的搜寻、信息的融合和系统的重构；行为主体的反应包括如何做到快速响应、如何实现迭代寻优、如何调整适应性，以及如何实现多要素的联动。企业主体的反应和行为主体的反应，在外界组织或行业生态系统的配合下共同作用并影响商业模式的创新和变革，包括但不限于更改价值主张、重新定位客户、调整业务能力和盈利模式。当然，这些离不开整个商业生态系统。根据未来的企业"要么是平台的企业，要么是被平台的企业"的说法，平台生态系统中的互惠共生、开放协同、平台治理等对数智时代商业模式变革具有不可替代的作用。因此，数智时代驱动商业模式变革的机制包括通过诱发企业主体反应作用行为驱动，通过诱发企业行为认知反应驱动商业模式创新，数据平台生态系统情景直接驱动商业模式创新等。

2.3 数智时代的商业模式创新与设计

2.3.1 网易严选的商业模式

网易严选是由网易邮箱孵化的一个自营电商平台，于 2016 年 4 月上线，同时也是国内第一家销售家居生活等产品的 ODM 模式的电商平台，以"好的生活，没那么贵"为品牌理念，致力于为购买力有限但又追求高品质的中端人群服务。以精品为导向，提供高品质、高颜值、少品类、平价的产品，网易严选的价值主张始终贯穿于产品层面。在合作伙伴方面，网易严选通过 ODM 模式与大牌制造商一对一连接，剔除品牌溢价和中间环节，为消费者甄选高品质、高性价比的产品。网易严选大数据平台的建立，使其能够实时洞察市场变化，对海量数据进行存储与深度分析，挖掘潜在的商业价值，并引进先进的大数据技术和人才对分析结果进行预测，进而调整战略决策，从而提高了市场的竞争力。主要是通过客户价值创新、企业资源和能力创新、盈利模式创新，服务于公司的战略目标，满足消费者的多样化需求，逐步促进网易严选商业模式的升级。

从资源整合能力来看，在 2018 年中国工业大数据大会（钱塘峰会）上，网易云发布了网易云工业互联网平台，并获得了 2018 年中国设计制造大奖最佳新零售平台奖。通过与高校合作，引进大数据相关人才，通过大数据的深度计算和分析来挑选一批长期合作的制造商，并通过应用人工智能、物联网、机器人流程自动化等技术，打造可预测的战略资源；根据大数据平台计算，从数十万款的全球进口商品中精选出 3000 多个潮流商品上架，覆盖范围广泛；以自身大数据的优势帮助制造商升级，提升其良品率，建立了"柔性供应链"来提高自身的核心竞争力。在实时洞察与预测能力上，通过大数据技术分析消费者的行为习惯，然后联系制造商进行设计，同时严把产品质量关。与此同时，网易云也利用自身大数据平台的优势，帮助制造商更快速、灵活地感知市场，在生产过程中，帮助制造商提升良品率、降低成本。在此基础上，又建立了快速反馈机制，及时记录每种产品自上架以来的销售情况，通过洞察与重组企业内外优质资源和要素来调整其成本结构。

2.3.2　小米的商业模式

小米所处的创新型科技行业属于制造业中的高科技行业，专注于产品研发与创新。在大数据、人工智能等快速发展的背景下，年轻化的消费主力、个性化的消费追求，使市场经营环境发生了巨大变化。小米运用互联网思维，基于大数据进行决策分析，明确其消费市场和产品需求，搭建线上、线下销售平台，线上有小米商城和有品商城，线下有小米之家和小米小店。小米是一个跨界融合的"新物种"，从"软件+硬件+服务"到"高性价比+有效用户互动+互联网营销"的模式，将硬件、新零售和互联网有机地整合在一起，成功创新了小米的商业模式。

小米整合资源通过采取"软件与硬件整合+App"的创新模式来实现技术、用户、设计和商业的融合（如小米手环）；产品设计以客户需求为导向，依据自身大数据平台收集的数据准确挖掘用户需求；进而提高用户满意度；还建立了新的开源项目——移动端深度学习框架。小米深度分析采用建设 IOT、云平台等系统，产生了大量的数据，从而形成了全生态、多样性数据，可以支持小米的战略决策；还打造大数据平台，汇总公司所有业务对数据查询和访问的需求，并基于数据服务开发大量的数据产品，将从小米微博、小米之家、小米商城获得的数据进行存储和分析，了解用户需求的迭代能力，准确定位小米的客户群，精心布局小米生态链。更重要的是，小米的实时洞察与预测能力是基于自身大数据和 AI 技术，为线下的零售体系建立了一套风险控制模型，对当天收集的海量数据进行分析和预测，基于线上的网上商城积累互联网数据来选择产品。

2.3.3　大数据如何驱动小米商业和网易严选模式创新

在小米和网易严选的商业模式创新中，大数据能力体现在资源整合能力、存储与深度分析能力、实时洞察与预测能力三个维度。通过客户价值、企业资源和能力、盈利模式的创新来驱动企业的商业模式创新。根据对这些理论和实践分析，归纳出在消费升级背景下，大数据能力驱动企业商业模式创新的机理。

对于消费升级背景下的企业而言，随着信息技术的发展和大数据的爆炸式增长，数据成为继人、财、物之后新兴的战略资源，大数据能力的运用对企业的商业模式创新至关重要。在商业模式设计和实施的过程中涉及企业资源和能力的配合与协调，是取得商业成功不可或缺的重要因素。小米正是依据大数据的资源整合能力，将大数据资源、大数据技术和大数据人才进行有效的协调配合，布局智能生态系统，形成了小米产品生态链。小米建立了新零售体系——"手机→手机配件→智能硬件→生活消费"，这一体系增加了用户体验度，同时也使供应商的利益最大化，客户的关系更加良好，该体系从客户关系、收入模式的角度来创新商业模式。小米产品和服务定位明确，通过构建不同层次的产品组合和多样化的销售模式，使产品和服务得到了创新。网易严选根据网易平台积累的流量，将线上流量引入线下，细分目标消费群体，充分整合企业的内外资源，根据供应商的条件和消费者偏爱，精选产品，满足多样化的消费需求。网易严选将从搜索引擎优化（SEO）、应用市场优化（ASO）和搜索引擎营销（SEM）、新媒体（微博、微信）、社区（知乎、简书）、口碑传播、应用市场等平台获得的数据进行资源整合后，进一步优化了流程结构，缩短了产销环节，建立了"柔性供应链"，以自身大数据的优势帮助制造商更加快速地感知市场，让生产精益化，从而提升良品率。由此可知，基于大数据能力，小米和网易严选都能够重新审视内外部数据资源，使非结构化数据转化为结构化数据；大数据资源、大数据人才、大数据技术充分融合；也使创新产品和服务、多渠道营销能够精准定位目标群体，从而促进企业商业模式的创新。

在企业资源与能力方面，大数据能力通过核心能力、合作伙伴网络以及价值配置驱动企业商业模式创新。大数据分析可以帮助企业抓住商业热点，使其能够及时地做出决策，基于大数据而形成的深度分析能力可以帮助企业获得对事物的独特理解，如市场动向、消费偏爱等。小米根据线上的小米商城、米聊等平台收集消费者信息，整合线上和线下、内外部数据，从中挖掘有价值的信息，并运用可视化技术将信息动态化，提升小米对客户定位的精准性，提高企业对市场机会的识别能力、环境敏感性、把控风险的能力以及对生态链的精心布局。此外，小米深层次地寻觅潜在的消费者，通过深度分析，并结合自身的高新技术，在全国范围内建立线下小米之家，为其线上引入大量客流量，以形成独特的"线上+线下"的营销模式，使小米逐步发展为"手机+移动互联网+新零售"的公司。网易严选所有商品售价遵循"成本价+增值税+邮费"规则，去掉了高昂的品牌溢价，让消费者享受到高品质生活。基于大数据平台的存储与分析能力，网易严选不断优化制造商，2016 年网易严选入驻京东，2017 年登录壹钱包 App。因此，大数据能力通过驱动企业的核心能力、合作伙伴网络和价值配置的创新，进而创新企业的商业模式。

在盈利模式方面，大数据能力通过成本结构和收入模式驱动企业商业模式创新。大数据能力的目标是解决问题，预测是大数据商业价值的核心体现。大数据的实时洞察能力与预测能力可以帮助企业洞察外界环境的变化，以便企业及时调整战略计划。在消费升级背景下，为了满足多样化的需求，小米建设了大数据平台，引进了技术人才，设立了专门的产品研发部门和研究创新中心，能够敏锐地捕捉市场的最新动态，优化成本结构，拓宽收入渠道，创新盈利模式。例如，小米之家克隆 ZARA 的精准运营、快速迭代和场景化营销。网易严选通过引进大数据人才，建立大数据设施，依托网易的大流量平台和海量的用户，实时洞察和预测消费者的多样化需求，使网易严选更加明确产品采购品类，更专注产品的品质，创新了传统的产品定位。网易严选更是基于大数据技术，精选供应商，从源头上把控产品质量，降低产品溢价，致力于给消费者提供"好的生活，没那么贵的产品"。综上所述，大数据能力通过驱动成本结构和收入模式的创新，进而推动创新企业的商业模式。

2.3.4 依托大数据的商业模式设计

2021 年《政府工作报告》指出，"推动产业数字化智能化改造""加快数字化发展，打造数字经济新优势，协同推进数字产业化和产业数字化转型"。前文已对商业模式的界定和形成过程进行了一些介绍，同时对大数据驱动的商业模式变革的逻辑也进行了一些探讨。下面主要来探讨基于大数据的商业模式创新，也就是说大数据带给我们的商业模式创新，不再说大数据驱动商业模式进行创新，那么数据资源可以做什么样的创新？作为一种资源，依托大数据驱动商业的模式设计可以分为以大数据产品为中心、以大数据技术为中心和融合大数据三种模式。从根本上来讲，这三种模式都是大数据产业链上的商业模式创新。

2.3.4.1 以大数据产品为中心的商业模式创新

以大数据产品为中心的商业模式创新，可以实现的商业模式设计至少有三种类型：其一，数据的租售模式。例如，向客户提供一些原始数据，关键流程就是怎样对数据进行采集、传输和整理。其实我们知道很多公司都能提供数据租售服务，如国泰安数据库、锐思数据库、Wind 数据库等。其二，信息的租售模式。即将数据与背景意义相结合，经过整合、提炼、萃取，使数据形成有一些高密度价值的信息。也就是说，我们拿到数据库的问题去验证某一个假设的时候，会发现其实有时候我们原本想要的假设是无法得到验证的，也就是说验证了我们之前提到的一个大数据的价值密度很低，一旦将原始数据跟有意义的背景相结合，通过整理萃取，就可以将其形成一些有价值的、密度比较高的信息。如阿里巴巴之前提供的一些数字化转型报告和数智化报告等。其三，知识的租售模式。知识的租售模式就是结合大数据，通过专家的介入，为客户提供一体化应用问题的解决方案。这里只是提供决策解决的一些方案，之所以说不是决策，是因为最终能不能执行还是要由客户决定。如保密公关会给我们提供一对一的创意和一些决策的方案，但最终的决策权还是应该由想要租赁知识的公司掌握，即客户说了算。

大数据驱动管理变革，是要在大量的数据里面将数据转化为有用的信息，从而将其转化为知识，而最后是将其转化为提供决策服务的智慧。那么，我们可以至少在数据租售、信息租售以及知识租售上进行一些创新，将现有的数据转化为能够在市场上进行等价交换的商品。

2.3.4.2 以大数据技术为中心的商业模式创新

以大数据技术为中心的商业模式创新，对于人们来说比较熟悉。例如，硬件租售模式、软件租售模式和提供服务模式。前两种可以称为商销，而后一种则更加贴近于服务。在硬件租售模式中，像大数据的存储设施、计算设施、网络设施、云存储、云计算等业务都是这种模式。在云存储方面，如 360 网盘、百度网盘等，其实是在租售硬件，也就是硬件租售模式。软件租售模式是提供数据优化性技术，将数据转化为有意义的洞察性的信息。如科大讯飞、米鼠、网易等，这些企业会提供翻译性服务，就是在租售它们的相关软件。在购买科大讯飞的录音笔时，如果想要享受一些更高质量的服务，如中英文字转换、记录高准确率或者高容量时，就需要购买一些软件，这些软件服务基本上是按年收费的。另外，还有些企业会提供一些新的服务模式，但是需要企业与客户之间进行深入的合作，这类企业为客户提供一体化的 IT 问题解决方案。在这方面，很多做分析软件的公司就比较擅长，尤其是像用友等专业的 ERP 供应商，以及一些从事商务智能与分析的供应商，如 IBM、帆软等，会向客户提供更加完善的、系统性的解决方案。

以技术为中心的商业模式创新有不同的类型，其中连接大数据的平台式商业模式大致可分为四种类型：①客户平台商业模式。客户平台商业模式通过互联网以某种方式把大量的客户吸引到自己的平台上，关键的资源就是平台积累的庞大的客户群，如 Facebook、QQ、微信等即时通信工具。②技术平台商业模式。技术平台商业模式提供技术开发基础条件来吸引技术相关的各方参与以实现分散的货物技术优势的高效利用。RedHat 公司采用的就是这种技术平台型商业模式。③数据平台商业模式。数据平台商业模式提供多行业、多企业的合作机制，关键资源是平台所积聚的庞大的数据资源，主要是基于数据资源的互补和共享创造一些新的价值。事实上，我们在做研究的时候，不可能局限于某一个数据，有时候我们会去参考类似的数据库，如亿赞普集团（IZP）就是在做这种事情。④混合平台商业模式。混合平台商业模式是兼具了客户、数据和技术平台性质的一种商业模式，如 App Store，其实在国内有很多技术性的公司都在做这种 Store，是一种混合平台的商业模式。

2.3.4.3 融合大数据的商业模式创新

融合大数据的商业模式创新可以分为下行跨界、上行跨界和全方位扩张跨界，这个和战略管理里的价值链上下游有密切的关联。①下行跨界。下行跨界指的是拥有大数据的公司利用大数据和大数据技术优势，开拓行业外的新业务，以完全不同的方式解决某种传统业务问题，实现跨界经营。例如，阿里金融等很多新兴的技术公司，帮助制造业企业进行数字化转型或智能化转型，都称为下行跨界。②上行跨界。在大数据产业链之外，企业在经营过程中会形成一些庞大的数据——副产品。作为副产品，其拥有庞大的数据资源或者积累，这些资源除满足产品本身的需要外，由于不具备资产的最优性，它是可以被重复利用的，因此对于这些公司来说这些资源是一种冗余资源。传统的做法是把这种冗余资源剔除掉，但是在大数据时代，我们可以将其进行创新，既可以进行数据商品化，也可以进行大数据技术的商品化，例如，可以提供云盘和网盘，还可以提供一些数据的商品化服务，即服务商品化。③全方位扩张跨界。Google 做到了全方位扩张跨界，这种全方位扩张跨界包含了大数据产业的垂直整合、价值链的扩张、行业融合，兼具客户平台、数据平台、技术平台的特征。从应用、平台、操作系统到硬件，Google 是一个全方位扩张跨界形成的生态系统。从依托大数据的商业模式设计来看，可以称作融合大数据的创新模式，是数智时代背景下数据驱动跨界的一种新模式，也是发展的一个重要趋势。

3　组织结构的变革

世界上不存在任何绝对意义上的"好组织"。组织的好坏总是相对的，在某一情境或准则下的好组织，在另一种情境或准则下却可能是个坏组织。

——W. 罗斯·阿什比

3.1　组织结构及其演进

3.1.1　组织和组织结构

现代管理理论大多源于二战期间的军事组织，组织被认为是管理的一个重要职能。从组织概念的界定来看，最早可以追溯到 18 世纪普鲁士国王腓特烈大帝对军队的定义。腓特烈大帝认为：一个军队由步兵、骑兵和炮兵三个部分组成。换言之，组织是可以根据完成任务的类型和不同方式来定义的。腓特烈大帝有关组织的最初认知和观念奠定了二战期间所有军队组织的基础，也构成了现代企业组织的基础。从现代企业经营意义来看，组织是除人、财、物之外的"第四大要素"，组织结构是维系企业正常经营的根本，协调不同关系的要素，稳定竞争优势的保障。企业组织结构的概念有广义和狭义之分。广义的组织结构除了包含狭义的组织结构内容外，还包括组织之间的相互关系，如专业化协作、经济联合体、企业集团等。狭义的组织结构是指人们为了实现一定的目标，运用信念、理想、态度、知识技能和其他要素互相协作结合而成的、具有一定边界的集体或团体。

3.1.2 组织结构的演化

3.1.2.1 时间轴上的组织结构

当组织和组织结构的概念被广泛运用到企业组织以后,组织结构的形态随着时间推移也发生了改变。沿着时间轴对组织结构演化过程进行梳理可以发现,组织结构在演变的过程中有几个非常典型的形态,这些形态在现代企业组织中依然常见。

在 18 世纪 70 年代至 19 世纪 30 年代兴起并流行的 L 型组织结构(直线制组织结构),非常适合小规模、专业技术单一、生产过程简单的企业组织。在现代组织管理研究和组织理论与设计研究中,L 型组织结构被视为最早的、最简单的组织形式。在 L 型组织结构下,企业各级单位实行自上而下的垂直领导。下属部门通常只接受唯一上级的指令,各级主管负责人对所属单位一切问题负责。企业厂部不再另设职能机构,但是也可以增设职能人员以协助主管负责人工作。L 型组织结构的优点在于:结构比较简单、责任划分明确、指令统一、不会出现多头领导。当然,L 型组织结构也有其缺点,例如,在 L 型组织结构下,负责人要亲自处理各种业务和突发性问题,因此他们要通晓多种知识和技能。当企业在经营过程中遇到比较复杂的业务,或者当企业成长到规模足够大时,就对各级管理人员,特别是对高级管理人员的胜任力提出了新的要求。

为了克服 L 型组织结构的缺陷,F 型组织结构(直线职能制组织结构)在 19 世纪 80 年代至 20 世纪初兴起并流行。F 型组织结构是除设置各级单位的主管负责人以外,还相应地设立了一些职能机构。例如,在生产型企业的厂长下面设立职能机构和人员,以协助厂长从事职能管理工作。F 型组织结构要求行政主管领导把在 L 型组织结构中承担的相应的管理职责和权力让渡给新设的职能机构,新设立的职能机构就获得了在自己业务范围内向下级单位发号施令的权力。因此,对于下级负责人而言,他们不但要受上级行政主管领导的指挥,还要受各职能机构主管领导的调度。F 型组织结构的优点在于:能够适应生产技术比较复杂的工业企业管理需要,有效减轻管理人员的工作负担,充分发挥职能管理的专业化和辅助作用,实现更精细化的管理。然而,F 型组织结构的缺点也非常明显。例如：增加的职能人员在分担直线管理职责的同时，也给下级组织带来了多头领导的麻烦，从而妨碍了企业组织必要的集中领导和统一指挥；不利于建立健全各级行政负责人和职能科室的责任制，在中间管理层，往往会出现"有功大家抢、有过大家推"的现象；当上级行政领导和职能机构的指导和命令发生矛盾时，下级会无所适从，影响工作的正常进行，容易造成纪律松散、生产管理秩序混乱。

M 型组织结构（事业部制组织结构），最早是由美国通用汽车公司总裁斯隆于 1924 年提出的。因此，M 型组织结构也被称为"斯隆模型"或"联邦分权化"。作为一种高度集权下的分权管理体制，M 型组织结构比较适用于规模庞大、产品品种繁多、技术相对复杂的大型企业组织。这种兴起于美国的、由较大的联合公司所采用的组织结构在引入我国后，得到了很多大型企业集团的认可，并被广泛采用。在实行 M 型组织结构的企业集团中，通常采用分级管理、分级核算、自负盈亏的制度。换言之，一个企业根据其经营的地区范围或产品类型划分为若干个事业部，之后的产品设计、原料采购、成本核算、产品制造、产品销售均由对应的事业部及其所属的工厂负责。在事业部内部，实行单独核算、独立经营；企业集团总部则只保留人事决策权、预算控制权和监督权，通过利润等指标对各个事业部进行考核和控制。随着经济全球化和企业组织规模的不断扩张，M 型组织结构自 20 世纪 50 年代被广泛采用以来，流行至今。

N 型组织结构（网络化制组织结构）是在 21 世纪初期以后才逐渐兴起的一种组织结构。N 型组织结构通过企业组织内部结构网络化和企业组织之间结构的网络化两种改进，以弥补以往组织结构设计的不足。其中，企业组织内部结构网络化指的是在打破企业内部部门与部门之间的界限，各部门及其成员通过网络的形式相互连接，从而确保信息和知识能够在企业内部快速、有效地传播，最大限度地实现企业内部资源共享。随着信息技术的发展和广泛应用，信息和知识的传递不再遵从自上而下或自下而上的原则依靠等级部门垂直进行，而是在不同的部门与部门之间和人与人之间直接传递。依托信息技术变革所带来的便利性，企业组织内部无差别、无层次的信息交流，极大地刺激了网络化组织结构的发展和应用。在共享经济的推动下，平台型组织大量涌现，企业或自建平台或依托平台，进一步推动了企业组织之间网络化结构的发展。企业之间的网络化结构由纵向网络和横向网络两种方式构成。其中，纵向网络是指由行业中处于价值链不同环节的企业共同组成的网络型组织，如供应商、生产商、经销商等上下游企业组成的网络，通用汽车公司和丰田汽车公司就分别构建了一个由众多供应商和分销商组成的垂直型网络。这种网络关系打破了传统企业间明确的组织界限，大大提高了资源的利用效率及对市场的响应速度。横向网络是指由处于不同行业的企业所组成的网络。这些企业之间发生着业务往来，在一定程度上相互依存。最典型的例子是日本的财团体制，大型制造企业、金融企业和综合商社之间在股权上相互关联，管理上相互参与，资源上共享，在重大战略决策上采取集体行动，各方之间保持着长期和紧密的联系。组织的网络化使传统的层次性组织和灵活机动的计划小组并存，使各种资源的流向更趋合理化，通过网络凝缩时间和空间，加速企业全方位运转，提高企业组织的绩效。相对于官僚制组织而言，网络组织的本质特征在于强调通过全方位的交流与合作实现创新和"双赢"。全方位的交流与合作包括企业之间超越市场交易关系的密切合作。

表3-1从企业制度、信息与知识、权力与权威、激励与动机、协调与合作层面对不同时代、不同形式的组织结构进行了对比，从时间维度上反映了组织结构的演化。

表3-1　时间轴上的组织结构

时间	18世纪70年代至 19世纪30年代	19世纪80年代至 20世纪初	20世纪50年代至 21世纪初	21世纪初至今
组织结构	L型	F型	M型	N型
企业制度	工厂	现代公司	大公司	共享网络
信息与知识	不对称 不完善	不对称 较不完善	不对称 较完善	对称 完善
权力与权威	命令—服从	命令—服从	相对独立	自主经营
激励与动机	计件或计时工资	工资+奖金	固定+浮动薪酬	物质+精神激励
协调与合作	纵向协调	纵向协调	纵向和横向协调	平等协调

资料来源：根据刘汉民、解晓晴和齐宇（2020）整理。

从组织结构的演化来看：第一阶段，直线制（L型）阶段（18世纪70年代至 19 世纪 30 年代）；第二阶段，职能制（F 型）阶段（19 世纪 80 年代至 20 世纪初）；第三阶段，事业部制（M 型）阶段（20 世纪 50 年代至 21 世纪初）；第四阶段，网络制（N 型）阶段（21 世纪初至今）。其中，L 型和 F 型是集权结构，通常被称为 U 型结构。U 型和 M 型都是层级结构。与分权结构的 M 型相比，N 型则是非层级结构。

3.1.2.2 组织管理流派眼中的组织结构

组织和组织结构的发展跟随管理理论的发展，从管理理论发展历程来看，大致可以分为古典管理理论、行为管理理论、现代管理理论三个阶段。

古典管理理论偏重从组织结构、管理职能等方面研究企业运作效率，代表人物为泰勒、法约尔、韦伯。泰勒提出了"职能工长制"，即单独设置职能管理机构，对管理职能实行专业化、标准化的分工。法约尔提出计划、组织、指挥、协调和控制为管理的基本职能，并强调"直线—职能制"的组织结构。韦伯提出了三层的官僚制组织结构，主要职责依次为顶层决策、中间层执行顶层决策、底层从事具体工作，分别对应着主要负责人、一般管理人员和普通操作人员。古典管理理论没有深入考虑人性和环境因素，仅停留在企业内部管理方面，对组织的理解是静态的，只适用于以生产率为首要任务的常规的组织活动，不适用于以创新和快速响应为核心的非常规的、灵活的组织活动。

行为管理理论侧重从人的心理活动来研究个体行为、团队行为、组织行为，代表人物为梅奥、马斯洛、赫茨伯格、麦格雷戈等。梅奥主持了霍桑实验，提出了人际关系学说。人是社会人，依靠员工态度与周围人的关系提供生产效率，并且企业存在非正式组织。马斯洛提出了需求层次理论，即生理、安全、社交、自尊、自我实现这五大方面的需求。赫茨伯格提出保健因素、激励因素。麦格雷戈围绕人的本性提出"X—Y 理论"。这期间的组织理论注重组织内人性的重要性。因此，这个时期组织结构主要为分权型层级制组织模式，包括事业部制、矩阵制等，可以更好地适应组织规模扩张、产品增多、市场全球化等方面的需求。

管理是在组织的基础上产生的，管理理论的变革也让组织理论随之发生改变。现代管理理论使用系统论思想，全方位地分析组织的内部结构、管理活动与环境的关系，将组织看成一个开放的、具有整体性能的系统，其管理流派众多，典型代表有九大流派，如表 3-2 所示。

表3-2　现代组织管理流派的组织和组织结构观

代表人物	所属学派	主要思想及贡献
巴纳德	社会系统学派	组织包含三大要素：协作的意愿、共同的目标和信息的沟通。提出了"诱因与贡献平衡"论、"权威接受"论；注重信息交流；明确了经理的职能
西蒙	决策学派	建立了一个组织结构重点关联决策程序，以决策类型作为依据来划分部门。主要研究了组织层次、等级结构、集权与分权的关系，直线与参谋的关系
德鲁克	经验主义学派	战略决定组织的结构、组织的目标，组织中关键的业务活动内容。这些业务活动的有效实施是组织结构的设计初衷，并提出了组织结构五项设计原理
伯恩斯、史托克	机械组织和有机组织	组织结构在复杂多变的环境和稳态环境下是相异的，提出了机械的组织与有机的组织概念
霍曼斯	社会系统	受物理、文化、技术三个环境因素的影响，并决定社会组织中人们的活动和相互作用。而在这个过程中，人与活动、人与环境会产生一定的感情，即提出了正式组织与非正式组织的概念
利克特	"交叠群体"理论	组织是由相互关联且发生重叠的群体组成的系统，处在群体交叠处的个人来串联这些群体，在模式中引入了横向联系，使组织的沟通、协调更为顺畅
弗雷德·卢桑斯	权变组织理论	强调组织的结构和职能，必须以组织所处的内外环境因素为基础，并因基础不同而不同，提出最符合实际的组织设计和管理行为是其首要目标
马森·海尔瑞	组织生命周期理论	组织有四个生命周期，每一生命周期都有不同的管理作风、人际关系、管理危机和组织管理方法
彼得·圣吉	学习型组织	能熟练创造、获取和传递知识是学习型组织的主要特点，为适应新知识和新见解要善于修正个体行为

3.1.2.3　组织结构的演化方向

无论是在时间轴上，还是在众多组织管理流派眼中，组织结构的演化似乎总是随着企业规模的扩大而显得愈加复杂。然而，在欧内斯特·海明威（Ernest Hemingway）看来，如果大企业和小企业真的有什么区别的话，那不过是"人更多一些而已"。事实上，组织结构的演化不可能也大可不必极端复杂化，这也有悖于系统论。如果把组织结构设计看成一个系统，这个系统一直朝着一个方向演化，那么这个系统迟早会崩溃。在过去的些许年内，组织结构在演化的过程中已经开始修正，并朝着扁平化、无边界化、多元化、柔性化和虚拟化等方向发展。一些企业的实践表明，扁平化的组织结构使组织更加灵活和敏捷，它不仅能够提供组织的效率，还能提高组织的效能；越是成功的企业，管理层级设置得越少。组织结构扁平化发展趋势，也印证了彼得·德鲁克有关"未来的企业组织将不再是一种金字塔式的等级制结构，而会逐步向扁平式结构演进"的预言。组织结构无边界化是对科斯在《企业的性质》中"交易费用与企业边界"的挑战，它是一种非常具有新意的组织结构创新设计。在企业的具体实践中，一些带有"专家团队"或者"工作团队"等不同头衔的工作群体已经悄然打破原有的组织结构安排。当然，这还只是组织结构无边界化在组织内部的尝试，更多的组织开始打破企业的边界，将无边界化的组织结构往外延伸。随着组织结构边界被打开，组织也变得越来越多元化。组织结构不再遵从原来的专业化思路，在企业的具体实践中，不同部门开始根据自己的工作需要而设定相应的架构。企业在经营过程中，根据市场环境的变化和业务需要不断地挑战自身的组织结构，涌现出各式各样的以任务为导向的临时性工作团队。

为了巩固客户关系，霍尼韦尔公司抽调了原来销售、设计和制造等部门的人员重新组建"突击队"，把产品的研发时间由原来的4年缩短到1年，重新赢得客户的信任。海尔集团在实现组织的扁平化、多元化和柔性化等方面，一直走在时代的前列。海尔的"人单合一双赢"模式，无论是在实务界还是在学术界都引起了广泛的关注和影响，甚至被称为我国对世界管理学的重要贡献之一。从组织的角度来讲，海尔所做的就是把一个大企业变得更像一个小企业，使每一个海尔人都必须像小企业主那样行动和思考。大企业的领头人不再是一个管理者，而是真正意义上的企业家。在这样的组织里，真正的像拉姆·查兰畅想的那样："人人都应该像企业家一样思考。"从组织结构设计方面来看，让企业的每个人都能够清楚地知道商业运行的方式，保持足够的灵活性以迅速响应新的局势变化，争取成功地推动组织发展。

如果说扁平化、多元化、柔性化等是组织结构在物理空间上演化的动向，那么虚拟化则是组织结构发展的新跨越和新高度。在虚拟化的企业组织中，不再设有一般意义上的各类部门，而是依托技术手段将达成组织目标所需要的人、知识和信息等联结在一起。因此，对虚拟化的组织而言，通常不需要实地办公空间。创造虚拟化的办公空间和虚拟化的研究机构是当前比较典型的虚拟化组织。在创造性虚拟化办公空间组织中，属于同一家企业组织的员工可以置身于不同的地点，借助移动终端和网络技术实现信息同步共享、信息传递、沟通交流、协同办公等，在节约办公成本的前提下达到在同一大厦、同一办公室面对面办公的效果。虚拟化的研究机构其空间跨度更大，借助现代通信网络和移动终端，可以将全球各地的不同组织的研究人员、专家或其他协作人员聚集在同一个平台，从而形成一个跨越时空的合作联盟。特别是在百年变局和新冠肺炎疫情叠加交织的影响下，线上办公、居家办公等形式几近成为一种"常态"，使许多实体组织开始向虚拟化组织转变。

3.2　传统组织结构面临的挑战

3.2.1　组织结构设计中的两大悖论

管理无对错之分，组织结构亦无先进与落后之别。对组织结构的评价，在于企业所采用的组织结构与企业的经营是否相适应。正如罗斯·阿什比（Ross Ashby）讲的那样："世界上不存在任何绝对意义上的'好组织'。组织的好坏总是相对的，在某一情境或准则下的好组织，在另一种情境或准则下却可能是个坏组织。"针对不同的情境，需要建立与之相匹配的组织结构才能实现组织结构和战略的匹配，完成既定的组织目标。遗憾的是，对于大部分企业而言，组织结构的变革在很多情况下是不被认可且难以改变的。因此，现实中组织结构的变革往往是被动的，即企业组织总是根据已经存在的问题来修订和完善既有的组织结构。与其他情形一样，企业喜欢花费最小的成本、用最快速的方法解决眼前的问题，并希望能够立竿见影。在大概率的情况下，如果企业不花费过高的人力、物力以及财力，更不会循序渐进地寻找最根本的原因。企业之所以会这么做，源自组织设计中固有的两大悖论——"效率/成本"（标准化）和"灵活/价值"（定制化）的悖论、"眼前"和"未来"的悖论。

"效率/成本"（标准化）和"灵活/价值"（定制化）的悖论是指，一方面，数据智能具有高度"复用性"，尤其是在采用高度共享的 IT 技术（如云计算能力、人工智能）开展完全不同的业务（如云计算能力既可以支持智慧汽车的发展又可以支持无人超市的发展）时，因此要求标准化；另一方面，市场需求变化速度加快，并且用户的具体需求越来越趋向差异化与个性化，因此要求定制化。组织结构在设计上很难权衡标准化和定制化之间的关系。"眼前"和"未来"的悖论是指，一方面，当下市场的激烈竞争和高度动态性要求企业必须专注于"眼前"；另一方面，网络生态的复杂性、不可设计性和不确定性要求企业必须放眼"未来"，不被当前问题所误导，培养预判未来的能力。与战略目标设定一样，企业一开始的组织结构设计更多的是为了服务当时的组织目标，是依据当时的情形而定的，随着企业的发展，与组织新的战略目标相脱节在所难免。

3.2.2 传统的科层制组织结构的弊端

正如在组织结构演化中所提到的，除了 N 型组织结构外，其他类型的组织结构基本上都是科层制或带有科层制影子的组织结构。在工业经济时代，科层制组织结构的确成为企业提高效率、提升效果的最佳组织方式。但是，随着互联网的快速发展，特别是随着数智经济的到来，科层制组织结构的弊端不断凸显，这些弊端包括但不局限于：①无法敏捷地应对外部环境的变化；②内部创业创新阻力较大，员工缺乏主动性；③决策瓶颈造就"唯上"主义，过分强调标准和一致性。

3.2.2.1 科层制组织结构无法敏捷应对外部环境的变化

首先，信息流通的障碍。科层制组织结构能够高效运作的一个潜在的默认前提是组织的决策者能够获得充分的信息，并且具有超强的决策能力。科层制组织结构的运行过程是集权，来自组织基层的信息需要层层反映到高层，但来自基层的信息需要层层上报才能到达高层，不仅降低了决策速度，而且信息在中间传递的过程中难免出现不同程度的扭曲和失真。如果在信息流通的过程中运用了错误的信息，很有可能会导致高层无法认识到问题的具体情况和严重程度，基层也可能难以理解高层决策的真正意图，从而降低了决策的质量。在快速变化的市场环境中，决策速度的快慢将直接影响企业面对市场需求变化的反应速度，进而影响企业的市场竞争能力和员工工作的积极性。组织的层级结构越多，信息过滤、失真和沟通效率低下等问题就越严重，越可能导致决策的失误或错失良机。在信息经济时代，信息呈爆炸式增长的趋势，在这种情况下，信息层级传递的成本越来越高。因此，从这方面来看，传统的科层制组织结构在信息流通方面越来越难以适应市场竞争的需要。其次，"部门墙"的存在。在科层制组织结构下，企业根据分工原则划分职能部门，各职能部门各司其职。但是，在实际运作中很多业务流程都是需要跨部门协作的，在协作的过程中会出现沟通不畅、相互扯皮、推卸责任的情况。科层制组织结构中的基层人员每天都在做重复的机械式工作，很容易发生还没有经过最基本的思索就做出决定的现象。这就是科层制组织结构带来的巨大弊端——盲目、机械、被动地等待命令去做本职工作，也是数智时代企业内部数据孤岛林立的根源。

21世纪初，德国发展银行在应对雷曼兄弟公司破产的"操作"时，充分暴露了因组织结构导致企业无法敏捷应对外部环境变化所带来的恶果。2008年，雷曼兄弟公司按照美国《破产法》的相关规定提交了破产申请，成为美国有史以来倒闭的规模最大的金融公司。消息瞬间通过电视、广播和网络传遍了地球的各个角落。然而，出乎意料的事情总是接二连三地发生，在消息如此明朗的情况下，德国发展银行居然按照外汇掉期协议的交易，通过计算机自动付款系统，向雷曼兄弟公司即将冻结的银行账户转入了3亿欧元。毫无疑问，这3亿欧元将是有去无回。2008年9月，德国报纸指责其为"德国最愚蠢的银行"。德国人的"工匠精神"值得世界人民学习，但是在组织结构设计方面，这种带有明显科层制的组织结构并没有对"例外"有预判和安排，以致企业无法及时应对流变的发生。其根本原因就是科层制组织结构的僵化，长期以来养成的习惯不能适应时局的变化。

3.2.2.2　科层制组织结构的内部创业创新阻力较大，员工缺乏主动性

由于科层制组织结构通过规定和权力对组织成员进行监督和控制，在增强组织可靠性和可预测性、确保组织效率和效果的同时，也对组织成员的创新性造成了极大的破坏。即使那些有想法的员工，也会面临一系列的问题和顾虑，例如："上级允许你这么做吗？""即使允许，你是否具备相应的资源和能力呢？""如果失败了，会不会影响到个人KPI和团队KPI？""会不会影响到职位的晋升？""会不会影响到薪资？""会不会影响到工作能不能继续？"

在科层制组织结构阻力大、困难大、回报率不高的情况下，大部分人会选择按部就班地做好自己的本职工作，不会有过多的创新。在这种环境中，创新成为企业内部研发部门的事情，与他人无关。然而，一系列事件让我们认识

到：当创新仅仅是企业内部研发部门工作人员的责任时，创新往往是基于少数人的思考，创新的结果不仅难以完全贴近人们的生活，而且很难正确地把握未来的趋势。在高速变化的时代，仅仅依靠企业少数人进行创新已经远远不够。事实上，满足人类多样化的需求，需要的是无数的"微创新"，也就是在产品/服务的细节上进行微小的改进。"微创新"需要员工以用户为中心，挖掘用户需求，匹配资源，以适应市场。因而，全员创新时代已然来临，根植于员工身上的知识资本成为企业创新的核心竞争力。与传统的土地、资本等标准化的生产要素不同，人具有不同的性格特质和诉求。只有给予员工尊重、理解、关心、信任，让他们和经理人用同一个角度来进行思考和决策，创新能力才易于被激发出来。

3.2.2.3　决策瓶颈造就"唯上"主义，过分强调标准和一致性

在科学管理思想的指引下，科层制组织结构自诞生之日起就携带着难以更改的刚性。这意味着，即使现有的企业组织结构难以与外界环境相适应，但组织结构本身仍然会选择继续维持现状。在某种程度上，科层制组织结构的刚性的确适应了大规模生产的需要，推动了社会经济的发展和进步。然而，在纵向上层层审批熄灭了员工的工作激情，横向上的多头领导导致了管理混乱。科层制组织结构的刚性也限制了知识和信息的流动，过分地强调标准和一致性，难以满足时代多元化和个性化的需求。在科层制组织结构中，随着工作的多样化、多元化和专业化，分工越来越细、工种越来越多，然而目标的达成势必要求多部门的协同合作。值得注意的是，制度的要求使企业的决策过度依赖上级，甚至神化高管，造成决策滞后、错失市场机会。普通直面市场的员工或没有决策权，或不敢下决策。因为在这样的组织中，普通员工的晋升主要是依靠上级管理人员的判断和分配，基层管理人员则要看中层管理人员，中层管理人员仰视高层管理人员。"唯上"的雇员心态和工作氛围，势必造成"事事请示，万无一失"，对上级既显得尊重，又能够把自己的"工作量"让上级看在眼里，争取随时都有升迁的机会。

科层制组织结构对于权力层级的强调、对日常运作必须照章办事的严格管理，使其组织刚性愈加突出，进而强化了组织结构设计中的悖论。企业依托科层结构，越强调企业的经营效率，就会越强调制度、规则和流程等在企业经营中的作用。长期以来，企业过往的成功经验却逐渐演化成阻碍企业进一步发

展、赢得更大成功的障碍，最终导致企业组织结构僵化问题突出，丧失对外的应变能力。此外，在科层制组织结构中，等级结构将权力集中在少数人的手中，围绕这些人形成了既得利益者群体。既得利益者群体出于对自身利益的保护，或是贪恋权力或利益，都不愿打破固有的组织结构和竞争格局。各种保守思想、变革抵制情绪和行为在组织中随处可见，最终因一叶障目守不住今日，更遇不见未来。如今，那些或已停产、或半停产、或连年亏损、或资不抵债，主要靠政府补贴和银行续贷维持生存和经营的"僵尸企业"，多半都是受科层制组织结构所累。

3.3　近代的新型组织结构

3.3.1　超事业部制组织结构

为规避和克服科层制组织结构的弊端，企业在实践中不断探索新的组织模式。20世纪70年代中期，在传统事业部制组织结构的基础上衍生出了超事业部制组织结构。所谓的超事业部制组织结构是立足于事业部制组织结构，在现有的组织结构中的高层管理和事业部制之间新增一级管理机构。新增的一级管理机构负责管理和协调事业部与事业部之间的活动，从而保证企业在分权领导和集中管理之间予以平衡。超事业部制组织结构的优势在于，其可以同时聚集多个事业部的力量共同投入新产品的研发。由于设置超事业部的初衷就是解决传统的科层制组织结构多头领导、管理混乱的问题，因此在协调企业内部关系、打破"部门墙"方面发挥了重要的作用。超事业部的设置，在一定程度上满足了企业自身扩展、规模庞大和保持灵活性和敏捷性的需要。以通用电气公司（GE）为例：20世纪50年代初期，通用电气公司有20个事业部；1967年，通用电气公司扩张到50多个事业部，随后通用电气公司内部的协调成本陡增。特别是当时的美国经济一度停滞，外部环境加剧了企业的经营困难。为了降低内部组织的协调成本，应对外部宏观环境的威胁，通用电气公司从1971年开始在最高层领导和下属事业部之间设立了5个"超事业部"，以统筹协调各事业部具体经营活动。虽然超事业部在解决企业内部协调成本上升方面发挥了重要的作用，其本身及其变种也相继被一些大企业所采用，但其本质上仍然是大企业集权倾向的具体化。在组织权力的分配上，通常超事业部都由企业副总级领导负责，亦没有摆脱要逐级汇报的科层制组织结构对标准和一致性的强调。

3.3.2　矩阵式组织结构

矩阵式组织结构是在融合超事业部制组织结构和职能式组织结构优点的基础上形成的一种组织结构，它具有较大的灵活性和机动性，极大地加强了组织内部成员横向之间的联系，使各类人员能够相互帮助，人力、物力、财力等相得益彰。对于需要高度协作和复杂性较强的大型企业组织而言，矩阵式组织结构是一种常见的组织结构。IBM 和 Ford 等业内巨头企业，都曾采用这种组织结构而取得成功。矩阵式组织结构在提高企业效率、降低成本的同时，也能够较好地回应顾客需求，实现差异化经营。从本质来讲，矩阵式组织结构并非一种长期的固定性组织结构，它通常是出于完成某一个临时性任务由特定的人员和职能部门成员组建起来的工作小组。因此，身处矩阵式组织结构中的成员通常缺乏归属感，因为是临时的工作所以缺乏足够的责任心。在矩阵式组织结构的设计中，尤其需要关注的是如何平衡职能和项目两条线上的权、责、利。原有职能部门主管作为决策人和产品/项目负责人之间的权力斗争和利益分配者，在矩阵式组织结构设计中通常面临重大的挑战。这不仅关乎管理层的问题，同时也关系着员工在双头领导下该如何有序地开展工作。

随着任务的多样化、多元化和复杂化，矩阵式组织结构逐渐延伸为多维立体型组织结构，即一种新型的在矩阵式组织结构基础上创建的产品利润中心、地区利润中心或者成本控制中心。虽然多维立体型组织结构显得更为复杂，汇聚了更多的领导，需要更多部门的协同配合，但它也只是增加了系统的多重性，在每个构面上仍然是一个二维矩阵式的组织结构。不同的是，多维立体型组织结构更加有利于形成群力群策、信息共享和共同决策的协作关系，更加适用于规模超大的跨域企业或跨国经营的企业。

3.3.3　模拟分权组织结构

对于连续生产的钢铁和化工企业而言，由于受到产品品种或生产工艺的限制，很难将其拆解为事业部，但是因其规模过于庞大超越了管理者的管理极限，这些企业在直线职能制和事业部制之间摸索出了模拟分权组织结构。实行模拟分权组织结构的生产型企业，根据生产区域不同的生产阶段把企业分成了不同的带有阶段性质的组织单元，并赋予其较大的自主权，允许其设立自己的管理机构。作为"生产单位"，其拥有对应的享有最大自主权的职能机构；模拟盈亏的目的在于调动生产/经营的积极性，以达到提升企业生产/经营管理效率和效果的目的。之所以称为模拟分权组织结构，是因为它只是效仿事业部制的独立经营和单独核算，还算不上真正的事业部。在企业内各个组织单元之间的流转价格是根据企业内部价格进行转移的，而不是根据市场价格。模拟分权组织结构减少了高层行政性的工作任务，使其能够把更多的时间和精力放到企业战略问题的研究上。这种流行于原材料加工、医药等行业的组织结构，被银行、保险等服务行业广为接受。

3.3.4　流程化组织结构

随着企业的扩张，行政管理结构会不断增多，随之而来的是行政人员膨胀，看似忙忙碌碌，实则碌碌无为，整个企业组织效率越来越低下。企业创建行政管理机构的初衷是节省交易费用，而此时的企业却逐渐向人浮于事、组织麻痹靠拢，严重背离了对效率和效果的追求。换言之，当企业组织机构人员的增加并不是来自现实的需要而是出于因人设岗，员工数量和实际的工作量不再有根本性的关系时，整个组织结构的设计就会使企业难逃帕金森定律。为了治疗20世纪80年代初到90年代西方规模庞大的企业结构臃肿和运营效率低下的组织麻痹症或"大企业病"，迈克尔·哈默（Michael Hammer）与詹姆斯·钱匹（James A. Champy）在《企业再造》一书中提出：只有流程再造才能让企业组织彻底摆脱传统官僚式的管理模式的毒瘤。[①] 根据流程再造的思想，组织结构的设计应该依据由一组价值创造活动构成的相对完整的价值创造过程而

---

① 迈克尔·哈默，詹姆斯·钱匹. 企业再造［M］. 南昌：江西人民出版社，2019.

进行，而企业价值创造始于并终于客户。因此，流程化组织结构设计就要在反映其价值主张的同时，充分体现客户的价值。尽管流程化组织结构的原始思想植根于矩阵式组织结构，但是它的出现却彻底改变了传统组织的运行秩序，颠覆了以往精英主义和精英管理的组织模式。流程化组织结构终结了传统职能分工和专业协作的方式，将权、责、利配置于业务流程之中，采取统一性、系统化管理。在实施流程化组织结构的企业中，流程管理者取代固有的经营管理者，不同的流程管理者可以管理相同的业务流程。通过业务流程统筹不同的职能，解决消费升级、客户价值需求个性化的问题，依据市场变化灵活调整，加强了企业与市场的联系，提高了企业与市场的契合度。作为一种开放型的组织结构，流程化组织采取的是一种水平式的管理模式，也是一种真正意义上以客户为导向的组织结构设计。同时，它也较好地满足了组织赋能授权的需要，为后面赋能型组织的诞生和更灵活的组织结构设计开辟了新航道。

3.4　数智时代的新型组织

3.4.1　稻盛和夫：阿米巴经营模式

阿米巴是一种无法再小的单细胞变形虫，因虫体柔软赤裸，且可以向任意方向伸出伪足而使其形态变化不定。变形虫阿米巴是地球上最古老的原生体，它能够随外界环境的变化不断地进行自我调整以应对所面临的各种生存环境，极具生命力和延续性。阿米巴经营模式是稻盛和夫将企业打散、把部门拆解为一个个独立的小型财务核算经营体管理理念在日本京瓷集团的落地。阿米巴经营模式本质上是一种量化分权、赋权管理的经营模式，目前在我国也非常流行。在指导培育阿米巴的咨询公司或培训师眼中，不分行业、不论规模、不讲国界，阿米巴都可以落地实施。阿米巴经营模式不仅在于它是由号称"经营之神"提出并印证的管理模式，更在于它具备以下顺应时代发展的特色：采取小集体独立核算制度，更好地体现了个人的价值；打破年功序列制，根据能力选拔，能上能下，为年轻人赢得了早日出头的机会；用少量的费用换取最大的销售额，节约了成本、提升了效率、提高了效果；充分信任员工并赋权，同时将严谨的数据反馈给现场，帮助员工提升能力，使他们有更多的学习机会、促进其职业发展。企业通过阿米巴经营模式告诉员工："你生产了价值多少钱的产品？"而不是："你生产了什么产品？"这将促使员工在开展工作的时候不断地进行反思：自己所拿的工资是否与自己给公司创造的价值相匹配。

与其他组织结构一样，阿米巴经营模式并非一个完美无瑕的组织结构设计，一度封神的阿米巴经营模式在引入我国后局面也很尴尬。在宣传不少企业引入阿米巴经营模式后扭亏为盈、实现增长的同时，同样有一些企业在引入阿米巴经营模式后狼狈不堪。阿米巴经营模式打散了公司架构，执行独立核算体系，最大限度地挑战了传统科层制组织结构对标准化和一致性的重视。从一个极端走向了另一个极端，易导致企业组织内部阿米巴之间的漠不关心，甚至恶性竞争；增加内部交易成本与管理成本，企业需要评估由此获得的收益与增加的成本关系；阿米巴之间的横向协同与纵向协同障碍壁垒亦找不到有效的机制予以克服。事实上，习惯于依赖组织的员工并不一定喜欢阿米巴经营模式。

3.4.2 三台组织架构

三台组织架构是分布式组织结构的内容之一，从整体上看，类似于一个倒着的人。前台可比作人的四肢，是最直接的执行者，类似于军队中的突击队。中台可比作人的躯干，是一个资源共享库。内部各部门之间界面以联席委员会（联席会议是指由某个团体或组织自愿发起、自由参与的会议。旨在通过召开联席会议的形式，加强联系与沟通，相互学习借鉴经验，研究探索新经验、新方法）的治理模式存在。后台可比作人的大脑，是一个战略智库，从事基础研发、文化价值观与领导力的培育工作。三台组织结构的核心之一是组织重构的基本路径，包括"前台后移"和"后台前移"。"前台后移"是指重复使用标准化、模块化的多元前台，把前台业务内容往后移到中台。"前台后移"是指将需要与前台合作的业务内容，如基础研发的商业化、与一般领导力培训课程不同的具体业务培训，以及与市场长期趋势研究不同的市场短期预测研究等，往前移到中台。中台是连接众多事业部为眼前客户提供统一支撑性服务的平台服务，实现数据在企业各业务部门之间的透明流动。三台组织结构超越了依据价值链将企业分为销售导向大前台和供应导向大后台的"双台"架构模式，为生态型企业组织的诞生和运营奠定了基础。

华星光电自 2009 年成立以来，一直保持着"生产导向的法人组织模式"。在随后快速多元化的发展过程中，这一组织模式的弊端日益显现，包括：管理流程不清，管理人员权、责分工不明；日常事务困扰管理层，决策效率/质量下降；组织结构难以支撑业务扩张，影响企业运营效率和效果；平台资源相互割裂，共享机制发育不成熟。昔日保障企业顺利运营的组织结构，却成为华星光电成长路上的绊脚石。为了解决组织结构无法满足企业发展需要的突出问题，经过多轮研讨于 2018 年 11 月 20 日达成共识，明确了未来组织架构和运营模式转型方向、关键原则，即华星光电未来运营模式要具有：战略统一规划、分应用经营和市场引领生产三大特点；同时遵循"目标与价值导向、权责匹配、精简高效、柔性设计"的原则进行组织结构调整。基于组织结构转型方向和原则，华星光电提出：以客户和产品为导向，打造兼具灵活性和稳定性的"三台（前—中—后）组织体系"。2018 年 9 月 11 日，华星光电正式开启了组织结构转型之路。2018 年 12 月 21 日，华星光电发布了转型后的一级组织架构及负责人。2019 年 1 月 28 日，华星光电正式发布了转型后的全新三台组织架构①。

3.4.3　模块化组织结构

所谓的模块指的是一个具有特定功能和标准化接口的系统中相对独立的部分，模块化试图将复杂的系统按照一定的规则分解为具有标准化的、规范性接口的简单子系统。现代管理理论认为，亚当·斯密有关劳动分工理论是模块化组织的思想基础，而鲍德温和克拉克在 1997 年发表的《模块化时代的管理》以及 2000 年发表的《设计规则：模块化的力量》则奠定了模块化组织的基础。青木昌彦在综合日本和美国模块化研究成果的基础上指出，模块与模块之间在一定程度上具有扩展能力，可以实现多样化的组合；通过一定的规则将复杂系统分割成具有独立功能的半自律子系统，就可以实现企业组织的动态整合和运作。模块化组织设计通常遵循三大原则：第一，特定功能。功能型模块可

① 打造"三台"组织体系　推动公司战略转型——华星光电组织结构变革解读 ［EB/OL］. http://magazine. tcl. com/article. aspx? id = 11028.

以在不同子系统之间互换，服务于整个组织过程的实现。第二，相对独立。模块组件与组件之间有依赖关系，但依赖程度是最小的。第三，标准化接口。模块与模块之间的标准连接允许其相互交互。

虽然模块化有明确的定义和较清晰的逻辑，但是在实际操作中很难说某一企业组织采用了模块化的组织结构。从一般意义上来讲，如果一个企业在产品或服务层面实行了模块化的经营方式并据此设计或调整其组织架构，就可以说该企业采用了模块化组织结构。产品模块化通常需要满足功能模块之间的界面上允许不同模块相互替换和界面规则需要在一个产品周期内维持不变这两个条件；通用型和标准型的模块必须在产品可分解元件中占有相当的比重，才能保证产品模块化得以顺利实施；当然，产品模块化的程度取决于产品架构、产品组件功能、功能到模块的映射，以及用于解释模块之间关系的接口规范。很显然，产品模块化是对于制造业而言的，但是这种思维方式很快扩展到服务业，并演化为两大学派。其中，服务开发学派包括大规模定制、平台方法和前后台方法三条路径；服务创新学派包括服务标准化、创新测量与模块外包三条路径。服务开发学派从服务的运营和传递出发，关注服务的质量和效率问题；服务创新学派立足于经济学和商业战略层面，重视商业模式和创新等问题。

随着制造业服务化的兴起，一些企业开始探索产品模块化和服务模块化的有机融合。作为国家首批服务型制造示范企业和国家智能制造试点示范项目企业，郑州大信家居有限公司（以下简称"大信家居"）在这方面已经成为同业标杆。大信家居在定制家居行业中是世界上唯一没有拆单的企业，企业用人数量是同行水平的1/4；生产制造现场看起来很奇怪，没有传统的"高大上"的自动化生产流水线，但实际生产效率极高，用材率极高。大信家居所有的生产经营活动都井然有序，针对具体顾客的定制产品有序进行，产品虽然件件不同，但也无须试装，且产成品和起初设计的效果图一一对应。实质上，产品智能制造过程是运用大数据、云计算和 ERP、MES、AI、QMS、CPS、SMT 等系统集成，在大信家居超级大脑（私有的自主研发的专属软件）的统筹下进行。以"两高三低"（高负债、高收入、低增长、低通胀、低利率）为准绳，放弃生产线，发明了"双分布式、双模块化"智能互联工业制造模式。

3.4.4 分布式自治组织

分布式自治组织由美国作家奥里·布莱福曼（Ori Brafman）在《海星和蜘蛛》一书中，通过对比中心化组织（蜘蛛型组织）和分布式组织（海星型组织）提出。作为一个去中心化的自治组织形式，分布式自治组织的管理和运营规则摆脱了集中控制或第三方的干预，通过智能合约的形式编码在区块链上自运转、自治理和自演化，实现最大的组织效能和价值流转。分布式自治组织借助区块链技术优势，通过网络节点的交互连接、竞争协作，让组织中的团队或个人成为一个个网络节点，同时集思广益、群力群策，使每一个问题都能够找到多种解决方案，且人人具有知情权、人人平等，达到真正意义上的去中心化。组织结构不再是金字塔式的，权力亦不在强调集中而无须授权，由社区自治替代管理科层，实现真正意义上的自动化和自组织。智能合约的存在清晰公开透明化参与者的权责利和组织的运营规则，在节省人力成本的同时整合分散的资源，遵循既定的游戏规则而运转，确保整个组织的有序发展。分布式自治组织将人、知识、产品等组织元素予以"通证化"，通过"通证"（token）激励社区成员树立竞争意识，激发组织发掘优秀人才，确保组织快速成长。

在分布式自治组织中，所有的决策都是通过投票表决的。这种不受顶层设计影响而通过智能管理手段和激励，是组织中每一个人自由表达个人意见的基础。相对于传统其他组织形式而言，分布式自治组织在资源分配和决策制定等方面都要更加公正、公平和公开。同时，因为分布式自治组织中的任何一个人都不能控制，甚至是企图控制整个组织，也不受外部因素的干扰，因此就愈加安全和稳定。Mosendo 的首席执行官 Rossco Paddison 表示："在下一代商业模式中，不再是人人都是总裁，而是无人是总裁。在未来，求职面试也将不复存在，只需增加目标的影响力吸引其他人为之工作，最后打造出一个共享的成果。"这意味着：分布式自治组织结构将彻底改变未来的商业运营模式。作为区块链创新者、引领者，成立于 2016 年的旺链科技在构建去中心化、自由协作、自我管理新型生产关系方面取得了显著成效，为金融、能源、医疗、农业等多个行业提供了区块链溯源、高速分布式存储、边缘计算、工业互联网、智慧农业等不同应用场景的个性化服务。

4 运营管理的变革

运营与供应链管理，是提高全球商业生产率的关键因素。

——罗伯特·雅各布斯和理查德·蔡斯

4.1 运营管理及其演进

4.1.1 管理两件事

从工业革命 1.0 到工业革命 4.0，在技术层面上是一个技术迭代或变迁的过程，在管理层面上则是一个从效率提升与效果实现不断进化的进程。1784年，世界上出现了第一台机械式织布机，这是第一次工业革命的标志性事件。随着第一次工业革命的诞生，以蒸汽机为动力的机械生产设备开始大量投产，基于机械技术的反馈调速器的广泛应用，极大地提高了生产效率，达到了产量不断增加的效果。到 1970 年，辛辛那提屠宰场开始适用传送带方式生产作业，基于劳动分工和电气技术的控制系统，以电为劳动力的大规模生产将工业革命带入 2.0 时代。1969 年，美国 Modicon 公司推出了 084PLC，基于计算机技术的控制系统被推广并得以应用，电子和信息技术的发展使自动化程度更高，效率更精准、效果更明显，至此工业革命迭代为 3.0 版本。时下，由人工智能等新兴技术驱动的自动化生产方式被冠以第四代工业革命之名，信息物理融合系统不断地被开发和应用。从更为宽泛的意义上来讲，每一次工业革命都是一个智能化的过程，都是一个效率提升与效果实现的范式转变。

　　管理不外乎做好两件事：一个是效率，另一个是效果。前者是正确地去做事，后者是做正确的事。效率意味着以尽可能少的投入来获得尽可能多的产出，所以经常会计算一些投入产出的比例，如净资产收益率等；效果意味着目标的达成，所以经常会有考核 KPI、OKR 等，这些目标通常是具体的（Specific）、可衡量的（Measurable）、可达到的（Attainable）、有相关性的（Relevant）以及有明确截止日期（Time bound），即遵循 SMART 原则。与其他管理所追求的效果一样，运营管理也追求效果和效率，即达成组织目标（做正确的事）和以尽可能少的投入获得尽可能多的产出（正确地做事），从而实现高效率和获得高成效。在管理信息系统研究领域也经常把效率等价于效果，把效率的提高视为效果。然而，从本质上来讲，效率和效果仍然是有区别的。比如低资源浪费是我们的目标，称为高效；而高目标的实现称为高成就。效率和效果，一个是手段，一个是结果。资源使用的情况跟目标实现的情况，一个是低浪费，一个是高成就。究其根本，管理追求的两件事其实还是有所差别的。如果把效率比作机动车行驶的速度，把效果比作机动车行驶的稳定性，则可以直观、形象地反映二者的差别。如图 4-1 所示：

图 4-1　交通工具里的效率和效果

　　在速度上和稳定性方面，老年代步车明显要弱于其他三类车型；农用车虽然在应对路面"复杂性"方面比老年代步车有所提升，但是速度仍然比较慢；

跑车速度较快，然而在应对路面"复杂性"方面就显得比较差；越野车在四者之中速度最快和稳定性最好，对于既想追求速度，又想能够轻松驾驭各种复杂路况的车主而言，越野车是理想之选。用管理的语言来讲：最初的老年代步车，车速比较慢，可以认为它效率很低，稳定性也比较差，即它的效果也较差。即便现在老年代步车的速度有了一定的提高，但稳定性还是比较差。如果车的速度非常高，即效率高，但是它们的稳定性较差，这种车辆（跑车）只适合于跑道，行驶在泥泞的或坑洼不平的道路上时很容易翻车，体现了低效果。对于类似农用车来说，无论是行驶在平路上，还是有一些陡坡的、坑洼的道路上，稳定性都很好，但它的速度相对来说较慢，即高稳定和低效率。对于越野车来说，它能够在不平坦的、有障碍物的路面上快速且平稳地行驶，从效率和效果的角度来看，它实现了高效率和高效果。运营管理所追求的正是这样的高效率和高效果，从而实现价值创造。

4.1.2　运营管理及其效率和效果

运营管理被认为是除营销管理和财务管理外，企业管理三大核心职能领域之一。所谓的运营管理指的是，对实物产品生产或服务产品交付的企业或组织进行设计、运作以及改进的系统性思维、理论研讨和客观实践。在满足客户需求的前提下，企业运营管理的目标包括优化资源配置、提升流程效率、改善产品质量、降低能耗和生产成本等。传统意义上的运营管理等同于生产与运作，因为其相关理论和方法主要诞生并在制造领域应用，指导制造业的实践。随着经济社会的发展，尤其是服务业的发展，运营管理在金融、教育、医疗和公共服务等领域受到前所未有的重视，发挥的作用越来越重要。

4.1.3　运营管理的演进

确切地讲，20 世纪 70 年代末 80 年代初，运营管理比较关心的是制造业的经理们在低成本和高质量等生成性指标之间的权衡问题，进而将生产能力转为战略性竞争武器。在一定程度上，这一制造战略范式奠定了运营管理在企业管理作为三大核心职能战略的基础。20 世纪 80 年代，日本丰田汽车公司率先提出并实施准时生产，追求零库存，"在需要的时候，按需要的量生产所需的产品"。与此同时，由阿曼德·V. 费根鲍姆（Armand Vallin Feigenbaum）提出的全面质量管理思想被引入日本企业,并使其从中获益。准时生产和全面质量管理已经成为大多数制造商生产实践的基石。作为全面质量管理的一部分和质量诊断工具,六西格玛管理在 20 世纪 90 年代得到了空前发展。同期,为了应对全球经济的萧条不振,企业开始寻求革新运营管理过程,强调颠覆性变革的业务流程再造也应运而生。20 世纪末,随着互联网的普及,电子商务彻底改变了运营经理协调、执行生产以及分销等职能方式。进入 21 世纪以来,特别是在数智时代开展商务活动,企业面临与以往截然不同的经营环境。身处全新的经营环境,受到数字化相关技术的影响,企业商务活动主体的行为特征、产品属性以及产品的创造过程等都发生了巨大的变化。从企业运营管理的角度分析这些变化,借助数字化技术提升效率,创造价值,将成为企业运营管理创新、参与未来竞争和企业发展的基础。

4.2 数智时代运营管理变革的逻辑

4.2.1 需求创造要求运营管理变革

如前文所述,消费升级是驱动商业模式变革的重要因素,企业运营管理也要随外部需求的变化而变化。在经济学对市场分析中,供给学派和需求学派之争久矣。供给学派曾一度认为,企业生产什么客户就会买什么;需求学派则强调企业要根据市场需求调整生产。虽然在过去的几十年中,需求学派的观点似乎占据了上风,但是从运营管理的角度来讲,将会出现一个“融合”的时间窗口或者为供给学派提供更多的例证。进入数智化时代以后,消费者的需求与过去相比变化速度更快、需求的个性化特征也更明显;与此同时,企业可以获取的消费者的数据类型和数据量远比过去丰富。数据通过捕获、萃取、转换和分析后,企业能够做到比客户更懂得客户想要什么。以京东网上商城店为例,除了交易数据外,它还记录了用户浏览、购买、使用、评价等数据,包括搜索的关键词、页面的停留时间等。这些行为特征往往是用户偏好及其个性化需求的直接表现,加上强大的数据分析能力,可以更加准确地预测顾客的需求,为提高运营管理绩效打下良好的基础。例如，当客户再次登录相同的网站时，这些在线商店会向客户推荐替补或同类商品，甚至是互补品等。对于客户而言，自己潜在而非明确的需求通过企业大数据分析被有效地挖掘出来。在移动终端App商店，可以根据用户曾经的下载和浏览行为将相应的应用程序精准地推荐给用户。直接基于历史数据的相关性挖掘，虽然很多时候不能保证一定能够支持最终决策或满足预测要求，但是通过更深入的机器学习和运用管理问题整合，就能够将预测性分析进一步转化为规范分析。例如，在商务智能分析中，根据微博数据和第三方数据组合新的模型，就可以更加准确地预测电影票房的收入。

如果说需求预测是企业运营管理的基础，那么数智化时代则要求企业运营管理做到从需求预测到需求创造的转变，即从随需而变到创造需求。正如上文所提到的，在数智时代，企业能够做到的是比顾客更了解其自身的需求，并通过自动化、智能化的工具提供支撑，将消费者的潜在需求转化为真实需求。进一步地，基于数字化及相关技术（如 Web 挖掘、情感计算、文本分析等），企业能够更深入透彻地理解消费者深层次的需求，创造新的产品价值、创造新的需求。例如，在医疗服务行业的健康管理领域，传统上主要通过定期体检来监测身体是否健康或异常，而数智时代可穿戴式设备的出现和普及，则可以通过持续采集个人的心率、脉率等特征数据，实现实时的监测和分析，提供医疗健康咨询服务和远程诊断服务，从而实现产品创新和大数据技术结合，创造新的服务需求。因此，数智时代要求运营管理变革。

4.2.2　数据驱动运营管理变革

2020 年 4 月 10 日，《中共中央、国务院关于构建更加完善的要素市场化配置体制机制的意见》正式公布。数据作为除劳动、资本、土地、技术外的第五大生产要素被写进了文件，并提出要加快培育数据要素市场。数据资源的价值体现得到了官方认可，并被提升到前所未有的高度。数据驱动运营管理变革，首先体现在数据驱动企业供应链敏捷性上。从管理的视角来看，大数据能够驱动企业管理的变革，使企业更加稳定地应对客户需求的变化。动态能力的提升是供应链实现的前提，供应链敏捷性是动态能力分散化作用的结果。

在提升价值链敏捷性上，根据孙新波等（2019）① 对青岛酷特智能股份有限公司的研究结果：数据通过"建立数据库"（数据→成长性激活→动态能力→客户敏捷性）、"建立数据链"（数据→流动性激活→动态能力→流程敏捷性）以及"建立数据网络"（数据→互联性激活→动态能力→合作伙伴敏捷性）三条路径把企业自身、伙伴和客户牢牢地绑定在一起，形成了一个牢不可破的黄金三角。在建立数据库环节，企业通过容量激活、多样性激活提升需求识别能力，通过速度激活和多样性激活分别提升需求响应能力和动态维持能力，动态维持能力是保障需求识别能力与响应能力顺利进入动态提升循环的动态延伸能力，三种能力的提升使企业能够精准、迅速地获取客户需求，提升客户敏捷性；在建立数据链环节，利用数据的可分割性和可整合性，有针对性地提升流程再造能力，可视化有助于提升企业流程管控能力，激活流通性则使员工获得更强的协同合作能力，三种能力的提升缩短了企业生产周期，降低了生产成本；在建立数据网络环节，利用数据的可复制性，提升核心企业的资源释放能力，共享性的激活有助于形成网络关系能力，创造和谐共享的开放性环境，培育网络的协同共创能力。三种能力使供应链网络节点的企业紧密地联合在一起，整体提升网络节点能力、关系强度和网络密度，实现合作伙伴敏捷性的提升。

4.3　数智时代的运营管理

4.3.1　数智化产品与服务设计

4.3.1.1　新兴技术赋能数智化产品与服务设计

在创造需求引领下，产品与服务的设计是企业运营战略的第一步，也是关键的一步。无论是在以往的任何时代，还是在当下的数智时代，企业始终都是

---

① 孙新波，钱雨，张明超，李金柱．大数据驱动企业供应链敏捷性的实现机理研究［J］．管理世界，2019（9）：133-151.

在为客户提供产品和服务创造价值的同时维系自身生存和发展，而提供让客户满意的产品和服务是留住客户的关键。数字化技术能够实现提供更符合用户需求、更佳性能、更高效率的产品与服务，实现更加多样化的产品与服务的创造模式。首先，大量消费者使用社交媒体数据，为企业准确设计符合市场潮流的产品提供了可能。例如，通过手机应用 Nike+，耐克公司可以更好地了解用户的运动数据，包括用户的运动频率、时间以及位置信息等，以帮助设计师和产品经理设计出更加符合用户需求的可穿戴设备。其次，数字仿真、虚拟现实（Virtual Reality，VR）和增强现实（Augmented Reality，AR）、混合现实（Mixed Reality，MR）等技术的发展，推动数字技术作为设计工具精确地模拟和仿真产品的各种物理参数，并通过可视化的模式加以展示，尤其是可以在不同参数、不同环境下模拟不同产品设计的性能差异，从而形成最佳性能的产品设计。例如，基于智能互联产品传回的用户使用数据，利用虚拟现实等可视化技术，设计人员能够模拟产品的真实使用环境，构造出实际产品的数字化映射模型，特别是数字孪生等技术手段对于企业持续改进产品设计具有重大意义。最后，为了更好地满足数字化时代消费者需求日益个性化的趋势，最大程度上实现个性化的设计，许多企业通过云计算将多功能转移到云端，增强与用户的互动设计，通过软件实现客户端产品的定制。例如，消费者可以根据使用习惯，自行设定数字产品的用户界面和硬件产品的功能布局，来满足自我个性化的需求。

4.3.1.2 数智化产品与服务设计流程

数字化技术至少从两个方面影响企业的产品创造过程。一方面，企业获得了更多的消费端数据，这既包括遍布于网络的消费者评价数据，也包括消费者在使用智能互联终端产品时产生的实时数据。通过对数据的分析，企业既能获得消费者作为整体的群体行为特征，又能在个体层面上更精准地刻画消费者行为，从而设计出能更加贴近用户需求的产品，而且对实时数据的分析使企业能更敏捷地对消费者的变化趋势做出响应。另一方面，企业的产品创造过程也受到数字化技术的影响，智能、自主的加工厂不但能够自动识别潜在的设备问题，而且通过智能设备之间的联网，实现了加工流程的自主优化。3D 打印技术更是彻底改变了产品的创造过程，使企业能以较低的成本实现产品的个性化生产，从而改变企业满足消费者需求。数智化产品设计和服务更深远的影响在于，通过实物产品数字化，将企业管理的对象变为数字产品。随着产品创造过程的虚拟化，传统的采购、库存管理、产品定价等运营决策都将发生巨大的改变。

4.3.1.3 数智化产品与服务设计实现路径

数智化产品与服务设计的实现路径，至少有开放式创新和精益创业两条。托马斯·弗里德曼（Thomas Friedman）在《地球是平的》一书中描述了开放源代码和搜索技术等 10 大动力。[①] 在扁平的世界里，人人都站在同一水平线上，任何企业、组织，甚至个人都有机会参与到全球整合的业务环境中。特别是随着新一代技术的涌现和普及，信息和知识将在扁平的世界得以广泛传播，企业不能仅仅依赖本公司的力量进行产品服务与设计，更应该从公开的市场获取创新灵感。企业应该在开放源社区和客户支持中心的基础上，建立一个虚拟领先用户社区，来更好地实施开放式创新。在无缝开放式创新系统中，用户不仅是新产品的体验者，也是企业的发明者或合作发明者，他们扮演着重要的角色。通过"从 0 到 1""从 1 到 N""从 N 到 N+1"三个阶段，让客户参与到创新活动中，减少产品与服务设计的失败，使其能够快速迭代升级，即精益创业。其核心思想在于：尽早邀请客户参与，用最小可行产品试探客户的真正需求，迭代产品，找到契合市场的产品，如果产品缺乏自增长就转型。

4.3.2 智能制造与制造业服务化

4.3.2.1 智能制造

早在 20 世纪 80 年代，智能制造的概念就已经被提出。近年来，美国"工业互联网战略"、德国"工业 4.0 战略"等在全球范围内产生了广泛影响。随着各种制造新模式的涌现和新一代信息技术的快速发展，智能制造从传统的制造环节延伸到产品全周期，从制造装备延伸到企业，甚至是企业所处的整个生态系统。随着 5G、数字孪生、人工智能等新技术的迭代发展，智能制造不断涌现出新的标准需求。国际电工委员会（IEC）于 2018 年成立了"智能制造系统委员会"，德国第四版"工业 4.0 标准化路线图"、法国"标准化战略（2019 版）"、美国"标准化战略（2020 版）"相继发布。我国工业和信息化部、国家标准化管理委员会在《国家智能制造标准体系建设指南（2015

---

① 托马斯·弗里德曼. 地球是平的 [M]. 长沙：湖南科学技术出版社，2006.

版）》和《国家智能制造标准体系建设指南（2018 版）》的基础上，于 2021 年 11 月 17 日由工业和信息化部以及国家标准化管理委员会联合印发了《国家智能制造标准体系建设指南（2021 版）》（以下简称《指南》）①。《指南》指出："智能制造是基于先进制造技术与新一代信息技术深度融合，贯穿于设计、生产、管理、服务等产品全周期，具有自感知、自决策、自执行、自适应、自学习等特征，旨在提高制造业质量、效率效益和柔性的先进生产方式。"《指南》提出的智能制造系统架构分别从生命周期、系统层级和智能特征三个维度，描述了智能制造设计的要素、装备和活动等内容，明确了智能制造的标准对象和范围。

根据《指南》，智能制造标准化结构由基础共性标准（A）、关键技术标准（B）和行业应用标准（C）三部分构成。其中，基础共性标准和关键技术标准是用于指导各行业推进智能制造落地和细化，且关键技术标准聚焦于不同的要素；位于最顶端的行业应用标准面向行业具体需求。具体如图 4-2 所示。

在业界，智能制造业正在变得越来越智能，越来越多地使用传感器和无线技术来捕获生产环节中的各种数据，再传递回智能设备以指导生产，工厂由集中控制转变为分散式自适应的智能网络。例如，青岛酷特智能股份有限公司在多年的转型实践中，在服装领域探索出了一条自主创新的个性化智能定制道路。

4.3.2.2 制造业服务化

在全球环保政策紧缩、市场消费者升级、重构竞争优势、提能增效等多重因素的共同推动下，制造业服务化成为一个大趋势。制造业服务化表现在：一方面，服务要素在制造业的全部投入中的比重越来越多；另一方面，服务产品在制造业全部产出中的占比越来越高，即制造业的投入和产出两方面的服务化越来越明显。事实上，早在 2006 年世界最大的电器和电子设备公司 GE 近 60%的收入都来自其为全球提供的服务，同期 IBM 有超过 75%的收入来自对外提供软件、金融等服务。企业不仅为客户提供产品，而且基于智能设备、互联网、云计算等为客户提供以数据为基础的服务，产品成为实现服务的载体，

---

① 国家智能制造标准体系建设指南（2021 版）［EB/OL］. https：//www. thepaper. cn/newsDetail_ forward_ 15778175.

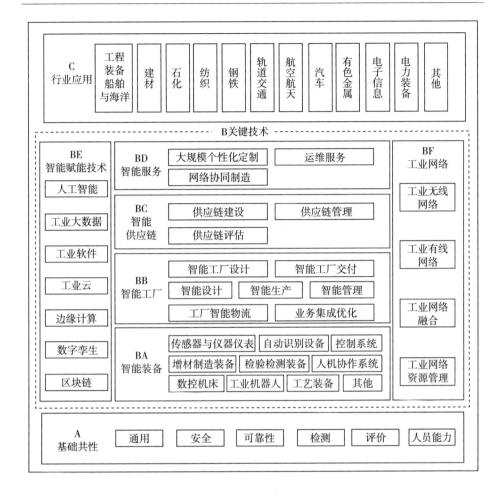

图 4-2 智能制造标准体系结构

资料来源：《国家智能制造标准体系建设指南（2021 版）》。

企业转向提供"数据—服务—产品包"。例如，汽车企业将更多地提供基于道路、交通、天气、客户出行偏好等数据的出行服务。2015 年，戴姆勒董事长蔡澈在法兰克福车展上表示，奔驰正在从汽车制造商转变为互联网出行服务商。2016 年，宝马集团前董事长克鲁格在品牌百年庆典上表示，宝马将从汽车制造商向个人出行服务提供商转型。2016 年，时任福特 CEO 的马克·菲尔兹表示，福特既是一家制造企业，也是一家移动出行服务公司。2018 年，丰田章男在 CES 上宣称，丰田将从汽车公司转型为移动出行公司，竞争对手将变为谷歌、苹果等科技巨头。

4.3.3 产品/服务定价

产品和服务销售和推广是营销职能范畴，但是产品或服务的定价却是运营管理的事情。从现有的定价体系来看，基本上可分为三类：消费者剩余、三级价格和会员体系。企业逐利行为会令其做出最大化消费者剩余的定价策略，其中消费者剩余等于消费者愿意支付的最大值减去产品或服务的实际价值。在推出新产品或服务时利用部分消费者求新的心理先定个高位价，然后逐渐降价，像从牛奶中的脂肪层撇取奶油一样，从不同群体客户那里快速赚取高额利润。三级价格是按人、按量、按类进行定价，消费者愿意支付的价格差异为三级定价奠定了基础。会员体系按照不同等级、付费/免费的方式进行定价，本质上也是一种价格歧视。随着数智经济临近和大数据应用和发展，民宿、酒店、网络购物平台等纷纷推出新用户专享价、Plus 会员价等，但与此同时大数据杀熟现象也频频暴雷。值得注意的是，消费者亦非任大数据定价系统来宰割，曾经的"货比三家"挑选策略可以通过"比价网"等得到一站式解决。

4.3.4 智能仓储

智能制造正在引领制造方式的变革，推动传统制造业向智能化转型。作为智能制造的重要组成部分，智能仓储不仅关乎智能制造的水平和成效，同时也是奠定智慧物流发展的基础环节。传统仓储一直存在占用多库场资源、规模不确定、利用率低下、优势不突出、效果不明显等问题，库场设施限制和重复配置矛盾突出。随着新兴技术的飞速发展，在智能制造对仓储可靠性、时效性的要求日益提高的带动下，生产工厂和企业仓库物流必须有并行的信息流。仓储逐渐摆脱了以往仅仅停留在"储存"和"管理"的功能，特别是基于地理信息物理系统的发展，使仓储更加自动化、智能化和柔性化。

以库存产品管理为例，其决策范式假设已经发生了重大转变。在传统管理产品库存时，企业会假设供给稳定、需求连续发生且服从某种先验分布等。供应链中的企业在其库存管理决策中，需要考虑产品供给、需求、库龄等因素，通过构建优化模型并求解来指导现实决策。为使优化模型具有较好的数学形式和性质，进而可计算出显式解，传统范式预先对各因素的属性特征和概率分布进行简化假设（如订货点法），但可能与现实情况和精准决策生成相距较远。如传统的订货点法假设供给已知且稳定、需求连续发生且服从先验分布、库龄统一等条件，但实际情况中产品的特殊性可能导致供给不可靠、需求分布可变、多库龄共存等复杂特性。在大数据驱动的新型管理决策范式中，领域大数据的获取使库存管理优化模型得以纳入上述更多可测因素，大数据分析方法和技术也能够支撑更复杂模型的求解。对于库存管理等典型运营管理决策问题，可以根据具体问题的情境特点建立不依赖于传统特定假设的新模型，并借助大数据及其分析方法来完成模型求解和影响机理探究，进而提升管理决策效果。

5G 技术和人工智能技术的发展，极大地推动了自动化仓库技术向更高阶段，即智能自动化方向发展。在新的智能自动化物流阶段，一旦作出生产计划，就会自动生成物料和人力等需求，自行查阅存货单和购货清单，精准规划和完成物流。当物料无法满足生产要求等例外事件发生时，系统就会自动推荐修改计划，以便生产出等值的产品。例如，青岛德盛利智能装备股份有限公司不仅自己完成了智能仓储的升级改造，同时还为其他企业提供了智能物流仓储成套设备、智能立体停车设备等产品和服务。

4.4　智慧供应链与供应链新生态

4.4.1　智慧供应链

传统的供应链是从供应商开始，经制造商到批发商，再到零售商，最终到达消费者手中。数智时代以大智移云区为代表的新一代技术从根本上打破了这一传统的链式供应链，在数字化环境下，产品创造过程受数字化进程的影响已经非常明显：①越来越多的消费者参与到产品的设计中；②3D 打印等技术使产品的制造过程虚拟化；③新兴的信息技术企业依托其对数据的处理能力，在许多行业的现有供应链中占据了一席之地，甚至是作为领导者创造出新的商业模式和供应链结构；④由于数据成为企业的核心资产，现有供应链中企业之间的关系被重新定义。随着智能化技术和手段在传统供应链结构中的设施、库存和运输等阶段的应用和推广，供应链发展已经走过初级供应链、响应供应链、可靠供应链、柔性供应链等阶段，过渡到智慧供应链的新阶段。实现的供应链不仅要核算直接成本，还要考虑客户交互和及时响应。受需求驱动的影响，智慧供应链更加注重信息的分享和协作。在终端需求计划扩展"端到端"的影响下，融合新一代技术，实现真正意义上的智慧供应链。在智慧供应链上，不再是企业的某人或某个部门思考问题，而是整条供应链上所有环节都要考虑问题。智慧供应链的思维方式是以点带面，强调全局性。这意味着：智慧供应链抛弃了传统的"头痛医头、脚痛医脚"式的救火模式，它更加强调整个供应链的系统优化以及全面供应链绩效管理，更加重视牵一发而动全身的协同效应。

在智慧供应链的终端，开启全渠道零售模式，即零售商通过线上线下多种渠道进行销售。例如，无人商店。无人商店要求消费者在进店时扫描在线购物应用程序，结账过程实时完成。在物流方面，依托在线零售商的先进物流，更频繁、更灵活地补货，实际上是扩大了实体店的空间。在整条供应链上有供应链金融予以支持。大数据使得在提供金融服务时不再仅仅依据财务报表，而是基于多维度的数据来评估目标企业的信用，降低供应链金融风险。通过分析企业内部数据、个人数据、政府数据、社交网络数据、第三方数据和利益相关者数据，可以更全面地刻画供应商的内外部风险。另外，人工智能在供应链中发挥着重要作用。数智经济时代，单凭人力计算已经很难满足精细供应链管理的需求，人工智能在整个供应链中的作用日益凸显。企业可以借助人工智能等工具实现智能预测、智能商品、智能定价、智能库存、科学分配订单、风险控制系统等多个环节的智能化。

4.4.2　供应链新生态

随着互联网、人工智能和大数据的发展，传统的链式供应链（供应商、制造、批发、零售、消费）已无法满足企业的发展需求，企业纷纷借助智慧供应链打造供应链生态圈，即供应链从传统的链式结构转变到网结构。数智经济时代的供应链生态系统将围绕"数字—服务—产品包"展开，由供应链群落的各类主体关联互动从而形成生态系统。

陈剑、黄朔、刘运辉（2020）① 认为，不同行业、不同地区企业的形成是基于互联网平台错综复杂的"供应网"，即搭建供应链生态圈，其背后的实质就是平台思维。通过平台化的供应链思维，企业要重构现有的产业生态结构，建立一个新的、共赢的产业生态体系。企业基于数字化和互联网，构建供应链生态圈，主要的驱动因素是企业实现运营模式、商业模式和组织管理模式的全面升级，即建立高效精准的运营模式、互利共赢的商业模式和协同发展的组织管理模式。从构建生态圈的路径来看，根据自身优势，互联网平台企业基于电子商务的发展，由虚拟空间向实体空间、由线上向线下发展，构建供应链生态圈的路径是"由天到地"；传统产业企业基于产品和服务业态，由线下向线上发展互联网业态，"由地到天"实现融合传统产业和新兴产业的全新的商业模式，从而构建了供应链生态圈。尽管路径各不相同，但构建供应链生态圈的挑战却是一样的，即是否构建成功由以下两点决定：①企业对新技术反应的敏感度（学习的速度）；②各企业能否精确定位，使供应链生态圈实现共生共赢的生态效应。

---

① 陈剑，黄朔，刘运辉. 从赋能到使能——数字化环境下的企业运营管理［J］. 管理世界，2020（2）：117–128.

5 营销管理的变革

营销学不仅适用于产品与服务，也适用于组织与人，所有的组织不管是否进行货币交易，事实上都需要搞营销。

——菲利普·科特勒

5.1 营销管理及其演进

5.1.1 营销管理

营销管理是一项综合性活动，其理论知识涉及大众传播学（如传播广告、社会传播等）、行为经济学（如互联网流量、自传播等）、认知心理学（如决策动因、认知过程等）、市场营销学（如需求、价值、品牌力等）、战略博弈学（如竞争战略、动态博弈等）。作为企业经营管理的重要环节，营销管理是企业营销部门的主要职责。营销管理是指，企业为实现预定的经营目标，对如何建立、发展、完善与目标客户之间的交换关系的营销方案的制订、分析、设计、落实与反馈控制。换言之，营销管理是企业落实营销理念、制定营销组合策略，为满足客户需求和企业利益交换机会而开展的一系列动态的系统性管理活动。从类型和营销管理任务来看，营销管理包括扭转性营销管理、刺激性营销管理、开发性营销管理、平衡性营销管理、恢复性营销管理、维护性营销管理、限制性营销管理和抑制性营销管理。随着时代的发展和营销实践活动的展开，营销管理先后经历了交易营销管理范式、关系营销管理范式、价值营销管理范式和价值网营销管理范式四个阶段。从本质上来讲，营销是供需关系约束下的一种价值交换，而营销管理就是对这项价值交换活动的管理。

5.1.2 营销管理演化

5.1.2.1 从 0 到 1：4Ps 的提出

1908 年 9 月 27 日，福特 T 型车（Ford Model T）问世，到 1915 年第 1000 万辆 T 型车亮相，全球 90% 的汽车都是由福特生产的，至 1927 年停产一共生产了 1500 万辆。福特 T 型车的销售纪录保持了将近一个世纪，被誉为 20 世纪最有影响力的汽车。值得注意的是：如此成功的福特 T 型车在 1917~1923 年没有做过任何营销广告。事实上，在第二次工业革命爆发之前，企业根本不存在营销问题。全球市场是供不应求的卖方市场，企业只需要关心如何降低成本、提高生产效率就行了。这一点，在科学管理之父弗雷德里克·泰勒（Frederick Taylor）的经典论著中可以得到印证。他在《科学管理》一书中强调了标准化、专业分工、精细化管理、计划与执行分开、对工人进行培训和计件报酬，而对于销售或营销却只字不提。

20 世纪 50 年代，是企业经营从生产观念走向产品观念的黄金十年。1950 年，尼尔·鲍顿（Neil Borden）开始采用"市场营销组合"这个概念，试图搞清楚营销的各个组成要素。他相信营销人员会比经济学家（只关心价格）、销售人员（只关心推销）、广告人员（只关心媒体版面）走得更远。同年，乔尔·迪安（Joel Dean）开始使用产品生命周期这一概念，随后西奥多·莱维特（Theodore Levitt）在《利用产品生命周期》一文中对这一概念给予了高度认同。而在广告界，50 年代初，达彼思广告的董事长罗瑟·瑞夫斯（Rosser Reeves）提出了著名的"独特的销售主张"（Unique Selling Proposition，USP）理论。这一理论强调，每一则广告必须向消费者提供一个主张，让其明白购买广告中的产品可以获得什么功效和利益。1960 年，杰罗姆·麦卡锡（E. Jerome McCarthy）明晰化了这个市场营销组合，即他提出了著名的 4Ps，即产品（Product）、价格（Price）、渠道（Place）和促销（Promotion）的营销要素组合。对营销 4Ps 的总结显然更加生动、更加容易记忆，也更容易操作。

5.1.2.2 营销2.0：从产品到用户

20世纪60年代，市场营销开始从产品观念走向用户观念。1960年，美国经济日趋繁荣，技术的进步和竞争的加剧，一方面使市面上的产品变得同质化，另一方面产品升级换代的速度也在加快。因此，对于这一时期的企业来说，仅仅把产品生产出来，告诉消费者产品的优势，已经不足以在激烈的市场竞争中占据有利地位。企业在生产产品前，必须知道消费者的需求，什么样的产品能够激发消费者的购买意愿。这一时期，企业面临的最大的问题是用户问题。

1955年，西德尼·莱维（Sidney Levy）提出了"品牌形象"概念。1963年，威廉·莱泽（William Lazer）提出了"生活方式"概念。这其实是对市场细分的深化，不同的细分群体拥有不同的生活方式，我们需要按照拥有某种特定生活方式的群体需求来设计产品，以及设计产品的使用者形象，即品牌形象。这两个迷人的概念一经提出，就受到了广告业和公关业的大力欢迎。它要求企业拿出巨额的广告开支来建立品牌形象，打造生活方式，而这对于企业的长期盈利意义重大。这两个概念扩大了就业和广告行业的规模，创造了各种盈利机会。

20世纪60年代，各大广告公司开始竞相标榜品牌形象和品牌个性。企业对用户的关注，不仅存在于对需求的研究，也包括对用户心理的探查。"市场细分"是温德尔·史密斯（Wendell Smith）在1956年提出来的一个营销概念，一个市场上的消费者，其需要是不同的，寻求的产品也是不同的。因此，企业必须对市场进行分割，并选择其中一个细分市场的需求来开发产品，这样才能避免同质化，真正实现产品差异化，这正是对用户观念的一大深化。市场是生产的起点，以销定产。特别是广告教父大卫·麦肯兹·奥格威（David MacKenzie Ogilvy）说："每一个广告都应该是对品牌形象的长期投资。每一个产品都应该发展一个形象，否则就谈不上是品牌。"所以从奥格威开始，广告公司都开始标榜自己是甲方的品牌管家，奥格威的立论逻辑正是基于1960年的商业环境，产品的同质化造成消费者购买决策主要依赖感性而非理性，因此描绘品牌形象比强调产品具体功能重要得多。消费者购买的不只是物理意义上的产品，更是一种心理上的满足，所以广告应该为产品赋予情感和个性，以满足用户这种需求。于是品牌形象取代了独特的销售主张，用户至上取代了产品至上。

1957 年，通用电气的约翰·麦基特里克（John B. Mckitterick）提出了"市场营销概念"哲学，第一次明确提出——企业的生产经营活动，应由从前的"以产品为出发点、以销售为手段、以增加销售来获取利润为目标"的传统经营观，向"以消费者为出发点、以市场营销组合为手段、以满足消费者需求来获取利润为目标"的市场营销观转变，它被视为营销史上的第一次革命。因为它扭转了生产与营销在企业活动中的位置。过去，市场是生产的终点，而实现扭转后，市场则是生产的起点；过去是以产定销，扭转后是以销定产。

1960 年，西奥多·莱维特（Theodore Levitt）在《哈佛商业评论》上发表了成名作《营销短视症》，这篇论文奠定了他在营销史上的地位。他在文中指出，企业衰退的原因在于它们所重视的是"产品"，而不是"顾客"。产品只是满足顾客持久需求的一个现有手段，一旦有更好的产品出现，便会取代现有的产品。因此，生产"现有产品"的行业衰落了。

约翰·麦基特里克（John B. Mckitterick）提出的"市场营销概念"哲学催生了"现代营销学之父"菲利普·科特勒（Philip Kotler）在 1967 年出版了《营销管理》。科特勒说："营销就是管理消费者的需求。"它的策略体系用公式表示为："STP+4Ps"。STP 是"战略"——市场细分（Segment）、目标人群（Target）、产品定位（Position）；4Ps 是"战术"——杰罗姆·麦卡锡（E. Jerome McCarthy）提出的 4P：产品（Product）、价格（Price）、渠道（Place）和促销（Promotion）。

这一阶段被称为营销 2.0 时代。企业的营销目标是利用信息技术满足并维护消费者需求，营销方针在这一阶段的主要战略是利用企业战略定位学派的思想，通过分析供方与买方的议价能力，新进入者和替代品的威胁，现有产业竞争者的竞争强度，根据数据和经验分析进行企业和产品定位，寻求差异化和特色。消费者被认为是有思维和选择能力的聪明对象，此时，企业通过与消费者一对一的互动关系，满足消费者对产品功能和情感的需求。

营销 2.0 时代，消费者被企业视为猎物，处于价值链低端，等待企业把消费者贴上标签。企业主要依靠市场调研获得信息片段在边界内进行创新。营销战略的形成过程是一个分析过程，前提是当各种条件相当稳定，在一个简单的中心就能处理合适的数据。但是，现实情况却是在只有很少竞争者的市场中，消费者意识梯度的传播过程很长，市场调查可以发现消费者的新需求。随着企业间竞争越来越激烈，消费者意识梯度传播过程变得很短，利用市场调查数据产生新颖而有用的创意可能性很低。营销人员过分依赖数字分析和审阅结果会阻碍他们了解产品和顾客的具体情况。

5.1.2.3 营销3.0：竞争驱动

历经黄金般的 20 世纪五六十年代之后，美国经济突然掉头直下。1969年，美国再次出现经济危机。一方面是因为林登·约翰逊（Lyndon B. Johnson）总统的"伟大社会"建设造成的巨大财政赤字、高额国债和严重的通货膨胀。另一方面是因为德国、日本的重新崛起，抢占了美国在全球市场上的很多份额，美国竞争力下降，出现贸易逆差。美国已经不再是全球市场上唯一的巨无霸，出现了新的竞争对手。再加上 1973 年，埃以消耗战争造成的石油危机，油价从 3 美元一桶上升到 12 美元一桶。事实上不只是美国，整个西方世界在 20 世纪 70 年代都陷入了滞胀的泥潭。高失业、高通胀、企业破产倒闭，震惊了从黄金时代过来的美国人。

杰克·特劳特（Jack Trout）认为，市场营销的本质不是为客户服务，而是算计、包围并战胜竞争对手。市场营销是以竞争为导向，而非以需求为导向。20 世纪七八十年代，是市场营销从用户观念走向竞争观念的 20 年。"企业在消费者心目中占据一个什么样的位置"，这就是杰克·特劳特和阿尔·里斯（Al Ries）在 1981 年出版的《定位》一书中的关键理念。由于竞争的加剧，市场上的产品越来越多，这时企业面临的不仅是同质化的问题，而且是品类分化的问题。例如，一开始只要洗发水能生产出来就会有顾客购买。后来洗发水的产量大幅度增加，供大于求，此时就需要研究部分消费者对洗发水的特定需求，进而开发差异化产品，并建立品牌。现如今洗发水品类不断分化，出现了去屑、柔顺、营养、造型、黑发、防脱发等更小范围的品类。

由于产品太多，一般情况下，消费者最多能记住一个大品类下面的 7 个品牌，所以企业必须成为某个品类的代表，从而在消费者心智之中占据一个位置。谁在消费者心智中的位置越靠前，市场份额就会越大。然后，企业再根据自己在用户心目中的位置确定采用何种战略：防御战、进攻战、侧翼战、游击战。这就是杰克·特劳特和阿尔·里斯的营销战。

1980 年，沿着竞争这一路线，迈克尔·波特（Michael E. Porter）出版了《竞争战略》一书，加上他随后出版的《竞争优势》（1985）、《国家竞争优势》（1990），迈克尔·波特成为全球第一战略权威，现代最伟大的商业思想家之一，被誉为"竞争战略之父"。通俗来讲，迈克尔·波特提出了三种基本的竞争战略：①总成本领先。就算你的产品跟我的一模一样，但我的比你的便宜，所以我就能赢你。②差异化。如果大家都一样，那我就通过个性化价值、增值型服务来创造差异，实现盈利。③聚焦。在某个细分市场实现总成本领先或者差异化，所以竞争战略的本质是差异化。一家企业只有两种战略选择——要么低成本，要么高价值，而总成本领先就是差异化的一种，这就是竞争战略。而竞争战略发展到极致，又出现了市场垄断学说，企业发展的极致就是占据行业和产业的制高点，掌握价值链或关键渠道，提高市场壁垒和进入门槛，排挤潜在竞争对手，提高客户的转换成本和对客户的议价能力，从而达到垄断市场的目的。

1986 年，菲利普·科特勒又提出了大市场营销概念。他在原来的 4Ps 组合的基础上，又增加了两个 P：政治权力（Political Power）、公共关系（Public Relations）。在增加了这 2P 以后，科特勒又将 STP 演绎成另外的 4Ps，于是4Ps+4Ps+2Ps，10Ps 出现了。前 4Ps——探查（Probing）、分割（Partitioning，即 STP 的市场细分）、优先（Prioritizing，即 STP 的目标人群）、定位（Positioning，即 STP 的产品定位）是战略。后 4Ps——产品、价格、渠道、促销是战术。最后的 2Ps——公共关系和政治权力是新的营销技巧和力量。有人将这10Ps 视为市场营销学的"第二次革命"。在 10Ps 以外，科特勒又重申了另一个"P"的重要性，那就是——人（People），这在所有的"P"中是最基本和最重要的。

按照竞争学派的观点，仅有好产品是不够的，抓住消费者需求也不能解决根本问题，打败竞争对手才能长盛不衰。例如：当柯达战胜其他所有胶片公司时，却发现消费者已经不使用胶片相机了；当诺基亚在手机行业的领导地位不可撼动时，手机业务却沦陷了。打败竞争对手，于时代来讲显然还是不够的。在大润发卖给阿里巴巴，创始人黄明端黯然离场时说："我战胜了所有对手，却败给了时代。"产品、消费者、竞争对手构成了营销的铁三角，任何一个企业在市场上的经营活动都是生产产品、寻找并卖给消费者、防备并打败竞争对手。按照竞争战略的观点，一家企业只能在价值和成本之间择其一，要么总成本领先，要么高差异价值。如果你想给消费者提供差异化价值，那么就意味着高成本。而蓝海战略则表示，如果我们将视线从市场的供给一方移向需求一方，通过价值创新就能同时做到低成本和差异化。所以，蓝海战略就是对竞争战略（红海）的一次矫正。它提醒企业，营销的根本不是击败竞争对手，而是通过价值创新超越竞争。蓝海战略就是一种价值创新理论，它通过价值创新打造企业的差异化价值组合，不仅满足用户需求，也使竞争对手难以模仿。

5.1.2.4 营销4.0：营销万花筒

新科技浪潮使企业进入全球化的超竞争时代，营销创新的范式和营销策略发生了巨大的变化，需要在营销各个环节进行高速动态的创新。创新能力对于推动企业占据全球价值链高端、驱动企业获取竞争优势尤显重要。不仅如此，消费者被看作具有独立思想、心灵和精神的完整消费者，消费者的角色发生了变化，从价值接受者变成价值创造的积极参与者，消费者成为企业的合作者和竞争者，基于消费者的体验、创造力和（不）满意的产品和服务，企业直接从消费者那里获取知识，根据消费者对创新的贡献和增长率判断企业的竞争绩效。

消费者与企业是平等关系，共同创造产品和服务，共同完成产品的交付和传播。那么，只有以突破竞争为目标，从用户价值出发，对产品价值链进行重新创新设计，并实现成本结构的重组，才能创造出来新的消费需求，最终从竞争激烈、利润率低、增长缺乏想象力的红海，走向广阔的、全新的蓝海。2005年，钱·金（W. Chan Kim）和勒妮·莫博涅（Renée Mauborgne）在《蓝海战略》一书中，正式提出了"蓝海战略"，他们主张不要只关注打败竞争对手，而是要为消费者创造价值；不要只在现有的市场结构下做定位选择，圈一块地，闭门造车，而是要通过价值创新打破既定的市场结构。

在成熟创新阶段具有代表性的营销策略是艾略特·艾登伯格（Elliott Ettenberg）于2001年在《4R营销》一书中提出的"4Rs"：关联（Relevance）、反应（Reaction）、关系（Relationship）和回报（Reward）。基于Web2.0技术，网络营销策略层出不穷，如粤美广告公司提出的"4Is"原则：趣味（Interesting）、利益（Interests）、互动（Interaction）、个性（Individuality）。2015年，唐兴通在《引爆社群：移动互联网时代的新4C法则》一书中提出了社群营销的新"4Cs"法则：场景（Context）、社群（Community）、内容（Context）、链接（Connection）。消费者共同创造的假设前提是领导不再事先勾画出深思熟虑的过程，而是对涌现战略的思考、学习，最终推动行动和变革。领导需要创立一套创新和变革流程，能够识别贡献知识的消费者、评估消费者知识、激发消费者的参与意愿。

5.1.2.5　营销5.0：从职能到战略

在过去的百年历史长河中，不同时期诞生了众多观念各异的营销理论。但是，我们不要忘记，不同理论诞生的社会背景与商业环境不同，在不同时期，企业面临的问题不同，因此诞生了不同的营销理论去解答、解决企业面临的经营问题。营销的根本是要帮助企业解决产品问题、竞争问题、用户问题等。

作为管理的三大核心职能之一，营销的重要性在实务界不言而喻。在营销管理研究中，近年来更是将其提升到了战略高度，并从组织、业务和交易三个层面开展营销战略研究。在组织层面，应该考虑资源的投入和产出，如营销部门的作用、营销与财务之间的联系；在业务层面，考察市场、品牌、产品等战略，如如何进入和退出市场，如何定位以及是否要打价格战，产品的开发、定价、促销以及店铺选址等；在交易层面，考察渠道选择、治理以及销售团队的管理等。营销战略不仅包括STP+4Ps，还涉及营销战略在组织内或组织间的水平联系或垂直联系等。例如，新产品的开发就是企业组织内营销与研发的水平联系，而营销活动与组织战略的关系则是企业组织内的垂直联系。再如，同行竞争和战略联盟是企业组织之间的水平联系，而价值链上的渠道治理和客户关系管理则是企业组织之间的垂直联系。

5.1.3　营销生命周期

作为全球最有影响力的管理学家之一，组织健康学创始人伊查克·爱迪思（Ichak Adizes）将企业看作与人和生物一样的生命体，把企业从创生到泯灭划分为：创业空想的孕育期、容易夭折的婴儿期、创业者或家族陷阱的学步期、容易过早老化或壮志未酬的青春期、高速成长的壮年期、四平八稳的稳定期、高不可攀的贵族期、狐假虎威官僚的萌芽期、一副官老爷样的官僚期和垂死挣扎的死亡期10个阶段。为便于理解和分析，爱迪思进一步把孕育期和婴儿期称为创业期，把学步期和青春期称为成长期，把壮年期和稳定期称为成熟期，把其他几个时段称为衰退期。

与企业成长的生命周期一样，市场营销学将产品生命周期划分为：导入、成长、成熟和衰退四个阶段。市场营销管理的研究者和实践家通过产品生命周期的四个阶段来描述产品从进入市场到其被市场淘汰的整个过程。根据产品的生命周期，营销管理亦应结合不同阶段的特征展开，可以被看作营销管理的周期。在产品创业期，产品生产成本很高、批量较小，营销管理依托产品吸引力和顾客对产品的感知，争取早期的使用者；在产品成长期，随着用户对产品的接受程度的提升，产品销售量开始增加、边际成本下降，通过营销品牌管理参与，带动一批早期从众者；在产品成熟期，随着产品的普及和标准化，投放到市场的产品已经过渡到"流行"后期，新用户增速下降；在产品衰退期，产品的保有量开始下降，市场上主要是一些落后的使用者，营销管理应该注重购买后的口碑和社会互动。另外，高科技营销魔法之父杰弗里·摩尔（Geoffrey Moore）在《跨越鸿沟：颠覆性产品营销圣经》一书中指出，创新者和早期采用者之间，以及早期大众和后期大众之间有两道"需求裂缝"，把不同类型的用户割裂开，使企业无法轻易地获得下一阶段的用户，并获得规模经济效果。如何有效弥补摩尔提到的两道"需求裂缝"，是营销管理的核心。事实上，无论是营销管理研究还是营销管理实践，大多能够实现营销突破的关键点都是围绕这两道"需求裂缝"展开的。

5.2 传统市场营销面临的挑战

5.2.1 营销环境

营销环境指的是与企业营销活动和管理有潜在关系的来自企业组织外部和内部各要素的集合。传统意义上的营销环境包括宏观环境和微观环境两大内容，其中，宏观环境涉及人口、经济、政治法律、科学技术、社会文化、自然生态和竞争环境等，而微观环境涉及企业内部环境、市场营销渠道、市场顾客、竞争对手和社会公众等。从"时、空、关"的视角来看，数智时代的营销环境更具有动态演化的特征。从时间视角来看，以往营销流程相对稳定，只需要在特定的时间窗口期内提供能够满足消费者需求的特定产品或服务，竞争速度比较慢；然而在数智时代，产品生命周期缩短，竞争速度加快，企业不得不迭代产品或服务，以便随时能够满足消费者的新需求。从空间视角来看，以往营销需要实体店面或者物理空间，提供的产品有限，能够服务的对象也有限；在数智时代，实体店面或物理空间变得可有可无，企业需要提供更多的产品以便消费者能够根据需要做出选择，同时服务对象可能来自不同的国家或地区。从关联视角来看，以往的产品或服务总以相对孤立的状态并存，而消费者之间的连接程度有限，通常是企业和消费者之间的双向联系，消费者与消费者之间缺乏连接通道；在数智时代下，不同的消费者之间取得新的联系，并与提供产品或服务的企业一道连接起来形成生态圈，产品、消费者、企业等之间以多种方式实现互通互联。

数字化环境下产品的一个重要特征是不断增强的连接性。事实上，这种连接不但发生在产品之间，而且也发生在所有事物之间，即万物互联。例如，智能家居网络通过将音响、电视、照明、空调等不同产品连接起来，在各类智能产品之间进行数据的交互，共同为消费者提供一个无缝的使用场景。通过智能产品之间的连接，将看似不相关的活动主体连接起来，能够创造出更多的商业机会。例如，智能化可穿戴设备的一项基本功能是帮助消费者了解身体的各项指标。因此，医院、医保、药企、健康顾问等医疗机构都可以通过可穿戴设备，与消费者构建直接的连接，为其提供定制化的服务；运动、餐饮领域的企业也可以利用这种连接为消费者提供运动和饮食方面的建议。

快速积累的海量数据使企业难以及时洞察出有用的信息来做出营销决策，但同时也为企业营销带来了前所未有的机遇。消费者异质性也在不断增大，这种异质性体现在消费者在购物、交友、阅读等方面的兴趣偏好的不同。大数据为个性化商业应用提供了充足的养分和可持续发展的沃土，基于交叉融合后的可流转性数据以及全息可见的消费者个体行为与偏好数据，企业对市场的理解和洞察需求正日益走向实时化和精准化。

5.2.2 传统营销管理的大挑战

随着信息技术的快速发展，特别是在技术创新体系日益完善的新时代，大数据技术呈现出良好的发展态势，而且已经融入各个领域和各个行业，对企业市场营销也具有很强的支撑作用。由于大数据技术具有很强的开放性、互动性、融合性，对传统的市场营销也提出了一些挑战，要求企业适应形势发展需要，采取切实有效措施，既要深刻认识到大数据对市场营销的影响，也要运用科学的方法和策略，大力推动大数据技术与市场营销的有机结合，努力提升市场营销的有效性、针对性和特色化，进而实现市场营销活动朝着良性方向发展并取得实实在在的效果。这就需要企业着眼于"趋利避害"，大力推动大数据技术在市场营销活动中的科学应用、系统应用和有效应用。如何使市场营销具有持续创新能力，并且要在提升市场营销的针对性、特色化、效能性方面取得新的、更大的突破。基于目前企业面临的传统市场营销挑战，我们借助"3W+1H"分析模型，对传统市场营销的挑战进行归纳。

5.2.2.1 What：不清楚大数据能为企业带来什么

大数据因为规模化、全面化、快速化等特点，能更加准确地、全面地、快速地描述出商业活动的各个方面，更加适应精准营销的需要。首先，通过对大数据的应用，企业能更加精确地定位客户和潜在需求。在传统的营销中对数据的统计往往出于技术或者成本等方面的考虑，不得不选择抽样统计的方法。那么，样本的误差和抽样的有效性便成为统计结果准确与否的关键，而大数据则完全避免了这样的问题，因为大数据是全面的调查统计，不存在样本误差和抽样有效性的问题。所以，通过使用大数据能有效地提高统计结果的准确度。其次，大数据是多维度、多角度的数据，大数据描述下的各类信息更加立体，呈现的角度更加多元化，为营销策略提供了更多视角。从用户打开购物应用到最终收货后的评价，其间发生的所有数据都会被记录下来作为分析产品需求和消费偏好的依据。这些数据不但包括商品的型号、价格、销量等销售基本数据，还包括用户的支付信息、物流信息等服务数据，甚至可以详细到用户浏览了哪些商品，每个商品页面停留了多少时间，每个页面点击了哪些按钮。最后，貌似毫无相关性的、不同维度的数据的综合应用可能会产生意想不到的叠加效果。例如，婴儿纸尿裤和啤酒放在同一货架销售，从而增加啤酒的销量就是经典的数据叠加使用的案例。

现代工业社会的基本逻辑是标准化的机器大生产，是以抹杀人们个性为前提的效率化生产活动，因此消费者获得的商品和服务几乎都是同质的。但是，在大数据时代，追求个性化成为可能，同时也成为商家获取商业溢价的方法。商家通过各类消费平台或者物联网，将商品接入网络，从而方便收集商品的各类使用数据，并同时和客户建立起便利沟通，通过数据能有效地分析出商品性能、消费使用偏好等特征，从而对商品进行快速迭代，满足不断变化的产品需求，或者寻求二次服务的可能性。例如，小米在网上建立了社区，通过网络社区的讨论了解客户对手机的功能、外观、价格等方面的需求，并根据用户的反馈不断迭代产品，成功占领了国内中低端手机市场，随后小米推出了一系列家用产品，这些产品可以通过小米 App 连接上互联网，小米通过 App 收集用户使用数据，除了为迭代产品服务外，还寻求到了再次消费的机会。如小米空气净化器能准确记录用户空气状况、使用时间、使用频率等数据，在滤芯即将耗尽时及时提醒用户更换，从而增加了商品配件的销量。

5.2.2.2　Where：不知道如何有效收集数据

大数据的前提是要有数据，也就是要有足够的数据来源，仅这一点就成为很多企业大数据应用的瓶颈，具体表现在以下四个方面：首先，企业没有一个长期的、稳定的数据收集渠道；其次，企业收集到的数据是零散的，不能全面地反映市场问题；再次，数据的产生和收集时滞较长，影响了数据反应的效果；最后，企业在数据收集方面花费太多的人力成本和资金成本。当然，还有一个比较突出的问题，那就是"数据孤岛"。在数据收集这一环节上，电商公司的操作是比较简单的，电商企业通常可以直接使用商务平台提供的数据，电商平台在用户浏览商品、交易商品的同时就记录下在整个过程中产生的全部数据，没有任何时滞，具有很高的时效性，而在一般生产型企业就无法采取这样的操作，因为生产型企业的商品是脱离互联网而孤立存在的，整个营销过程可能和网络没有完全的关联。大数据是必须依附在网络上的，所以如果生产型企业的营销策略想要向大数据转型，首要解决的问题就是将整个生产过程尽可能地互联网化。此外是将自己的产品也接入互联网，那么数据的收集工作将不会在产品销售结束后而结束，而将贯穿整个产品的使用过程，如此设定能形成一个完善的产品反馈闭环，有利于产品的迭代发展。

5.2.2.3　Whether：不知数据使用是否符合标准

随着大数据的不断发展，数据的收集、储存、使用变得异常方便，一个人今天去了哪里，和谁在一起，吃了什么，买了什么，甚至对什么感兴趣，有什么人生规划都已经不再是秘密，人们感到自己的隐私受到了极大的威胁，于是社会呼吁要保护个人隐私便成为大数据使用的另一个挑战。当今时代，我们无法避免个人隐私和信息的泄露，除非不使用智能手机，不使用互联网，甚至不出门，做一个"套子里的人"。因为无处不在的监控摄像头配备了人脸识别技术，可以清楚、清晰、准确地追踪行人的足迹。作为隐私泄露的收益，大数据把人全部数据化了，大数据可以根据人的数据化状态来判断此人的收入、信用、消费偏好。更重要的是，当个人知道自己的日常行为在曝光状态下的时候，便会有意识地约束自己的行为。当然，政府和相关部门针对信息时代的特征，也应该积极出台相应的法律和监管措施来防止个人信息的过度泄露和滥用。目前，客户隐私泄露问题相对比较严重，这些都是在实现大数据技术引进和应用时需要提前思考的重点问题。如何利用大数据及其相关技术，有效帮助人们建立相互信任、促使社会交易效率提高和交易成本下降，也是当前比较突出的问题。

5.2.2.4　How：不知如何使用数据

有了稳定的数据来源，又收集到了充足的数据，但是却不知道如何使用这些数据指导实践工作，这是现阶段大数据营销的常见问题。产生这样问题的原因有以下两种：一是大数据体量大、错综复杂，企业相应的人才匮乏，不知道如何合理地去使用；二是企业对大数据使用的思维还停留在传统数据阶段，对待大数据还是像对待传统数据一样把数据分析成一个个的报告。在大数据环境下，要能够学会活用数据，并且尽量让数据本身做出决策，而非完全依赖于人。以淘宝为例，淘宝的数据部门为了帮助店家提高营销效果，会在后台不断地给店家推送数据分析报告，但是使用率却非常低，因为多数店家并没有能力解读这些数据分析报告。后来，数据分析报告的结论浓缩成了一个按钮，并告诉店家按一下这个按钮整个店铺的陈列展现就会被自动优化，可能会带来销售额的提升，结果整个淘宝店铺的营销效率便有了很大的提升。当然，不知道如何使用数据和当下大数据营销人才缺乏有密切的关系。虽然一些高等学校已经开设了大数据营销等相关专业或课程，但是基本上仍停留在对传统营销知识的讲授学习和传统统计方法的演练上。对于如何通过大数据分析，尤其是结合数据挖掘开展精准营销，做得还远远不够。

5.3　精准营销与"大数据杀熟"

5.3.1　精准营销

5.3.1.1　精准营销的概念

随着社会从"互联网+"时代向数智时代过渡，信息化技术与科学技术得到快速发展，各种新兴技术开始在各行各业进行推广应用，推动了行业的改革创新。大数据作为当前信息技术的重要代表之一，其能够针对海量的、复杂的、异构的信息数据进行分析，以此来为决策提供有效的支持，开始源源不断地应用于各个领域。对于企业营销来说，传统的营销理念、营销方式显然已经无法适应当前这个信息数字化时代。大数据提供的精准服务无疑能够为企业提供更多的数据支持，利用大数据进行精准营销就成为企业获取营销竞争优势的重要途径。精准营销是市场营销理念现代化发展中出现的营销策略，目前被企业广泛采用。所谓的精准营销就是在精准定位的基础上，依托现代信息技术手段建立个性化的顾客沟通服务体系，实现企业可度量的低成本扩张，是数智时代网络营销理念的核心观点之一。换言之，精准营销是基于信息化技术发展而产生的一种对产品消费者市场需求进行细分，然后通过数据分析处理技术来挖掘市场潜在客户，将企业产品信息准确投送给潜在的消费者。

5.3.1.2　精准营销的特征

精准营销有助于提升市场营销活动效率，科学更新营销策略，不仅可以降低企业营销成本，还能提升产品客户的让利空间，达到营销可操作性最大化效果。数智时代基于大数据的精准营销，其特征主要体现在消费群体导向需求、增加消费群体的价值、有效提高营销行为效率三个方面。

（1）消费群体导向需求。与传统的营销模式相比，精准营销的优势在于更加关注于消费者自身的价值，其重要核心体现在管理和收集消费者关系，对消费者的描述和行为数据进行深入分析和研究。在一般情况下，行为数据主要包括消费者购买商品的地点、时间以及购买频率等。在大数据时代下，主要包括结构性和非结构性的数据资源库。直接沟通交流和社交网络都能够表达个人的意见和需求信息。在对上述信息进行收集之后，企业就能够根据这些信息，构建起相关消费者的大数据资源库，并借此来对消费者的需求和问题进行分析和预测，以此来进行精准营销活动。

（2）增加消费群体的价值。在大数据时代背景下，实行精准营销的前提是对海量的数据进行检索，并且依据需求来获得相关的数据分析，借此获取最终的结果。通过大数据的信息化技术，能够达到精准营销的基本要求。基于大数据技术的精准营销，其侧重点就是构建好消费者的资源数据库，通过大数据技术对消费者的购物偏好和习惯进行研究和分析，借此来实现精准营销的最终目标。在这个过程中，要考虑到消费者所需求的商品基本特征和设计，并促使商品的价值适应力能够得到有效提升，并以此来为消费者提供相对应的商品服务，使消费者在购买商品选择过程中更具有便捷性和灵活性。

（3）有效提高营销行为效率。伴随着云技术的迅速发展，大数据技术在各个行业中逐渐得到了广泛应用。在大数据信息技术下，精准营销应该更具有精确性和准确性特征，基于这两种特征能使营销的行为效率得到有效提升，企业所销售的商品或者服务能够更加高效合理地传递给目标消费群体，所以消费者会更容易接受企业所提供的服务或者产品，有助于企业树立良好的形象，并提高交易成功率。

5.3.2　数智时代营销决策

5.3.2.1　营销决策范式的转变

传统营销活动策划是建立在"营销漏斗"理论基础之上的，基于"意识→考虑→购买→忠诚→宣传"模式，相应的营销活动遵循"吸引→转化→销售→保留→联系"的线性步骤和策略。如图5-1所示。然而，在数智化时代，消费者在意识、考虑、购买、忠诚和宣传各个阶段的发展方向不再是基于线性的单线流程，其方向是完全不可估量和预测的。换言之，传统的营销决策是建立在线性思维方式之上的，而数智时代的营销决策是带有典型的东方特色的网状思维方式。数智时代的营销策划活动包含数据融合、全景洞察、智能策划、迭代执行等,更需要建立长效评价机制,而非短期点评。

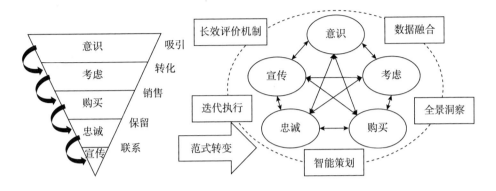

图 5-1 营销决策范式的转变

资料来源:陈国青等(2020),有改动。

5.3.2.2 精准营销决策理论模型

当大数据挖掘技术应用于精准营销后,针对大数据平台进行数据采集、整合就成为精准营销的关键。利用大数据平台进行精准营销,相应地采集整合数据,采集整合技术涉及下面四种数据类型:①结构化数据。对业务平台与生产系统中的各种信息数据进行采集,利用 DCN 进行承载传输。②非结构化数据。对互联网中的各种行为信息、内容等进行采集,利用 IP 网进行承载传输。此外,网络爬虫引擎可以对各种静态信息资料进行采集,同时还可以利用页面标签解析引擎进一步采集整理有关的行为信息和历史数据。③数据流。对于流动型的各种数据来说,主要是通过互联网、网络信令、设备日志等完成采集工作,以此来进行消息处理引擎、流动处理引擎的构建。④临时数据。主要对各种一次性数据进行采集,利用文件模式将其录入数据集,为大数据精准营销提供数据支持。

李飞等(2018)提炼和总结了大数据转化为精准营销决策的理论模型,如图 5-2 所示。

在"大数据转化为精准营销决策的理论模型"中,精准营销包含基本构念层、子构念层和孙构念层。其中,基本构念层包含认知、尝试、创新和提升四个阶段;每一个阶段对应的子构念层分别有数据采集、数据分析和数据应用

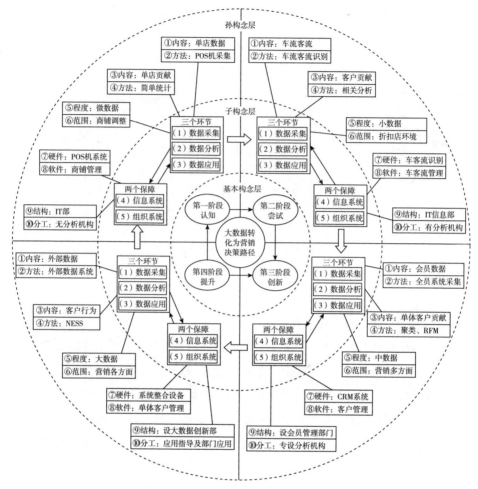

图 5-2　大数据转化为精准营销决策的理论模型

资料来源：李飞，张语涵，马燕，汪洋．大数据转化为零售营销决策的路径——基于北京朝阳大悦城的案例研究［J］．管理案例研究与评论，2018，11（5）：420-437．

三个环节，以及信息系统和组织系统两个保障；每个子构念层的三个环节对应孙构念层的内容、方法、程度和范围等，每个子构念层的两个保障对应硬件、软件、结构和分工等。

5.3.3　精准营销的实现

5.3.3.1　精准营销在金融领域的应用

改革开放以来，精准营销所带来的发展优势已经展现在国民经济层面上，很多市民手里略有积蓄但是却一直没有找到适合自己的投资方向，有的投入房地产中，有的一头扎进股市中，这些市民并没有和自身的实际情况相结合，没有考虑这些投资是否适合自己，从而导致很多投资者的收益和投入成本不成比例，造成自身资产的严重损失。商业银行和国有银行需要充分利用已有客户的数据资源，并和基础的网络运营商联合起来分析和汇总用户大数据，从其中将具有潜力的用户提取出来，进行信用卡的优惠、贷款服务以及银行金融理财产品的推广和营销工作。例如，在推广某金融理财产品时，借助大数据挖掘消费者需求的相关信息，包括用款信息、贷款信息、投资偏好等，使金融理财产品的推广更为精准，银行开展有针对性的营销可提高自身的营销水平。从大量目标客户数据分析中可以明确市场需求，尤其是在数据分析过程中，借助计算机整合数据库，整理相关信息之后导入理财模型中，从而了解客户的产品喜好，推广一些信用卡的优惠和贷款服务，最后再结合不同客户群体行为展开相应的营销策略决策。

5.3.3.2 精准营销在新媒体领域的应用

新媒体是现阶段发展速度相对较快的新兴媒体，人们的消费习惯和生活状态也逐渐发生了变化，所以基于大数据技术的精准营销，开始逐步地广泛应用到新媒体行业。例如，目前的 QQ 广告以及媒体广告等新型媒体，能够分别代表消费者精准和内容精准。在使用 QQ 聊天工具时，会弹出很多对话框广告，这些弹出来的广告，都是精准营销的表现形式。在精准营销的过程中，消费者应该是其中的主体，将信息传递给有消费需求的消费者。微信可以通过消费者的应用和微信公众号来达到精准营销。深入分析和思考精准营销基础理论，采取具有差异性的精准营销方式来锁定目标消费群体，并且可以通过多样化的产品体现方式来满足消费者的需求，通过精准营销的整合方式来使电视节目更加具有独特性。对于新媒体行业而言，建立目标消费群体的数据库可以更好地进行导向需求分析。借助大数据技术能收集整理消费者的数据，了解其日常搜索内容，为后续销售工作的展开提供必要的支持。通过大数据技术在精准营销过程中的应用，能够满足消费群体对新产品和新服务的需求，进而有效地推动个性化广告的发展。新媒体企业在未来的发展过程中需要充分、合理地将大数据技术应用到精准营销中，借此提高企业的营销质量和效果。例如，波司登通过创建在线社群、统一会员体系，实现了 500 万会员实时互动，客户体验和客户黏性得到了很大的提升，社区重复购买率连续多年超过了20%。

5.3.3.3 精准营销在电影行业的应用

大数据分析是连接电影制作方与消费市场的重要桥梁，它既可以帮助消费者精确表达对电影产品的需求，也可以帮助电影从业者深入挖掘观众的偏好，从而实现供需精准匹配，推动电影行业发展。生产制作、宣传推广以及终端上映是一部电影被推向市场的三个主要环节。目前，越来越多的影片已经通过大数据对前期制作、影片制作与后期制作、推广发行进行决策。例如，华纳兄弟娱乐公司和导演史蒂文·艾伦·斯皮尔伯格（Steven Allan Spielberg）通过使用公司内部资料库、视频网站、社交平台、专业数据分析公司的数据和资料来预测消费者的偏好、电影市场风向及电影票房等，在各个环节提高决策活动的精准性和可控性，实现了电影《头号玩家》的精准营销。制片方对电影《头号玩家》的精准营销流程如图5-3所示。

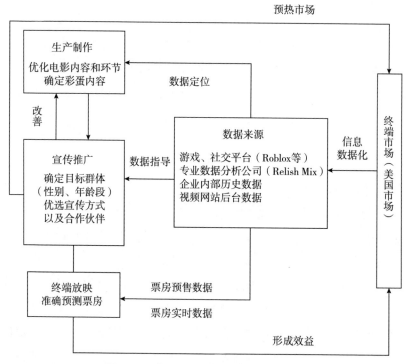

图5-3 《头号玩家》的精准营销流程

资料来源：余吉安等（2019）。

5.3.4 "大数据杀熟"

"大数据杀熟"是一种部分互联网电子商务经营者利用其一定的市场地位，运用大数据技术来分析不同消费者对商品的购买意愿，进而进行区别定价，追求一级价格歧视使其利益最大化的行为。北京市消费者协会调查显示，近90%的被调查者表示"大数据杀熟"现象普遍存在，56%的被调查者表示有被"大数据杀熟"的经历，其中以网购、在线旅游、酒店住宿、网约车、外卖、影视等消费场景居多。"大数据杀熟"可以分为收集数据、用户画像、区别定价三个步骤，将消费者的购买意愿、消费能力准确地分为不同层次，以达到区别定价、追逐利润的目的。

"大数据杀熟"已经从1.0中的"熟客"升级为2.0中的被平台充分掌握个人信息的"熟人"。一是精准化描绘"用户画像"。众多消费平台不断强化对消费者的消费偏好、消费习惯、收入水平等全方位信息的收集和存储，实现个性化定价策略。例如，Facebook在2020年被指控在未经用户知情和同意的情况下，采集、存储了超过1亿名Instagram用户的生物特征数据。再如，谷歌每天从每一部安卓系统手机中获取的数据规模高达11.6MB。二是打造信息茧房。互联网时代，"一人一屏"的消费场景天然地将消费者"区隔"开来，每个人的电子屏幕界面显示的都是算法个性化地推送、为其"量身定制"的结果，"信息茧房"为"大数据杀熟"打开了捷径。而平台出于迎合受众需求、实现平台数据价值最大化的目的，不断强化"信息茧房"效应，扩大个体间的认知偏差，致使"大数据杀熟"愈演愈烈。

大数据之所以"杀熟"不"杀生"，有两个先决条件在起作用：一是商家有充分的技术能力了解每个消费者的购买意愿和能力，从而能够针对每个人单独定价；二是消费者之间彼此是区隔的，购买前无从得知或很难得知标准定价。在平台看来，老用户属于存量用户，已经形成一定的品牌黏性和消费刚需，新用户才是需要拉拢的增量对象，平台就利用老用户对品牌的信任和消费习惯，有针对性地在原有的商品价格上加价，以致出现越"熟"越"杀"的情况。此外，大数据的特性决定了"杀熟"具有复杂性和隐蔽性，普通消费者取证难、维权难的现状也助长了乱象的泛滥。

"大数据杀熟"背离了诚实信用原则，既是"价格歧视"也涉嫌"价格欺诈"，是一种严重侵害消费者权益的行为。2021 年 2 月，国务院反垄断委员会发布了《关于平台经济领域的反垄断指南》，强调《中华人民共和国反垄断法》及有关配套法规、规章、指南确定的基本制度、规制原则和分析框架适用于所有行业，为治理"大数据杀熟"提供了法律依据。为了规范"大数据杀熟"乱象，可以通过以下三种措施实现大数据从"杀熟"消费者到帮助消费者的转变：一是实行"举证倒置"。用户一旦怀疑平台存在价格歧视可以提出投诉或质疑，由平台承担相应的举证义务，监管部门负责对证据进行甄别审核。二是改进定价策略。如要求网络平台对消费者展示统一价格，保护消费者知情权、比价权。三是强化监管责任。可由国家市场监督管理总局反垄断局作为主体监管部门，牵头商务、工信、文旅、网信等部门铸造监管合力，消除监管盲区，从根本上打通取证、举证"堵点""痛点"难题。研究使用大数据分析技术对"杀熟"行为进行自动侦测和预警，提高执法效率和力度。同时引入制裁与约束机制，严惩失信行为，提高企业违法成本，倒逼互联网平台用好大数据，让算法更好地服务于消费者。希望在不久的将来，随着信息技术的不断发展能够将"大数据杀熟"变为"大数据亲熟"。

5.4 数智时代的营销管理

5.4.1 数智时代营销管理的三要素

从营销管理要素来看，数智时代的营销管理仍然包括人、产品和企业三要素。与以往不同的是，数智时代营销管理的三要素皆是围绕信息流和数据流展开的。随着移动商务的兴起，作为消费者的人不再是单个的人，而是基于 So-LoMo 营销模式而形成的社会网络。So 代表社会化（Social）、Lo 代表本地化（Local）、Mo 代表移动化（Mobile）。其中，移动终端的迭代升级将网络营销活动带入一个新的阶段，在线社交网络（Online Social Networks）逐渐成为人们在互联网中重要的互动、沟通、协作及内容创造的媒介之一。智能产品实现了对消费者位置数据的实时抓取，这些数据被企业用于分析消费者的使用行为，或者用于智能产品的自主学习，以便为消费者提供更好的使用体验。数智时代的网络不仅是一个获取信息的渠道，也是一个数据和信息自发形成的途径，各种 App 和小程序的诞生与泯灭，移动化将本地化带入时刻变化的阶段，很多超市开始根据消费者使用的移动终端的位置来定位其实时路线，并根据其在超市不同位置的停留时间来设置货物的摆放位置、制定相应的营销或促销策略。技术的进步也使企业更容易满足个性化需求，如通过数字化界面，用户可以自行完成产品定制环节，从而以较低的成本实现最大程度的个性化。

物联网（Internet of Things，IoT）即"万物相连的互联网"，是在互联网基础上延伸和扩展的网络，是将各种信息传感设备与互联网结合起来而形成的一个巨大网络，实现在任何时间、任何地点，人、机、物的互联互通。数智时代的产品，不再是单一的产品，每个产品都与其他替代品或同类产品构成一个新的产品生态。例如，海尔以 U-home 系统为基础平台，采用有线网络、无线网络相结合的方式，把海尔甚至其他品牌的设备通过信息传感设备与网络连接，从而实现"家庭小网""社区中网""世界大网"的万物互联，通过物联网实现 3C 产品、智能家居系统、安防系统等的智能化识别、管理以及数字媒体信息的共享。消费者一旦选择了海尔智能家居，就可以在世界任何角落、任何时间，通过打电话、发短信、上网等方式与家中的电器设备实现实时互动。

在数智时代开展营销管理活动的企业必须秉承共创理念，构建属于自己的生态圈。在决策方面，采用智能化的决策系统；在战略方面，实施精准营销、协同营销、AI 场景营销等方式；在策略方面，有参与式产品设计和私人定制，多渠道、跨渠道和全渠道营销，直播带货模式和基于支付意愿的差异化定价方式等。

5.4.2 场景营销

消费者的需求与行为都是在特定的时空下产生的，分析消费者所处场景显得非常重要，因此，场景营销（Scene Marketing）应运而生。场景（Scene）一词最初运用在话剧、戏曲和影视领域，指在特定时间、空间内发生的行为，或者因人物关系构成的具体画面。场景是产品与消费者需求的结合点，营销活动要想达到精准的目标，就要深入消费者所处的场景，设身处地为消费者着想，准确判断消费者当前场景下的需求，将消费者现时的需求与产品提供的解决方案匹配起来。

移动互联网、大数据与人工智能技术的出现，为场景营销提供了新的发展机遇。场景营销不仅关注产品和服务，而且更加注重消费者在特定场景下的独特需求和价值体验，为营销信息的精准传播注入了新的活力。场景营销基于对消费者数据的挖掘、追踪与分析，将消费者的线上与线下行为进行关联，对消费者的情感、态度和需求进行精确判断，然后为消费者提供有创意的营销信息，通过与消费者的沟通与互动，帮助品牌树立良好形象，并提升销售转化，从而实现营销活动的精准化。人工智能技术的发展有助于场景构建，为场景营销带来巨大机遇。

人工智能构建场景的基础要素是数据、算法与算力。数据、算法与算力是人工智能技术发展的关键因素，大数据为人工智能技术提供丰富的"养分"，算力是人工智能技术的发动机，算法是基础架构。在人工智能营销场景的构建中，消费者的数据获取是非常关键的，不仅包括地理位置、兴趣偏好、行为轨迹等表层数据，还包括情绪、态度等深层次的数据。此外，如何对数据进行处理，从中发现有价值的信息对于场景构建也非常重要。边缘计算技术、云计算技术的发展，加上算法优化，大大减轻了巨量数据的处理压力，提高消费者的数据分析水平，从而精准地进行消费者画像，生成个性化营销内容，实现营销信息的精准传播。

线上与线下场景融合，打造营销闭环。传感器技术使线上与线下的界限逐渐模糊，场景呈现出融合的新态势。场景营销是一个闭环，实现从线下开始，连接线上场景，再反作用于线下的过程。融合线上线下的场景体验成为品牌传播的重要发展趋势，线上营销传播帮助产品获取关注与流量，线下场景则助力产品的落地销售，将线上线下有效地连接起来，建构适配的营销场景。例如，兰蔻品牌针对"轻呼吸"防护乳开展的场景营销活动，首先在线上进行造势，然后通过直观的紫外线指数构建线下消费场景，通过扫码试用、线上反馈的方式进行线下场景与线上场景的巧妙结合。

虚拟与现实场景融合，增强消费者的体验。VR、AR、MR、全息投影等数字化技术的应用给消费者带来了全新的互动体验，打破实体空间与特定时间对场景营销的束缚，增强现实场景的表达与呈现。作为一种全新的场景建构方式，虚拟现实技术作用于营销活动中可极大地提升消费者的体验感，如餐饮行业消费者可以通过 VR、AR、MR 感受预购买餐食的外形与制作；房屋租售行业通过 VR、AR、MR 进行实景看房，服饰行业通过 VR、AR、MR 进行试穿搭配。场景营销把营销活动与消费者的生活联系起来，消费者仿佛身临其境，在互动体验中增强品牌好感度，最终引发消费购买行为的产生。在前面提到的郑州大信家居就很好地利用场景营销，开辟了"大信'魔术屋'工业旅游景区""厨房博物馆""家居博物馆""非洲博物馆"等，让"游客"（其实是潜在的客户）在旅游的同时就能够通过指尖找到自己的家（精准小区位置和户型），并选择设计和定制属于自己的家居产品。

5.4.3　万物互联——构建智能化互动营销管理单元

5.4.3.1　万物互联的概念

物联网（The Internet of Things）是基于互联网而生的，但它的技术含量和应用要高于互联网。物联网囊括了世间万物，是世间万物间的信息交流与通信，是一种更广泛的、崭新的网络理念。物联网就是物与物之间相互连接的网络，各类物体通过各种传感设备、射频技术（Radio Frequency Identification，RFID）、视频技术、红外感应设备、全球定位系统、地理信息系统、激光扫描设备，按照事先约定的协议，把任何物体连入互联网，物体间通过互联网进行信息交换和通信，达到时时事事智能化识别、跟踪定位、监控管理的目的。物联网包括感知层、网络层、应用层三层架构。物联网可广泛应用在智能家居、智能医疗、智能城市、智能环保、智能交通、智能司法、智能农业、智能物流、智能校园、智能文博、M2M（Machine to Machine）平台11个领域。

物联网的发展奠定了开展深度营销的基础，并为此搭建了平台。深度营销是为了满足顾客需求，生产商在对自身及其所在行业进行系统思考的基础上，精心构造以自身为核心的包括供应商、分销商和终端消费者在内的深度营销价值链。在提高自身运营效率的同时与源头供应商结成利益共同体，以提高供应商的市场响应速度，并采用深度分销和区域滚动销售的模式进行产品销售，增强对核心分销商的控制和管理，实现物流、信息流、资金流和商流在深度营销价值链中的有效流动，从而提高深度营销价值链的整体协同效应并获得动态竞争优势。

5.4.3.2　物联网在深度营销终端管理中的应用

物联网能够提供全方位、低价格、快捷的物流服务。目前，电子商务发展之所以受阻，就是因为物流配送网络不健全、配送时间太长、运输费用居高不下等造成的，物流已经成为电子商务发展的"瓶颈"，尽管电子商务网站这几年的发展也比较快，但绝大多数消费者集中在城市，农村市场远未开发。消费者通过物联网不但能看到商品的图片，还能看到商品的实物图像，甚至能够进入该企业的车间了解产品的生产情况，进入各个终端卖场了解该商品的销售情况，进入消费者俱乐部了解该商品的具体使用情况，进入实时通信了解该商品在使用过程中的问题和售后服务情况。物联网的投入和使用，也为打通"最后一公里"提供了可能。

企业可以根据消费者的具体需求来实时定制生产。传统的生产企业往往根据先期的市场调研来生产标准规格的产品以满足消费者的需求，这样消费者只能被动地适应生产商的产品，尽管一些企业根据不同的情况也细分了市场，但这远远不能满足消费者的需求，通过柔性生产来实施定制生产的呼声越来越高，基于物联网的电子商务能够满足这一要求。

基于物联网的电子商务通过第三方支付企业的引入能够保证网上交易的安全，减少信任危机。由于智能物流在购买方、销售商和物流商之间引入了第三方支付企业，购买方完全可以先把货款打到第三方支付企业账号上，但此款项销售商只能查看却不能使用，只有购买方收到货物并确认没问题后，该款项才能划入销售商的账号，这不是传统意义上的电子汇兑，而是基于四方（购买方、销售商、物流商、银行）关联业务之上的互为因果、互相控制条件的电子支付方式，即第三方支付，电子商务要想发展就必须引入银行，开创新的电子支付方式，基于物联网的电子商务中的第三方支付彻底解决了这一问题。

基于物联网的电子商务能够有效避免购买假冒伪劣产品。物联网快速发展必将把企业产品流程的控制与国家相关质检部门相连接，使产品的生产过程实时受到国家质检机关的监视，严把质量关，推动产品电子标签的普及和推广。电子标签成为鉴别产品合法身份的唯一凭证，这样消费者购买起来才放心，基于物联网的电子商务就能解决这一问题，彻底消除了消费者的购买顾虑。

基于物联网的电子商务能够建立深层次的客户关系管理系统。尽管现在的市场营销学中经常讲客户关系管理理论，也已经有了一些客户关系管理软件，但大多数并没有发挥预期的作用，因为这里面涉及大量的人与人之间的沟通，即使做直销起家的戴尔公司在面对日益复杂的客户管理时，应付起来也疲惫不堪，关键的一个问题是工作量太大，而物联网的出现在客户关系管理中加入了物与人、物与物的沟通，大大减少了人的工作量，物联网下的客户关系管理系统能够自动地解答客户或消费者提出的一些问题、自动提供售后服务、自动建立客户档案，能够根据消费者的喜好引导消费者进行重复消费等。

5.4.3.3　物联网在深度营销管理中的应用

物联网技术为企业生产和销售产品提供了智能化的管理单元，通过该智能化单元，企业员工、用户、供应商等都可以从中获取所需要的信息，并使企业在协调这些关系时效率更高。

下面，我们以一台电视机的材料采购、生产、销售和用户使用的全过程为例来说明物联网技术如何促进供应商、制造中心、销售部门、物流公司和用户之间的互动。

随着云计算技术的迅猛发展和机顶盒技术的进步，互联网数字电视成为市场的宠儿。王先生经过现场导购人员的解说和推荐，选购了一台 A 公司生产的 2012 款互联网数字电视，为了方便售后服务，王先生填写了一张保修登记卡，其中包含电视机的型号、序列号和自己的联系方式等信息。王先生将电视搬回家，安装好机顶盒，开始享受互联网数字电视带来的新体验。过了一段时间，王先生接到了 A 公司客服人员打来的电话，向王先生了解使用情况，在结束电话时提醒王先生，在不使用电视机的时候最好拔下电源插头或者关掉插线板电源开关。王先生非常奇怪，询问客服人员如何知道他没有拔下电源，客服人员告诉他，他购买的电视机采用了公司最新的物联网智能管理模块，只要电视机安装了机顶盒，智能模块就会监控电视机的状态，并及时向管理中心反馈。如果电视机出现故障，智能管理模块就会向管理中心发送故障信息并报警，提醒客服中心安排维修人员上门维修。半年后，A 公司客服人员又给王先生打来电话，提醒他可到 A 公司网络剧场免费点播精彩电影，并提醒他最好不要在 12 点以后看电视，以免影响家人休息和身体健康。有一次，电视看到一半时，屏幕一闪就黑屏了，正在王先生一筹莫展的时候，客服中心又打来了电话："王先生，我们非常抱歉地告知您，你电视机的显示模块出现故障，可能是电源保险管损坏所致，请问王先生什么时候方便，我们安排工作人员上门进行维修,因此造成不便请您谅解。"A公司客服人员根据王先生家的电视机智能模块反馈的故障信息,迅速给维修站下发维修工单,并将该故障信息存储备查。显示模块的供应商通过与A公司的供应链管理系统,实时采集到了显示模块发生的故障,并将故障信息发送到生产中心和研发中心。

公司通过物联网模块实时采集用户的使用信息,对用户的不当操作进行提醒,并根据用户的使用记录跟踪用户偏好,给用户提供个性化服务。同时,通过用户使用的海量统计信息,实时跟进用户的需求变化,及时开发新的功能或者提供更满足用户需要的服务,以提高客户忠诚度。而对于客户来说,他们可以更加自由和从容地接受厂家提供的服务,并在厂家的指导下更加充分地利用所购买的产品和服务,以提升其购买商品的使用价值。对于供应商来说,可以及时获取来自一线消费终端的重要信息,为控制和提高产品质量争取时间和空间,将可能造成的损失控制在最小范围内。通过充分使用物联网技术,使供应商、制造商和消费者之间联系得更加紧密,并使三者间实现更高程度的协同,从而创造更多的顾客核心利益和让渡利益,提高客户忠诚度和客户转移成本。

5.4.3.4 人体数字化:服务和产品市场营销

随着电子技术的发展,这些技术带来的影响将扩展至市场营销领域。在人体中,通过与新型电子技术相结合,不仅可以从消费者那里实时收集到不同的生物特征数据,而且在消费者选择产品和服务的过程中,还可以用来识别影响购买决策的潜在因素。进而,营销人员可以修改产品设计,删减那些引起消费者不良情绪的方面,突出能激发消费者积极情绪的方面。在电子技术发展的工业技术大环境与市场营销的数字化变革趋势相融合的大背景下,人体数字化的概念随之产生。人体数字化是指借助一定的可穿戴设备和嵌入设备完成对消费者行为反应、情感变化的收集,通过生物反馈技术辅助企业制定和改进营销活动,满足消费者的个性化实际需求。它将从社交网络(Facebook、Twitter等)和数据挖掘转变为实时"收集"每个客户信息的营销策略能力,因为这样可以帮助营销战略家做出正确的决策。全球化的数据挖掘,首先是进行大数据搜索和找到一致的模式或系统的不同变量之间的关系,其次是应用检测模式形成新的数据集。这种过程将数据收集割裂成两个独立的部分,即数据挖掘和数据整理(本书第11章对此有较详细的介绍)。人体数字化则重新将其融合成一个整体,简化数据处理过程,优化数据模型。

在消费者选择产品或服务的过程中，利用人体数字化，零售商能够将数字产品和服务与店面结合起来，这意味着潜在客户可以通过虚拟触摸在下单前挑选产品，从而选出适合自己的产品。营销人员也将能够从潜在客户参与的数十亿事件中获得实时信息，充分了解消费者的需求、喜好、对产品和服务的情感反应，从而利用这些信息帮助他们制定新的营销策略，扩大产品的市场和开发新产品。另外，借助皮下装置实现生物世界和电子世界的融合。Fitbit 旗下的 NewDealDesign 实验室创立了"皮下"计划。"皮下"是指一款能够与"持有者"产生一切互动的、由电化学能源提供支持的、可变性的数码手上"刺青"，它可以通过近场通信技术实现与外界的连接。人体数字化带来的、能感知到的营销革命不仅是连接设备植入人体系统或 IT 系统，而且包括关键信息的共享，可以优化业务流程，实现最优决策，发现盈利机会，并以颠覆性的方式预测客户和合作伙伴的行为。人体数字化工程是生物世界与电子世界的融合，是范式的飞跃和本体论的变革。

6 人力资源管理的变革

致天下之治者在人才，成天下之才者在教化。

——北宋·胡瑗

6.1 人力资源管理及其演进

6.1.1 人力资源管理

虽然约翰·康芒斯（John R. Commons）在《产业信誉》和《产业政府》中先后使用过"人力资源"一词，但是约翰·康芒斯在《产业政府》中提到的"人力资源"更为宏观、更接近人力资本，与现代企业管理中的人力资源相去甚远。从宏观层面来讲，人力资源指的是能够推动整个经济社会发展的智力劳动和体力劳动的总和，也可以说是一定范围内所有劳动力的总和；从微观层面来讲，人力资源管理是企业根据自身战略发展的要求，有计划地对组织内部的人力资源进行合理配置的过程，通过选人、育人、留人和用人等方面的政策调整，调动员工积极性、激发员工潜能，从而为企业创造价值，实现企业既定目标的管理活动。因此，宏观上的人力资源管理是劳动经济学的研究范畴，而微观上的人力资源管理是工商管理学的研究范畴。

6.1.2 人力资源管理的演进历史

赵曙明等（2019）认为，人力资源管理是建立在劳动管理基础之上的。在国外，先后经历了机械化人力资源管理模式、适度人性化人力资源管理模式、高度人性化人力资源管理模式以及自主化人力资源管理模式；在国内，企业人力资源管理模式在由劳动人事管理向人力资源管理转变的过程中，历经起步、成长和成熟三个阶段。人力资源管理范式的演变与发展如表6-1所示。

表6-1 人力资源管理范式的演变与发展

阶段	"经济人"假设	"社会人"假设	"自我实现人"假设	"复杂人"假设
主要时间	1911年前后（国外）1949年至20世纪80年代之前（国内）	20世纪30~80年代（国外）1978年之后（国内）	20世纪50年代以后（国外）20世纪90年代（国内）	20世纪70年代以后（国外）20世纪90年代（国内）
时代背景	工业经济时代（国外）计划经济体制（国内）	后工业经济时代（国外）市场经济体制（国内）	后工业经济时代（国外）市场经济体制（国内）	知识经济、网络经济时代
管理理论	科学管理理论	行为科学理论	现代管理理论	当代管理理论
人力资源角色定位	被动的反应者和执行者	一定战略思维的规划者	战略思维的规划者	系统战略思维的规划者
研究理论范式	科层化范式	扁平化范式	扁平化范式	网络化范式
关注焦点	部门任务绩效	员工的人际关系	员工的自我实现需求	战略目标、竞争优势组织绩效

资料来源：赵曙明，张敏，赵宜萱. 人力资源管理百年：演变与发展[J]. 外国经济与管理，2019，41（12）：50-73.

6.1.3 人力资源管理的演进趋势

随着国际化、职业化、知识化的推进，特别是近20年来新兴技术的发展和迭代，人力资源管理出现了一些新内容和新趋势，包括新生代员工的管理、多元化员工的管理、共享人力资源管理等。新生代员工是相对于"60后"和"70后"而言的，"80后""90后"和"00后"是在多元文化的熏陶下成长起来的。一方面，大多数新生代都接受过良好的教育，自我意识强、成就动机高、重视自我价值的实现；另一方面，由于大多数人的物质生活条件已得到满足，因此新生代更崇尚民主、向往自由。

作为一种新的经济模式，共享经济通过将闲置的资源转移出来，创造价值的形式或商业模式得到了社会的广泛接受和认可。与以往的经济形态不同，共享经济模糊了组织的边界，"企业+雇员"的传统人力资源管理模式逐渐转变为"供给者+共享平台"的新型人力资源管理模式。共享人力资源打破了传统意义上企业与员工之间的雇佣关系，同时也给人力资源管理提出了新的挑战。劳动力的供给者与就业平台提供者之间的新型雇佣关系大致可以分为半契约型人力资源管理模式或半挂靠型人力资源管理模式、松散型人力资源管理模式、众包型人力资源管理模式、共享服务中心型人力资源管理模式。例如，为应对新冠肺炎疫情带来的冲击，苏宁物流在 2020 年初就推出了"人才共享计划"，为工作受到短暂影响的人群提供仓内分拣、社区骑手等工作岗位。同年，世茂集团在原有的人力共享中心的基础上，开始引入数字化工具推动组织的迭代转型，努力打造共享平台 2.0。无论哪种人力资源管理模式，都打破了时间和空间的限制、淡化了雇佣者与受雇者之间的上下级意识。不但平台管理者和劳动供给者之间的关系更加自由，而且对平台企业的治理、个人隐私的安全保护、政府的监管提出了新的挑战。

6.2　数智时代人力资源管理面临的挑战

6.2.1　人力资源管理情境发生了重大改变

将人力资源管理情境按照行动者活动空间和管理主客体进行划分，在行动者活动空间方面，我们考虑虚拟世界与现实世界，在管理主客体方面，我们考虑人（碳生命）和未来可能会面对的机器人（硅生命）的问题。我们称现实的碳素人的情境为传统情境，即我们日常会看到的情境；称虚拟的碳素人的情境为网络情境，如现在的网络游戏情境和需要在网络中沟通交流的情境，以及在线课堂都是处于网络情境中；如果是机器人来到现实世界中，我们称之为万物互联情境，其实在现实生活中，万物互联不仅会给营销带来变化，同样也会给人力资源管理带来新的变化和挑战；如果是在硅生命虚拟世界里，我们把这种情境称为人工智能情境。从目前的形势来看，传统情境以及网络情境（包括万物互联的情境）都已经基本实现，我们在生活中可以看到，人工智能的情境也已经上演。这既是社会情境的重大改变，也是管理情境的重大改变。

6.2.2　人工智能员工成为被管理者

一直以来，人们对管理的理解均是以人为中心进行解读。例如，泰勒认为管理是"确切知道要别人做什么，并指挥他们用最好、最经济的方法去工作"。然而，数智经济背后隐藏着一支看不见的线上劳动力，虽然这支就业大军的队伍仍然在匍匐前进，但是一旦跨过临界点就会实现爆发式的增长。玛丽·L. 格雷（Mary L. Gray）和西达尔特·苏里（Siddharth Suri）在《销声匿迹：数字化工作的真正未来》一书中将这支潜伏在线上的劳动大军比作"幽灵劳工"。在现阶段，"幽灵劳工"还未曾得到传统固有文化的认可，也缺少强而有力的法律保护。即便是在未来，"幽灵劳工"随时都有可能因为平台问题而非个人工作质量而丢掉"工作"，最可悲的是他们都不会知道到底发生了什么。

智能机器人将以"员工"的身份进入企业内部，并且对人的替代会扩展到越来越多的领域，尤其是那些复杂性高、以高技术和高智商为条件但不需要自主决策的工作岗位。从阿尔法狗、人机围棋大战和最强大脑中我们可以看到人和机器之间的碰撞，一个更典型的例子或许应该是机器人索菲亚。机器人索菲亚诞生于 2015 年，它的皮肤几乎和人类相同，它机智灵敏有自己的想法，可以和人类沟通并谈笑风生，2017 年获得了沙特阿拉伯授予的公民身份，被联合国开发计划署委任为首位创新大使，而它还有一个新的身份——教师。在线教育集团 iTutor Group，宣布与世界首位机器人公民索菲亚达成战略合作，索菲亚未来将进入 iTutor Group 旗下的两大在线教育品牌——vipJr 和 TutorABC 的课堂，并担任老师伙伴和助教等多种角色。其中，vipJr 是面向青少年，To-turABC 是面向成人。索菲亚将会以虚拟 3D 形象出现在 vipJr 和 TutorABC 的课堂上，它不仅成为学员的学伴，还可以参与师生互动。基于海量的数据储备和强大的运算能力，索菲亚还能够针对特定知识点为学员答疑，成为人类老师的助教，索菲亚的背后是 AI，所以它处理海量信息及分析各种数据的能力是人类无法比拟的。有人发出疑问，AI 教师是否会取代人类教师？iTotur Group 董事长表示，人类教师和 AI 教师能在未来的教育场景下各司其职、各尽其能。AI 老师将承担"教"的部分，而人类老师可以从烦琐的"教"的工作中解脱出来，将更多的时间和精力用在与学生沟通，以及创造性的教学研究中，更好地从事"育"的工作。从目前来看，AI 教师不仅不会抢人类教师的饭碗，还可以将人类教师从"教"这个重复的工作中解放出来。以便将精力用在与学生沟通和培育上。事实上，从更大的范围上来讲：我们大可不必担心机器人会完全取代人类。因为，同样杞人忧天的事情也发生在早期工业革命时期。在进入机器时代的时候，有一些工人认为是机器抢了他们的饭碗，曾发生打砸机器的事件。事实证明，在机器将人类从既繁重、复杂又重复的劳动中解放出来的同时，也为人类创造了新的工作岗位。从工业 1.0 到工业 4.0，乃至工业 5.0，都是人类社会发展智能化的过程。

大智移云区等科技革命导致人类社会分工再度发生变化，发生在工业革命初期的情形再度上演：原来由人类完成的工作现在或即将由新的机器或机器人完成。"即将消失的职业"触发了一系列的讨论和争议，但历史的发展告诉我们：不必杞人忧天。因为每一次新的生产力和生产关系的调整，都是将人类从重复、繁芜的工作中解放出来，推动人类社会在智能化的道路上再次出征。我们所要思考的是：在人类将更多刚性事务交给科技的过程中，如何设计新的生产关系和游戏规则。

6.2.3 人力资源领域管理决策范式中的主体转变

管理理论的演进经过了从科学管理理论向行为科学理论转变的过程，科学管理理论与行为科学理论的主要区别在于：科学管理理论将人看作"机器"，认为管理是通过标准化、科学化的工作流程提高工作效率；而行为科学理论更加强调通过研究人的心理活动去掌握行为规律，并据此寻找激励员工的新方法和提高劳动效率的途径。在过去的几十年，甚至上百年里，我们都在沿着这条路发展。然而，智能机器人将以"员工"的身份进入企业内部，而且对人的替代会扩展到越来越多的领域，它们具有机械化和自动化的特征，很多时候可以基于科学设定自主执行工作，可以超长时间、超高效率地进行工作，甚至在高度精确算法下，无须人工控制监督。在此背景下，科学化和标准化的管理方法更加适用于对人工智能员工的管理，科学管理理论所倡导的管理原则和手段的适用性大幅提升。从当前这一发展趋势来看，我们所处的时代极有可能从"社会人"时代回到"工具人"时代。当人工智能进入人力资源管理领域以后，整个人力资源管理决策过程将由传统的人类主导转向人机协作，如图6-1所示。

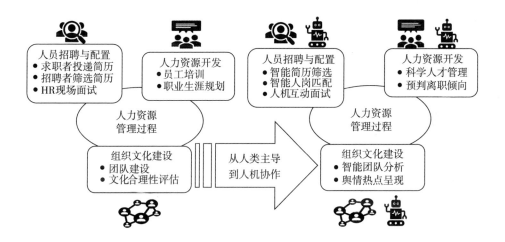

图6-1 人工智能对人力资源管理过程的影响

资料来源：陈国青，曾大军，卫强，等. 大数据环境下的决策范式转变与使能创新［J］. 管理世界，2020（2）：95-105.

陈国青等（2020）指出，随着机器与人一样成为数智时代的雇员，特别是人工智能在管理决策中作用的发挥，将彻底改变人力资源管理的工作方式、行为方式和工作呈现的方式。这些改变的内容和力度将取决于"人与机器""人与管理"和"机器与管理"三个交互界面的关系。从"人与机器"的交互界面来看，人与机器之间虽然存在竞争或短时期内的竞争，但是从根本上来说，机器是在不断地解放劳动力、降低人类的劳动强度；从更广泛的意义上来看，机器走进人类工作场所，是促进人类生产方式智能化的过程。从"人与管理"的交互界面来看，随着数智时代的临近，以"大智移云区"（大数据、人工智能、移动互联网、云计算、区块链）为代表的新型技术的兴起、迭代和发展，对传统管理哲学、管理理论、管理实践、管理研究等都产生了颠覆式的冲击，而这些冲击将从根本上颠覆已有的管理观念。从"机器与管理"的交互界面来看，在长期进化的过程中，人类为了掩饰自己真正的意图开始伪装自己，甚至用谎言、误导和错误的信息搪塞来自生活或工作中的质疑。例如，人类发明了测谎仪，遗憾的是测谎仪在刑讯中的使用却造成了很多冤案，同样它也无法发现善于伪装的"精明人"。因为测谎仪设备的特殊性，注定了它无法在日常生活和工作中得到普及和应用。一款新的人类情感探测器——精密高速目标识别引擎（Sophisticated High-Speed Object Recognition Engine，SHORE）实现了突破，这款由德国弗劳恩霍夫生产技术研究所开发的识别类 App 被Google 公司用到其研制的眼镜上，并据此来追踪和分析人们的实时数据。尽管研发人员是希望那些自闭症或亚斯伯格症候群的患者通过 SHORE 的实时反馈更好地理解人与人之间的交流，但是很快就被应用到了其他领域。例如：汽车制造商通过 SHORE 来检测司机的疲劳程度，一旦发现司机疲劳驾驶就会发出警报；医院通过 SHORE 来检测患者是否出现身体疼痛、是否具有抑郁等心理困扰；企业将 SHORES 用到追踪消费者观看广告或预告的反应，并据此来评价营销效果；同样，它也可以被用于人力资源招聘，在不侵犯个人隐私的情况下，帮助企业筛选到更合适的候选人。

6.2.4 数智时代人力资源管理面临的新挑战

随着智能管理科技被颠覆，管理方式会发生一个根本性的改变，即不需要关注人的社会属性，管理过程的技术性会越来越强，甚至可以聘用人工智能员工，管理原则也会发生改变。此外，管理效率、管理伦理的难度会提高，会需要设置法律与道德规范。与此同时，人力资源数字化也会带来诸多挑战，人力资源大数据的效度问题是最容易受到质疑的问题之一。同时还会涉及：①人力资源大数据的收集和来源问题。②个人隐私问题。③复合型大数据人才问题。无论是数据科学家还是人力资源专家，都不能够独自完成大数据人力资源管理的全部工作。④数据和经验直觉的权衡、相关关系和因果关系的权衡是人力资源大数据中最重要的两对关系。

6.3 数智时代的人力资源管理基础

6.3.1 人力资源大数据的概念

人力资源大数据是指在信息技术和互联网技术发展的背景下产生的,可反映组织及个体的行为、关系或状态,能够用于宏微观层面人力资源管理研究的海量数据集。目前看,不同的学科对大数据人力资源都进行了探讨。经济学主要有人力资本理论、偏好理论等,社会学有网络理论、社会资本理论等,组织管理学有知识基础观、资源基础观等,劳动经济学有劳动管理理论、工作搜寻理论等。

从内容来看,人力资源大数据提供了个体和组织在使用相关技术过程中留下的信息,如文本图像以及视频等形式的数据,包括但不限于个体使用社交网络发表的个人评论、在网络职业招聘平台上投递的简历、用人单位发布的职业要求、使用电子化人力资源管理系统产生的培训和绩效信息等。

从类型来看,无论是从宏观层面还是从微观层面都可以把它分为基于内容的数据、基于关系的数据以及基于用户行为的数据。基于内容的数据:宏观上如人力资源供需管理、人力资本指数;微观上如个体评估培训、需求识别、绩效管理。基于关系的数据:宏观上如校友网络、人力资本、社会网络;微观上如邮件网络、知识网络。基于用户行为的数据:宏观上如政策效果评价;微观上如招募技术评价。还有一些分法,例如,我们把它分成网络职业招聘平台、社交网络应用在线劳动力市场、在线知识、社区搜索引擎以及人力资源管理信息系统。

6.3.2 人力资源大数据的类型

刘善仕等(2018)将人力资源大数据分为生理指标大数据、行为指标大数据和关系指标大数据三种类型。①生理指标大数据。如传统意义上的"入职体检"。人类基因包含了海量的遗传信息,属于典型的大数据范畴,这些信息从遗传的角度上揭示了大数据对人力分析具有重大的参考价值。对此可进一步参阅本书第1章提到的"23魔方"的基因算法等内容。②行为指标大数据。如教育、求职、娱乐和消费等方面的行为数据。教育行为大数据包括在线教育资源的使用、图书资料的购买和借阅等，求职行为大数据包括在线浏览职位和公司信息、投递简历、与猎头的接触以及参加面试等。③关系指标大数据。如在线互动和线下互动。在线互动包括电话、邮件系统、其他即时通信系统的联系行为及其在各种社交平台的互动行为；线下互动包括项目团队内部的沟通和合作、茶水间的交流行为以及非工作场所的互动等。关系指标大数据为勾画成员间的联结网络和联结强度、进行社交网络分析提供了数据基础。

6.3.3　人力资源大数据的来源与数据结构

在数智时代，人力资源大数据的来源非常广泛。这些渠道包括：①来自领英、前程无忧、猎聘、企业门户等网络职业招聘平台。基于内容的数据（包括个体所在地、年龄、学历、婚育和健康状况等重要背景信息，个人自评、求职意向等职业生涯历史），基于关系的数据（包括基于共同背景的关系，如同乡、校友、同事等）；基于用户行为的数据（包括简历投递、招聘信息浏览等）。②来自Facebook、推特、微信、微博等社交网络应用。基于内容的数据（包括文字、图片和视频等），基于关系的数据（用户之间的互动关系），基于用户行为的数据（用户发表内容的形式、频率、长短等）。③来自Mturk、Up-Work、阿里众包、猪八戒网等在线劳动力市场。基于内容的数据（包括工作要求、劳动力供需、雇佣匹配），基于关系的数据（包括基于共同任务、共同雇佣的关系），基于用户行为的数据（包括工作申请行为、浏览行为等）。④来自Quora、知乎、果壳、谷歌、雅虎、百度等在线知识社区、搜索引擎。基于内容的数据（包括个人信息、提问内容、回答内容等），基于关系的数据（包括基于主题的关系），基于用户行为的数据（包括基于搜索行为的数据、求教频率等）。⑤来自Oracle、Workday、SAP、金蝶、用友等人力资源管理信息系统。基于内容的数据（包括招募、挑选、培训、绩效等活动产生的数据），基于关系的数据（包括竞争合作关系、轮岗数据等），基于用户行为的数据（包括工作场所操作行为、工作过程等）。如表6-2所示。

表 6-2　人力资源管理大数据的来源与数据结构

类别	代表性应用	基于内容的数据	基于关系的数据	基于用户行为的数据
网络职业招聘平台	领英、前程无忧、猎聘、企业门户等	个体所在地、年龄、学历、婚育和健康状况等重要背景信息；个人自评、求职意向等职业生涯历史信息	基于共同背景的关系（如同乡、校友、同事等）；基于职业流动的关系	简历投递、招聘信息浏览等
社交网络应用	Facebook、推特、微信、微博等	文字、图片和视频等	用户之间的互动关系	用户发表内容的形式、频率、长短等
在线劳动力市场	MTurk、UpWork、阿里众包、猪八戒网等	工作要求、劳动力供需、雇佣匹配	基于共同任务、共同雇佣的关系	工作申请行为、浏览行为等
在线知识社区、搜索引擎	Quora、知乎、果壳、谷歌、雅虎、百度等	个人信息、提问内容、回答内容	基于主题的关系	基于搜索行为的数据、求教频率等
人力资源管理信息系统	Oracle、Workday、SAP、金蝶、用友等	招募、挑选、培训、绩效等活动产生的数据	竞争合作关系、轮岗数据等	工作场所操作行为、工作过程等

资料来源：刘善仕，孙博，葛淳棉，等．智能财务的基本框架与建设思路研究［J］．会计研究，2020（3）：179-192.

6.4　大数据人力资源管理流程变革

6.4.1　人力资源管理系统的变革

6.4.1.1　大数据人力资源管理流程

大数据人力资源管理流程主要包括数据来源、数据整合、数据分析或预测、数据呈现等内容。从大数据分析的角度来看，人力资源管理大数据流程是一个大数据分析的过程。具体内容如下：

（1）数据来源。人力资源管理大数据的数据来源包括公司的内部数据和外部数据。公司的内部数据主要来源于智能手机、移动终端上的 App、可穿戴式设备、办公场所物联网和传感器设置、公司内部通信系统、数字化办公系统和 ERP 系统。公司的外部数据主要来源于与网络运营商、电子商务网站、在线社交平台、即时通信软件商等开展的数据合作（有可能涉及法律问题）。外部数据有利于弥补内部数据的不足，但是也会增加人力资源管理的成本。

（2）数据整合。人力资源数据整合包括传统人力资源数据与人力资源大数据的整合，以及人力资源大数据与其他业务部门数据的整合。引入人力资源共享服务中心（Human Resources Shared Service Center，HRSSC）是一种新的人力资源管理模式，作为一个独立运作的实体，企业引入 HRSSC 后采用市场运作机制为企业内部管理提供服务。HRSSC 本质是由信息及网络技术推动的运作管理模式的变革和创新，是通过服务内部进而创造价值。HRSSC 的出现打破了传统管理研究将人力资源管理作为价值链上的辅助活动的刻板印象。

（3）数据分析或预测。首先，进行人力资源数据分析的出发点是解决关键性企业发展问题，分析的目的是提高业务绩效。其次，数据分析是工具和手段，其价值在于"整合"和"预测"。需要将人力资源、财务和信息技术结合在一起才能实现。人力资源管理大数据分析包括描述性分析、预测性分析和诊断性分析等。其中，描述性分析是指基于数据和信息层，对客观事实进行描述，分析的结果能够回答"谁"（Who）、"什么"（What）、"哪里"（Where）、"何时"（When）层面的问题。预测性分析是指基于知识层，运用统计、建模和数据挖掘等技术，通过分析现有和历史数据来发现规律并对未来进行预测，主要解决"如何"（How）和"为什么"（Why）层面的问题。诊断性分析是指基于洞察层，通过描述性分析和预测性分析积累的经验来提供经验和问题解决的方案。诊断性分析能够提供对应的决策选项，分析的过程需要考虑商业及问题的背景、商业规则、技术水平等因素。

（4）数据呈现。经过分析后的人力资源管理大数据需要可视化地呈现出来，以帮助管理者进行人力资源管理决策。人力资源管理大数据呈现包括人才全景和员工画像两大板块的内容。其中，人才全景指的是通过人才特征标签对企业人才进行全面、系统的盘点；员工画像指的是结合内部素质模型、职业发展通道、组织文化来完成对目标员工的画像。

6.4.1.2　数字化人力资源管理

数字化人力资源管理包括数字化人力资源管理运营、数字化人才管理、数字化人力资源管理决策、数字化人力资源管理分析系统等。

（1）数字化人力资源管理运营。人力资源系统涵盖人力资源的全部模块，功能非常全面，从而促进了企业人力资源部门的变革，使企业将更多的精力用于企业的人力资源管理和决策，同时系统还可以提供人事数据分析、统计、预测、预警等功能，从而在根本上确保企业人力资源管理系统能够持续、高效地运行。

（2）数字化人才管理。无论是在以往的任何一个时代，还是在数智经济时代，人才都是企业的核心资产。如何发掘、培养、用好和留住人才，都是传统人力资源管理和数字化人力资源管理的核心内容。人力资源管理系统发展至今，已经具备了相对完善的模块体系，从招聘、培训、绩效到薪酬等方面，为企业全方面做好人才的选、用、育、留，构建人才梯队、实施人才战略奠定了基础。

（3）数字化人力资源管理决策。我国企业人力资源管理模式在经过劳动人事管理到人力资源管理的转变后，历经起步、成长和成熟三个阶段，整体趋于科学性。然而，对于大多数企业特别是对于民营企业而言，人力资源管理方面存在很大的随意性与随机性。与其他管理决策一样，一些企业的人力资源管理凭经验、拍脑袋决策、凭感觉、教条主义，缺乏量化和科学性。然而，数字化人力资源系统得以实施后，将以企业数据为基础，通过数据分析来促进组织效能、人力资源运营效能和人力资本的投入产出，通过数据预测、管理风险和解决难题，驱动业务和管理创新，制订更前瞻的战略管理规划，从根本上弥补现有人力资源管理模式的不足。

（4）数字化人力资源管理分析系统。数字化人力资源管理分析系统是指商务智能在人力资源管理领域的具体应用，也是大数据分析思维在人力资源管理领域的落地。数字化人力资源管理分析系统涵盖人力资源的全部模块，能够有效地促进企业人力资源部门的变革，规避人浮于事、机构臃肿、效率低下等问题。通过引入数字化人力资源管理分析系统，企业将更多的精力用于人力资源管理和决策，同时该系统还可以提供人事数据分析、统计、预测、预警等功能，辅助其他部门决策，从而保障企业的高效可持续运营。例如，基于量化指标、分析模型和基于事实的合理决策，数字化人力资源管理分析系统将流动率、增长率、饱和度、薪酬比等纳入量化指标，建立人才吸引、人才保留、离职预测、敬业度与组织文化等分析模型，为数智化时代的人力资源管理提供更加客观、精准的决策支持。

6.4.2　大数据人力资源分析的内容及相关技术

从商务智能或大数据分析的视角来看，人力资源管理大数据需要经过采集存储、清洗过滤、提炼分析、信息知识和可视化等过程。大数据人力资源管理可以在充分借鉴工作流程、挖掘相关理论和方法的基础上，依托人力资源大数据和现有技术展开。在此过程中，需要关注的内容、采用的技术等核心要素如表 6-3 所示。

表 6-3　大数据人力资源分析内容及相关技术

阶段	核心要素
采集存储	采集源：ERP、eHR、内外网等
	采集技术：人才雷达图、网络爬虫、Oracle 等
	存储系统：文本数据库、图像与视频数据库等
清洗过滤	清洗内容：缺失值、噪声数据、不一致的数据、重复数据、错误数据、无关数据、冗余数据
	清洗技术：字段匹配、云清洗、Cosine 函数
提炼分析	相关内容：性能测量、建模编码
	相关技术：算术编码、信息编码、标量/矢量量化、并行/分布装载
信息知识	分析过程：图片/语音识别、建模分析、实时/准时分析
	相关技术：聚类分析、层次聚类、贝叶斯算法、决策树、图论等
可视化	相关技术：堆积图、散点图、标签云等
	可视推送：人才画像、资源分布、活动图表、趋势进度、动态报表、人才表情等

资料来源：杨丽丽和杨国城（2019），有改动。

6.5　大数据人力资源管理过程

6.5.1　数字化人才管理

在迈向数智新时代的进程中，人力资源管理流程中传统的人力资源规划、招聘配置、培训与开发、绩效管理、薪酬管理以及劳动关系管理等怎样和大数据结合，是人力资源管理流程变革的重要内容。

（1）人力资源规划。人力资源的需求与供给的平衡是一个难题。对人力资源的需求和供给进行预测的方法很多，但都存在定性大于定量、预测不准确等问题。所以，在企业内建立人力资源信息库，对每个进入企业的员工的基本信息、行为表现、工作态度、绩效结果、管理能力等各方面进行记录，然后运用大数据思维对这些数据进行系统分析。首先，要培养人力资源部门员工的数据化意识。人力资源部门作为企业员工的管理者和培育者，其数据化意识直接影响企业员工数据化意识的建立。人力资源部门具备数据化意识时所制订的人力资源规划会突出数据带来的影响和意义，从而促进企业的数据化进程。在预测岗位需求和分配供给时，提供数据化的支持。因此，数据化意识的培养要从人力资源部门深入企业的每个部门。要让人力资源部门意识到大数据背后隐藏的潜在价值，并依据大数据所隐藏的价值做出正确的人力资源规划。其次，人力资源部门要承担起培养其他部门员工大数据意识的责任。企业员工是人力资源规划的执行者，其大数据意识的建立，更有助于人力资源规划的顺利展开，以及减少规划实行的偏差。让企业员工意识到数据的重要性，并致力于收集真实的、高质量的、有价值的、高可靠性的数据。当每个员工都认识到大数据所带来的价值和意义时，才能使企业具备更强的竞争力。

（2）招聘配置。应从过去基于公开的招聘信息被动地搜寻，转向为基于大数据的人才定位主动地搜寻。在数字化时代，人才必定会在网络上留下"数字足迹"，这些线索为企业主动定位相关人才提供了依据，进而做到精准招聘。首先，通过精准招聘，收集员工的各种相关信息和数据，再运用这些数据来分析其工作能力、行为特征、胜任力等，预测其可能适合的岗位；其次，对招聘岗位的任职资格和任职要求的相关数据进行分析；最后，将前两者分析的结果进行结合，实现人与岗匹配，在目标人群中寻找与组织和岗位匹配度较高的个体，实现招募信息的精准投放。同时，制定个性化的招募广告来吸引应聘者，在提高应聘者数量的同时，也提升了应聘者的质量。在员工配置上，社交网络内容的个体评估也是一个重要的问题。因为社会的赞许和个体欺瞒的存在，以往基于问卷的自我报告式个性测试和能力测试的信度和效度受限，不能很好地反映应聘者的真实情况，而基于社交网络内容的个体评估可以较好地解决评估的真实性问题。一方面，与个体交往的熟人可以监督个体所发布的信息真伪；另一方面，社交网络平台包含个人想法、图像、社会活动等信息，可以在某种程度上反映个性、认知能力、自我效能、人与组织匹配程度等个体特征和状态。而精准招聘其实早些年也有人在做，如猎头公司，在招聘过程中做甄选的时候怎么来结合，大数据能够帮助我们更好地解决这一问题。

（3）培训与开发。首先要了解员工的培训需求，对员工工作过程中的相关数据进行分析，了解员工与岗位要求存在的差距；其次对这些存在的差距进行分析，确定明确的培训方案。在此过程中，需要对员工工作过程中的数据进行详细的梳理、分析，同时也要对培训管理部门在培训过程中的数据进行记录和考核，这样才有利于培训部门培训能力的提高。建立职业生涯经历、个体特征与职业生涯成功三者之间的关系，并构建三者之间的函数关系，进而构建出一种智能培训的推荐系统。利用机器学习，通过不断地为该系统输入成功案例，优化其算法，从而提升这种推荐的精准度。通过海量的职业生涯数据进行聚类分析，识别具有代表性的职业生涯模式，然后对每种职业生涯模式所涵盖的个体背景信息进行分析，获取具有共性的个性特征，以此建立职业生涯智能推荐系统。

（4）绩效管理。绩效考核的意义在于提高企业的运营效率。利用大数据、"互联网+"对绩效管理从理论设计到应用实践成为必然趋势，企业使用绩效云服务建立绩效大数据，利用信息化技术分解绩效指标，使实现动态的绩效管理成为可能。增强企业人力资源绩效管理流程的合理性，从整体出发，制定与之相匹配的流程。提高绩效管理的明确性、绩效管理与企业战略的匹配度、绩效沟通的效率和水平。同时，电子化的绩效管理系统、智能手机、电脑等电子设备的应用给组织的绩效管理和研究带来了新机会。这些新技术可以为组织完整地记录员工的日常工作行为、工作过程、绩效以及绩效改进等信息，如使用可穿戴设备可以实时跟踪其店员与同事、与顾客之间的互动情况，以及店员在店内的位置移动情况。

（5）薪酬管理。薪酬管理的过程中要兼顾公平性、竞争性、激励性、经济性和合法性。在分析企业财务状况、人力资源规划、企业的薪酬预算和市场薪酬水平等方面的数据时，都离不开大数据。最重要的是，还要用动态的眼光看待企业的薪酬，用数据来预测企业总体的薪酬趋势，实现薪酬管理透明化。

随着现代化企业发展水平的不断提升，员工对于薪酬管理透明程度的要求也有所提升。在实践中，企业应最大限度地确保薪酬管理的透明度、公开度，从而促使薪酬管理更加公平、公允，让员工更加清晰地了解到自身在绩效考核过程中存在的问题。

（6）劳动关系管理。劳动关系看似与数据联系不大，但是在劳动关系中蕴含着很多重要的数据，如试用期、基本工资、薪酬的支付方式、员工与企业纠纷的次数、员工的劳动合同解除率等。对于劳动关系，要用数据的思维去看待。在企业与员工劳动关系存续期间的任何数据都应该记录并进行分析，在企业人力资源管理中加强劳动关系管理的相关对策，渗透人本理念，关注员工的全面发展；优化人力资源管理措施，打造高素质人才队伍；完善劳动合同，健全劳动关系管理制度；发挥企业工会职能，维护员工的合法权益；加强普法宣传，提高员工依法维权能力。

另外，在离职管理方面，大数据分析能够帮企业发现员工早期的离职倾向。例如，德勤基于员工的出勤记录、工作时间、休假时间、对客户的印象、付出的努力以及旅行的频率和距离等，通过统计来识别出离职倾向排名前10%的人，其离职意愿是德勤以往案例研究所得到的平均水平的330%，并且能够识别出人物、时间和具体的原因。从公司层面来看，如果能够尽早地预测员工的离职倾向，那么它就会更好地走入一个预案，就是当员工还没有离职的时候，就可以提前做一个招聘计划，从而保证整个人力资源或者说人力在整个公司里面的连续性。

当流变成为生活的主旋律，当人工智能、万物互联成为我们生活的一部分，当网络原住民和新生代逐渐掌握话语权时，基于传统假设和逻辑的管理必然会被打破。例如，目标管理和绩效管理。在目前情况下，目标管理不仅体现在流变时代的目标越来越难以确定，更在于其在哲学层面一开始就对人类动机做出了过分乐观的假设，忽视了现实中的人常有的"机会主义本性"。特别是，目标管理的SMART原则无形中给所有为达成目标而奋斗的人带来压力，导致其做出不择手段的行为。对于生活在数智时代的人类而言，这明显有悖于"绩效管理"朝着单一方向、正向增长的发展要求，索尼前常务董事土井利忠认为绩效管理是导致索尼没落的根本原因。

综上所述，人力资源管理是从传统的人事管理演变为至今的"以人为本"

的人力资源管理。展望未来的人力资源发展，基于互联网的云计算、大数据、人工智能等智能化高科技的出现，会帮助人力资源更高效地服务企业。

6.5.2　人力资源大数据分析

人力资源大数据分析是应对重大商业挑战的核心，是数智时代人力资源管理的关键。从分析的角度来讲，人力资源大数据分析包括描述性分析、预测性分析和诊断性分析。其中，描述性分析主要是基于数据和信息层，对客观事实进行描述，分析的结果能够回答有关新时代人力资源管理中谁（Who）、什么（What）、哪里（Where）、时间（When）层面的问题；预测性分析主要是基于知识层，运用统计、建模和数据挖掘等技术，通过分析现有和历史数据来发现规律并对未来进行预测，主要解决如何（How）和为什么（Why）层面的问题；诊断性分析主要是基于洞察层，通过描述性分析和预测性分析积累的经验来提供解决问题的方案。在人力资源大数据分析中，描述性分析是最基础的内容，预测性分析是核心，诊断性分析能够提供对应的决策选项，分析的过程需要考虑问题的背景、商业规则、技术水平等。

人力资源大数据分析的目的是建立相应的指标体系，这些指标体系包括人才管理指标体系、人力资源运营指标体系和组织效能等内容。其中，人才管理指标体系包括人员结构、人才队伍建设、队伍状况、人才管理、职能类别等；人力资源运营指标体系包括招聘、培训、绩效、薪酬、离职等；组织效能主要由成本和收入构成。不同的模块有不同的指标，并有具体的适用场景和计算公式，可以基于传统人力资源管理工具（如各指标计算公式）结合大数据分析方法展开分析。人力资源大数据通过结合内部素质模型、职业发展通道、组织文化完成对目标员工的画像并予以呈现；通过员工画像的人像群特征标签，进而呈现人才全景。

6.5.3　共享人力资源中心的兴起与实践

6.5.3.1　共享人力资源中心的兴起

在人力资源整合中出现了共享人力资源中心，戴维·尤里奇（Dave Ulrich）在1996年提出了"HR三支柱模型"，包括人力资源专业知识中心或人力资源领域专家中心（Centre of Excellence or Centre of Expertise，HR-COE）、人力资源业务合作伙伴（Business Partner，HR-BP）以及人力资源共享服务中心（Shared Service Centre，HR-SSC），通过三支柱进行再造，是 HR 共享服务中心的起源之一。HR-SSC 是企业的共享平台，主要处理与员工密切相关的薪酬、福利、入职、离职等具体情况。HR-COE 是企业的职能部门，主要负责人才管理、设计招聘流程等。HR-BP 主要负责协调各部门的关系，设计有针对性的人力资源管理方案等。三者看似相互独立，其实彼此间互相协调，使企业结构简化明了，提高了企业的运行效率。人力资源共享服务平台是人力资源中心全新打造的服务平台。它们致力于高效、专业、便捷的服务理念，为人们提供一站式咨询、一站式服务体验。例如，人们可以通过门户网站和员工自助平台完成自助服务和业务办理，如有疑问，可拨打 HR 服务热线进行询问，资料的提交和领取只需前往人事服务大厅办理。关注人们的想法，让人们的考勤假期、工牌餐补、公租房、免息房贷、证明打印、商业保险等人力资源业务服务触手可及。

HR-SSC 是指企业集团将各业务单元所有与人力资源管理有关的行政事务性工作（如员工招聘、薪酬福利核算与发放、社会保险管理、人事档案、人事信息服务管理、劳动合同管理、新员工培训、员工投诉与建议处理、咨询与专家服务等）集中起来，建立一个服务中心。其为集团所有的业务单元提供人力资源管理服务，业务单元为其支付服务费用。HR-SSC 的建立，提高了人力资源管理的运营效率，能更好地服务业务单元。企业集团的人力资源部门则专注于战略性人力资源管理的实施，使人力资源管理实现战略转型。

6.5.3.2 Airbnb 的共享人力资源实践

Airbnb 成立于 2008 年，是一家连接旅游人士和家有空房出租的房主的服务型网站，历经一系列融资，以指数型的成长速度直面全球酒店业，其背后成功逻辑值得细究。Airbnb 与传统的酒店相比有很大的不同，主要表现在以下几个方面：Airbnb 不需要与其他平台合作预订，而是拥有自己的平台；Airbnb 的设备由闲置资源的房东提供，而传统酒店需要租用地产、设施；Airbnb 的评价系统是双向评价系统，而传统酒店的评价系统由第三方网站提供；Airbnb 不存在会员制，而传统酒店会设立会员制；Airbnb 雇主与雇员的关系更倾向于合作关系或者契约关系，而传统酒店更倾向于传统意义上的雇佣关系；Airbnb 具有正规不正式的特点，因此房源种类多样，包括公寓、民宅、旅馆、树屋、船、城堡等，而传统酒店的房源种类则比较单一。因此，Airbnb更加重视顾客的个性化需求，将设计用户体验、文化等因素融入产品体系中从而提升了企业的核心竞争力。

Airbnb在人员选用与培训方面不具有集中化、固定化的特点，更多的是闲散化、碎片化的拥有房源的房东。这一特性使Airbnb在招聘上不能采用传统的招聘方式，对这类资源拥有者进行层层筛选，因此Airbnb招聘的最大特点是利用互联网这一平台，通过信息发放吸引全球拥有房源的人，使其进入该平台，形成一个巨大的人力资源管理库。通过大数据和云计算以及基于位置的服务（Location Based Services，LBS）等技术，对各类房源以及房东进行信息整合，制定招聘标准（身份验证、房源信息等），然后用透明化、标准化的筛选流程选择适合的员工。Airbnb会对合适的员工发放身份徽章，这样员工就可以在Airbnb提供的平台上发布房源的相关信息，如房源的所在位置、价格、周围环境等。为了提高房东所提供信息的真实性，Airbnb要求房东绑定个人信息，如身份证号码、手机号、邮箱等，会在人力资源管理系统中录入并将其作为员工的数据资料。为了保证房东与房客之间的相互信任，2011年Airbnb与Facebook合作，使房东可以进入平台与消费者直接联系，通过二者之间的接触再决定客户是否入住或者房东是否提供房源。

共享经济下的人员培训不同于传统企业，因为这些闲置资源的提供者不是为企业服务，他们自身就是利益享有者。但是，他们提供服务的质量好坏又直接决定了提供者以及Airbnb的市场竞争力。Airbnb在人员培训上采用了两种方式：一种是组织房东亲自参加，让相关人员面对面地直接讲解；另一种是在官网上发布相关视频，培养房东自我管理和自我学习的意识。培训内容主要包括：①要求房东掌握相关技能，如了解不同身份与性别的客源订房信息、掌握与不同性别或个性订房人的话术技巧、学会使用与不同订房人的沟通技巧等；②对房东进行素质教育，如强调责任感、增强自身的宽容理解能力、重视个人信誉等；③强化房东的服务能力，如房源清洁度、便利设施、热情度等。

在绩效考核方面，Airbnb不同于传统酒店，实施考核的不是Airbnb而是居住的房客。Airbnb通过建立一个评价平台，房客与房主可以在此平台上随时进行动态评价，这种互评机制降低了信息不对称的风险，提高了房东提供优质房源和提升服务质量的积极性。但是，为了更好地管理评价平台，营造Airbnb

社区的良好氛围，防止恶意行为的扩散，Airbnb 有权力对过多恶评的房主或者房客进行驱逐。在这种互评机制下，房东、房客和 Airbnb 有以下几种关系：①房东与房客。房东为房客提供房源，收取住宿费、服务费，并且房客与房东之间存在互评机制。②房东与 Airbnb。Airbnb 为房东提供平台，收取房东的中介费、培训费等。③房客与 Airbnb。Airbnb 为房客提供平台，收取房客的中介费、服务费等。

为了保证员工的福利，必须采取一系列的激励措施。Airbnb 为保障房东和房客的财产、住宿安全，为房东提供了高达 100 万美元的房东保障金计划和房东保障险计划。房东保障金计划主要针对 Airbnb 平台，解决房屋在租借过程中房屋损坏的情况；房东保障险计划是解决通过 Airbnb 平台的房屋租借人在租借过程中出现的意外伤害或财产损失的情况。上述两种情况的赔付额最高可达 100 万美元。Airbnb 提供的这些保障在很大程度上缓解了房东的后顾之忧，使其能够更加专注于如何更好地提供服务。

6.5.3.3 共享员工的兴起与实践

在数智时代，共享员工已悄然成为人力资源共享的新趋势。从人力资源共享的发展历程来看，共享员工模式最早可以追溯到在物流行业的众包用工、自媒体创作者同时服务于多家媒体平台等。另外，不同俱乐部球员的租借、学校的双聘等，都属于共享员工模式的早期形态；19 世纪 90 年代，人力资源管理三支柱模型是人力资源共享服务中心的基础；瑞士维氏曾经通过跨界"出租"员工的方式平安渡过了美国"9·11"事件给公司带来的自成立以来遭遇的最大的危机，奠定了企业重新崛起的人才基础；中国保险行业协会联合多家保险企业、蚂蚁金服等于 2017 年成立了理赔服务共享平台，将网约车司机和外卖骑手纳入保险勘察员队伍，催生了"共享勘察员"模式；Grace Hotel 允许季节合同员工在停工时去其他奢侈品酒店工作，创建了酒店员工共享模式；2018 年，华晨汽车通过共享用工平台，将成熟技能人才在工作任务不饱和时"借给"有同类岗位需要的企业；美团、快服务、UU 跑腿、邻趣、闪送等多家平台在 2018 年成立了"共享配送联盟"，允许联盟内"共享配送员"依据自身意愿承接一个或多个平台的订单配送任务，"共享配送员"与平台间不存在任何正式的雇佣关系。在新冠肺炎疫情暴发带来的用工供需"冰火两重天"之下，"共享员工"模式再度成为企业的焦点，盒马鲜生、长沙瑞智汽车配件制造公司、湖南伊米森机械科技有限公司等均开始尝试"共享员工"模式，不但可以解决"用工荒"问题，也可以让因疫情而空闲在家的人们有一份额外的收入。随着数智时代的临近，"共享员工"模式已经成为企业即兴战略（关于即兴战略，将在第 8 章中予以详细介绍）的一个重要组成部分。

7　财务管理的变革

财务确实是企业管理的重要支柱——良好的财务管理对于企业、国家乃至全球经济的健康运行都是非常重要的。

——尤金·布里格姆和乔尔·休斯顿

7.1　财务管理及其演进

7.1.1　财务管理

追逐利润、实现利润最大化是企业经营的目标，而财务管理的首要目标就是帮助企业实现股东财富最大化，即股票价值最大化。不过，从财务管理的视角来看，"股票价值最大化"指的是"真实的、远期的价值"，这可能会和当前的股价不匹配。在价值链的理论分析体系中，财务管理属于辅助性活动，然而好的财务管理对于个人、企业、国家甚至是全球的财富创造和经济发展都是非常重要的。因此，从财富创造的角度来看，财务管理是一个发现和创造财富的价值管理过程，即使非财务人员也有必要了解财务管理的相关知识和内容。

在《韦氏词典》中，财务被定义为"包括货币流通、信贷发放、投资、提供银行业务的系统"。高等院校设置的财务课程包括投资学、资本市场学和企业金融学。根据尤金·F. 布里格姆（Eugene F. Brigham）和乔尔·F. 休斯

顿（Joel F. Houston）在《财务管理》（第 14 版）中的描述：企业金融学又被
称为财务管理学，"专注于取得多少资产、哪种类型的资产，如何获得购买资
产所需的资本以及如何经营企业以最大化企业价值相关的决策"。现代意义上
的财务管理被视为企业管理的一个重要组成部分，指的是在企业总体目标下，
有关融资（资本融通）、投资（资产购置）、资金运营（经营中的现金流）以
及利润分配的管理工作。

7.1.2 财务管理的演进

7.1.2.1 财务管理的萌芽时期

财务是随着商品的产生与交换而形成与发展的一种本金投入与产出活动，
而财务管理是一个令人兴奋和不断变化的领域，大约起源于 15 世纪末，当时
地中海沿岸的商业城市得到了迅猛的发展，许多城市出现了由公众入股的商业
组织，入股的股东有商人、王公大臣和市民等。这种商业组织往往由官方设立
并监督其业务，股份不能转让，但投资可以收回，国外的一些学者视其为股份
公司的雏形。这虽然还不是现代意义上的股份公司，但已开始向公众筹集资金
用于商业经营，也存在着股利的分配和股利的等问题。在当时，实际上已有了
财务管理的萌芽，只不过这时的财务管理还没有作为独立的职能从商业经营中
分离出来。由于地中海沿岸商业企业在当时对资本的需求量不是很大，筹资渠
道和筹资方式比较单一，企业的筹资活动仅仅局限于商业经营管理，这种情况
一直持续到 19 世纪末。

7.1.2.2 财务管理的发展时期

财务管理在 19 世纪末到 20 世纪 70 年代进入了全面发展时期，在这一时
期，财务管理经历了筹资财务管理时期、法规财务管理时期、资产财务管理时
期、投资财务管理时期、深化发展时期和变革时期六个阶段，如表 7-1 所示。

表 7-1　财务管理的演进与发展

时期	发展阶段	实质
15 世纪末至 19 世纪末	萌芽时期	
19 世纪末至 20 世纪 20 年代	筹资财务管理时期	手工记账
20 世纪 30~50 年代	法规财务管理时期	

时期	发展阶段	实质
20 世纪 50~60 年代	资产财务管理时期	会计电算化
20 世纪 60~70 年代	投资财务管理时期	
20 世纪 70 年代至今	深化发展时期	ERP 集团财务管理
即日起至以后	变革时期	财务共享

（1）筹资财务管理时期。19 世纪末，工业革命的成功促使企业规模不断扩大、生产科技重大改进和工商活动进一步发展，股份公司迅速发展起来，并逐渐成为占主导地位的企业组织形式。股份公司的发展不仅引起了资本需求的扩大，企业的筹资活动也得到了进一步强化，如何筹集资本扩大生产经营成为大多数企业关注的焦点。在这种情况下，公司内部出现了一种新的管理职能，那就是怎样筹集资本、怎样发行股票、有哪些资本来源、筹集到的资本如何有效使用、企业盈利如何分配等。于是，各个公司纷纷建立了一个新的管理部门——财务管理部门来承担以上职能。财务管理作为一项独立的职能，开始从企业管理中分离出来，产生了专业化的财务管理。当时公司财务管理的职能主要是预计资金需求量和筹措公司所需资金，筹资是公司财务管理理论研究的根本任务。这一时期称为"融资财务管理时期"（Financing and Financial Management Period）或"筹资财务管理时期"。

（2）法规财务管理时期。1929 年爆发的世界性经济危机和 20 世纪 30 年代西方经济整体的不景气，使许多企业面临破产，投资者损失严重。为保护投资人的利益，西方各国政府加强了对证券市场的法制管理。当时财务管理面临的突出问题是强化金融市场制度与相关法律规定等，财务管理首先研究和解释各种法律法规，指导企业按照法律法规的要求来组建和合并公司，发行债券以筹集资本。因此，当时的财务管理被称为"守法财务管理时期"（Legal Financial Management Period）或"法规描述时期"（Regulatory Description Period）。财务管理的研究重点是法律法规和企业内部控制，这一时期的主要研究成果有：美国的洛弗（W. H. Lough）在《企业财务》中首先提出了企业财务不仅要筹措资本，还要对资本周转进行有效的管理；英国的罗斯（T. G. Rose）在《企业内部财务论》中特别强调企业内部财务管理的重要性，认为资本的有效运用是财务研究的重心。20 世纪 30 年代后期，财务管理的重点开始从扩张性的外部融资向防御性的内部资金控制转移。各种财务目标和预算的确定、债务重组、资产评估、保持偿债能力等问题，开始成为这一时期财务管理的重要研究内容。

（3）资产财务管理时期。20 世纪 50 年代以后，面对激烈的市场竞争和买方市场趋势的出现，财务管理者普遍认识到，单纯靠扩大融资规模、增加产品产量已经无法适应新的形势发展需求，此时的主要任务是解决资金的利用效率问题，公司内部的财务决策上升为最重要的问题，这一时期被称为"内部决策时期"（Internal Decision Making Period）。在这一时期，资金的时间价值引起了财务管理者的普遍关注，以固定资产投资决策为研究对象的资本预算方法日益成熟，财务管理的重心由注重外部融资转向注重资金在公司内部的合理配置，使公司财务管理发生了质的飞跃。由于这一时期的资产管理成为财务管理的重中之重，因此也被称为"资产财务管理时期"。从这一时期开始，电子计算机被应用到手工会计信息系统中，即电算化会计信息系统模式，该模式正逐步取代手工会计信息系统。1954 年，美国通用电气公司第一次使用计算机计算职工工资，从而引起了会计记账方法的变革，标志着电算化会计信息系统模式的开始。20 世纪 50 年代后期，对公司整体价值的重视和研究是财务管理理论的另一个显著发展。在实践中，投资者和债权人往往根据公司的盈利能力、资本结构、股利政策、经营风险等一系列因素来决定公司股票和债券的价值。由此，资本结构和股利政策的研究受到了高度重视。这一时期的主要研究成果有：美国的财务学家迪安（Joel Dean）出版了最早研究投资财务理论的著作——《资本预算》，对财务管理由融资财务管理向资产财务管理的飞跃发展产生了决定性影响；1952 年，哈里·马科维茨（H. M. Markowitz）发表了论文《资产组合选择》，认为在若干合理的假设条件下，投资收益率的方差是衡量投资风险的有效方法。从这一基本观点出发，马科维茨在 1959 年出版了《组合选择》。1964 年，夏普（William Sharpe）、林特纳（John Lintner）等在马科维茨理论的基础上，提出了著名的资本资产定价模型（Capital Asset Pricing Model, CAPM）。CAPM 系统阐述了资产组合中风险与收益的关系，区分了系统性风险和非系统性风险，明确提出了非系统性风险可以通过分散投资而减少等观点。总之，在这一时期，以研究财务决策为主要内容的"新财务论"已经形成，其实质是注重财务管理的事先控制，强调将公司与其所处的经济环境密切联系，以资产管理决策为中心，将财务管理理论向前推进了一大步。

（4）投资财务管理时期。第二次世界大战结束后，随着科学技术的迅速发展，产品更新换代的速度加快，国际市场迅速扩大，跨国公司日益增多，金融市场逐渐繁荣，市场环境更加复杂。随着投资风险的增加，企业必须更加注重投资效益，规避投资风险。20世纪60年代中期以后，财务管理的重点转移到投资问题上，因此这一时期被称为"投资管理时期"（Investment Management Period）。70年代以后，金融工具的推陈出新使公司与金融市场的联系日益加强，认股权证、金融期货等广泛应用于公司筹资与对外投资活动。70年代中期，投资管理理论日益成熟，相继出现了期权定价模型、套利定价模型。这一时期是西方财务管理理论趋于成熟的时期。财务管理进一步发展为集财务预测、财务决策、财务计划、财务控制和财务分析于一身，以筹资管理、投资管理、营运资金管理和利润分配管理为主要内容的管理活动，并且在企业管理中居于核心地位。

（5）深化发展时期和变革时期。20世纪70年代末，企业财务管理进入了深化发展的新时期，并朝着国际化、精确化、电算化、网络化的方向发展。80年代初，西方严重的通货膨胀给财务管理带来了新的问题，通货膨胀财务管理一度成为热点问题。80年代中后期，拉美、非洲和东南亚等发展中国家陷入了沉重的债务危机，苏联和东欧国家政局动荡、经济濒临崩溃，美国经历了贸易逆差和财政赤字，贸易保护主义一度盛行。财务风险与财务预测、决策数量化受到了高度重视。90年代中期以来，计算机技术、电子通信技术和网络技术发展迅速，电子货币的产生使财务管理进入了变革的新时期，电子商务将成为21世纪经贸活动的主要方式。财务领域快速发展，不断地创新改革，财务管理出现了"一分为四"的局面，即战略财务、专业财务、共享财务和业务财务。战略财务主要聚焦于集团或总部的经营分析、考核、预算、成本管理等；专业财务则聚焦于财务报告、税务、资金等；共享财务是会计的大工厂；业务财务则是承接战略财务和专业财务部门落地的地面部队。战略财务开始研究如何使用大数据来进行经营分析，部分企业从财务体系中分离出数据管理部门和数据中心；专业财务对管理会计的重视程度日趋加强。管理会计团队在财务组织中有独立的趋势；业务财务更加多元化；财务共享服务中心日趋成熟。财务管理的一场伟大革命——智能财务管理已悄然到来。

7.2 数智时代财务管理的误区

7.2.1 将传统财务分析定义为大数据

虽然当今大数据的发展速度和普及程度非常快，为了适应和运用这种新的模式，以前的财务管理模式已经得到了很大的改善和发展，但是这种改变更多集中在对财务管理的运行和预期目标的调整，财务人员在现有模式下仍然无法主动积极参与财务管理的决策，不能有效地对数据做出分析、整理和应用，仍然将传统的财务分析强行定义为大数据。传统的财务分析也会使用一定量的数据，但是还没达到大数据的数据规模。大数据是指在获取、管理、分析方面大大超出传统数据库软件工具能力范围的数据集合，海量的数据规模、快速的数据流转和多样的数据类型是传统财务中有限的结构化数据不能相提并论的。企业日常经营活动的数据流只是大数据潮流下数据规模的冰山一角。这就影响了财务管理发展前进的步伐，所以，在如何对待大数据的问题上，财务管理的理念还需要进一步的提高、发展和转变。

7.2.2 认为使用 Hadoop 等大数据技术架构就实现了大数据与财务相结合

数智时代的财务管理不仅仅是依靠大数据技术进行简单的扩散，而且是结合相应的大数据技术进行企业财务的创新和转型，优化企业管理体系。同时，在企业财务转型发展的过程中，具备专业知识和能力的人才是实现大数据与财务相结合的基础。如果将大数据技术比作一个项目，那么这个项目成功的关键就在于使用大数据技术的人，他们对数据的加工处理能力决定了数据是否可以实现增值。大数据的信息种类多，信息流量大，需要在庞大的信息库中寻找有价值的东西并快速做出决策，这就要求具备相当的信息寻找与处理能力。想要充分利用好大数据，财务管理就需要有充分的创新性和主动性，积极发现和解决问题。然而，在目前的阶段，创新性非常不足，这就导致大数据无法与财务管理的实际工作高效结合，从而影响了财务管理的创新转型和整体发展。如果海量的信息库无法转化为实际的效能，那就是一种资源的浪费，而且不同的数据资源如果无法做到正确的区分与利用，那将会产生误导性的结果，影响整体的决策和发展。所以，积极转变财务管理模式及提高财务人员的创新主动性和积极性是十分重要的。

7.2.3 认为依靠现有财务管理模式下的数据就可以做大数据

随着大数据、区块链等技术的发展，新一代的财务管理模式出现了，不仅提高了财务管理的工作效率，而且打破了财务工作的地域和行业壁垒。目前，大部分企业局限于财务管理信息的收集和局部更新，并没有对财务管理进行深入变革，甚至有部分大型公司仍沿用现有的财务管理模式，"大智移云区"在财务管理领域的应用并未普及。传统财务管理模式下的数据是"小数据"，即有限的结构化的数据，仅限于财务部门的数据信息，是不能满足未来企业财务转型发展要求的。企业自身应当积极探索和构建新的财务管理模式，建立核心数据库，对企业内部的非结构化数据以及社会外部的数据资源整合进行大数据分析。

7.2.4 对财务数字化的期望过高

企业希望数字化建成后实现流程100%自动化，但据调查显示，80%左右的自动化率是最佳目标，试图实现所有流程的自动化会导致系统设计过于复杂，开发时间很长，而且后期会出现难以维护或变更的情况。随着信息技术的发展，也许将来达到接近100%的自动化会成为可能。但就目前而言，有些流程还是需要人为干预。因此，财务数字化转型应立足当下，结合企业对财务管理的需要和技术迭代发展实际情况进行。

7.2.5 希望短期看到财务数字化转型的效果

在实施财务数字化转型的初期，因为建设初期会需要流程再造、细化管理的颗粒化程度等一系列工作，再加上实际业务和系统需要相互磨合，所以与数字化转型前相比，系统运行初期会表现为工作效率降低、管理成本增加的情况。在财务数字化转型的起步阶段，企业应重点关注流程再造、系统设计及运维管理，而非工作效率、投入人员的多少等管理成本。其实，财务数字化转型的长期效益非常明显。除了减少人工成本外，还可以用机器人流程自动化软件（Robotic Process Automation，RPA）代替人工，将员工从烦琐的工作中释放出来。

7.2.6　希望财务数字化建设能解决业务问题

企业经营者对财务数字化的理解有一种偏差，希望信息化系统能解决运营中的实际问题，但是信息系统仅仅是一种工作手段，财务数字化只是来重构财务组合和再造业务流程，打通了业务与财务的数据，提升财务数据质量和财务运营效率，更好地赋能财务、支持管理、辅助经营和支撑决策。财务数字化的最终目的是以信息化手段为企业决策提供数据支撑，但是它还不足以解决业务问题。特别是存在数据孤岛的情形下，财务数字化与业务问题的解决之间存在多道隔墙。

7.3　数智时代的财务管理

7.3.1　财务智能化发展的现状

7.3.1.1　财务职能转型及其应用场景

传统财务管理模式已经适应不了财务信息使用者日益增长的个性化需求。结合数据经济时代的发展要求，充分发挥人工智能、大数据、区块链等技术的优势，在企业财务管理中积极践行应用，在智能管理、智能财务共享和智能财务平台上实现财务管理工作高效开展，减少人力和物力的损耗。财务部门的角色正在从被动式记录历史信息的"传统部门"，转变为挖掘商业模式财务价值并主动管理风险的业务参与者，具备敏捷特征的财务部门，将帮助企业在竞争中保持领先地位。随着财务数据范围的急剧扩大和业财融合的推进，财务部门利用大数据赋能组织增加价值已成为大势所趋。财务作为企业数据通道的中枢神经，正在成为企业数字化转型的起点，财务部门迫切需要用新的思维模式和能力素养面对这些变化。

财务数智化是在数智时代进一步发挥管理会计核心效能的重要途径。在更大范围、更高层次、更广空间上，通过全面提升财务功能附加值，运用"大数据+财务"进行决策和预测，推动财务管理整体撰写升级，服务企业数智化发展。随着人工智能、大数据、区块链、虚拟现实等新一代技术的快速发展，财务人员传统的工作范式和思维方式正在被彻底颠覆，财务数智化已是大势所趋。

数智时代下的财务管理衍生出了一系列的财务数字化场景，主要涵盖了大数据、人工智能、区块链、云计算、物联网和移动互联六大场景，如图7-1所示。

图7-1 数智时代财务数字化转型场景

资料来源：笔者根据相关资料整理。

财务智能化涵盖规范记账、精准报税、合法节税、智能风控、业财税一体化。物联网场景通过模拟动态现金流进行业务模式转型，从而优化资本分配。云计算场景通过构建财务云平台来增强算法能力。移动互联场景实现了财务业务的虚拟共享，实现了社交化办公、即时协同。

人工智能在一定程度上让财务管理从业人员从高负荷的工作中解放了出来，大大减少了烦琐的日常工作，不需要太多人进行手动记账和誊抄，减少了计算的时间和可能出现的人为误差，使企业的财务管理运行得更加高效；能够存储大量的数据，保证了财务信息的质量；智能化监督，更好地保护了企业的核心数据，提高了安全水平。依靠大数据能够提高财务的风险管控能力，提高安全性；依靠大数据能提升预算中心的预测和资源配置能力；依靠数据可以提升经营分析的决策支持能力。大数据所具备的精准挖掘技术，可以帮助企业分析市场走向，不仅能够规避财务风险、优化财务管理方案、提升风险预估能力，而且能够精准分析客户的需求，帮助企业减少不必要的损失。

通过区块链技术建立实时有效的防范机制，使智能合约和分布式系统，以及在整个供应链上的商业活动而产生的财务信息，能够自动对企业的财务信息进行分析，发现异常及时报告，从而强化事前和事中监督。对可能发生的风险进行防范和控制，实现由处罚向防范、由事后处理向事前防范和事中控制职能转变。同时，利用区块链技术切断会计师事务所与企业的利益链条，独立、客观、公正地评价企业的经营活动和绩效。区块链技术不但能够保证所有财务数据的完整性、永久性和不可更改性，而且可以帮助审计师实现实时审计，大大提高审计效率。实现去中心化简化财务流程、提升工作效率。去中心化的运行机制，解决了由于第三方中介带来的信息不对称问题，有利于双方实现信用交易。去中心化的核心是互信和共享，区块链通过共识机制和智能合约来实现无须中介的信用交易。在财务活动中，企业无须专门设立用于管理资金调配的部门。基于区块链平台的去中心化机制，可实现点对点的交易，优化财务部门工作流程，节省人力和物力，将财务人员从琐碎的基础工作中解放出来，从事具有战略决策、规划、预算等能为企业实现价值创造的管理会计工作。

区块链技术可以被广泛地应用于不同的财务管理场景，其中一个典型的情境就是跨境结算。环球银行金融电信协会（SWIFT）通过一套基于 SWIFT Code 的代码体系将各国银行联系起来，构成了一个庞大的支付网络。可以说，世界各国的贸易结算都是以 SWIFT 为中心进行的。在经济全球化背景下，随着各国之间贸易规模的不断扩大，通过 SWIFT 进行跨境清结算的问题逐渐暴露出来，高昂的手续费和漫长的转账周期成为各国进行贸易结算的痛点。区块链技术的去中心化特性使全球的用户能够以最低的费用和更快的速度完成跨境转账。2016 年，SWIFT 已经启动实施基于区块链技术的全新的技术路线，未来可期。

智能合约。多产的跨领域法律学者克尼·萨博（Nick Szabo）提出："一个智能合约是一套数字形式定义的承诺，包括合约参与者可以在上面执行这些承诺的协议。"简单地说，智能合约所有的触发条件都是可以用计算机代码来编译的，当条件被触发时，合约由系统而非一个中介组织来自动执行，商户双方的交易会触发对账智能合约。从本质上讲，智能合约是一种去中心化的信用。智能合约允许在没有第三方的情况下进行可信交易，这些交易可追踪且不可逆转，最大限度地减少使用信任式中间媒介。区块链的关键在于提供了一种基于信用的服务，不同于传统的中介和交易对象信任的交易方式，而是通过特殊的密钥验证技术，实现相互之间的安全交易。基于智能合约自动触发的财务结算、会计核算等处理都将极大地简化财务处理，并有力地支持智能财务的实现。

业财一体化。在经济全球化背景下，市场竞争愈演愈烈，业财一体化已成为现代管理中的一个重要办法，成为重要的核心竞争力和持续发展的动力，是当今中外理论和实践研究的一项重要的课题，业财一体化的时代已经到来。就业财一体化而言，是将企业经营中的三大主要流程，即业务流程、财务会计流程、管理流程有机融合，使财务数据和业务融为一体。而实现"业财融合"的关键在于打破各部门之间信息传递的边界，寻找一个衔接方式，使业务流、资金流、信息流融为一体，实现三流合一。依托区块链技术，可以通过构建财务、业务一体化平台来实现业务与财务的深度融合。在业务系统和财务系统底层构建一套分布式账簿，来取代现在的业财会计引擎模式，业务数据自行记录传输至会计引擎转化为会计分录进行记账，它打破了这之间的隔阂，转变为业务和财务双方平衡账簿记账的模式，极大地促进了"业财融合"的能力。

当前，财务共享平台的建设在很大程度上促进了业财一体化。财务共享是指企业设置一个专门的机构和办公地点来对企业日常运行中的共性以及标准化业务进行集中处理，利用信息系统端口将处理后的财务数据传输给各个部门，从而提高各个部门的业务办理效率及质量。同时，利用财务共享平台，企业可以提高财务数据精准度，从而提升核算质量，并准确把握财务数据背后的经营状况，进而在战略上做出及时调整。财务共享模式促进了为企业战略决策提供科学的数据支撑。随着我国市场环境的日益复杂，对于规模庞大的集团企业来说，每一项决策都需要大量的、准确的、全面的财务信息作为支撑，使企业战略决策能为企业带来可观的经济效益。财务共享中心的共享服务以信息技术为起点，需要通过建立强大的共享服务中心的网络平台来完成，将共享服务中心处理的所有财务数据与流程全部固化，进入共享中心的数据库。可以说，财务共享服务的前提与保障，是建立在数据的共享之上的。财务共享服务中心的建立可促进财务部门的转型，通过转型将各业务部门的财务核算业务和出具报表的活动进行集中处理或者外包，使各业务单位的财务部门从简单的日常事务中解放出来，实现真正的转型。并且财务共享服务在企业当中的运用不仅可以降低人工成本、提高效率，还可以为企业创造价值、为实现全球化发展提供帮助。

关联交易。财务账务之间关联交易的形式主要有购买或者销售产品、产品以外的其他资产，提供或者接受劳务，委托或受托销售，关联双方共同投资，提供资金（如贷款或股权投资），担保，租赁，研究与开发项目的转让，许可协议，债务结算，关键管理人员薪酬。由于这些交易双方的账簿都是由各方负责人管理的，因此在这种关联方的确认、关联交易形式的确认以及账目来往的确认增加了对账的难度，关联交易中的对账问题一直以来都困扰着财务人员，但是通过区块链的去中心化特征和其可靠的安全机制可以来实现新的关联交易管理模式。

社会账簿和审计的消亡，这是会计从业者与数智化之间新的一场较量。如果未来区块链技术覆盖了整个社会的商业行为，那么对于企业财务来说，共享账簿将替代传统的记账模式，每个企业都是区块链上的一个节点，企业与企业之间所发生的所有交易都通过区块链进行多账簿的链式记账。区块链储存数据的结构是由网络上一个个储存区块相互连接组成的链条，每个区块都被赋予了时间维度，包含了特定时间内网络上全部的交易数据，由于哈希算法的运算过程是单向的、不可逆的，任何参与者都不能篡改财务信息，从而固化了财务信息，基本不会出现假账。按照这一趋势发展下去，监管审计、第三方审计都有可能因此失去了存在的必要性。一旦区块链解决了这个问题，审计的功能和意义就会淡化。因此，区块链在某种程度上加快审计的消亡。同时，也削减了企业过去通过审计来核实与分析财务数据带来的高昂成本。

知识小贴士：哈希表存储

哈希表存储也称"散列存储"，它是一种专用于集合结构存储方式。哈希表存储的基本思想是：把数据表中每个记录的关键字 k 作为自变量，通过一种函数 H（k）计算出函数值。如果把这个值解释为一块连续存储空间（即数组空间）的单元地址（即下标），将该记录存储到这个单元中。在此，称该函数 H 为哈希函数或散列函数，按这种方法建立的表称为哈希表或散列表。哈希表的常用构造方法包括直接地址法和除留余数法。

消除委托—代理关系矛盾。委托—代理关系之间的矛盾主要有两种表现形式：道德风险和逆向选择。区块链本质上改变了委托—代理关系中的代理问题。委托人和代理人目标不一致和信息不对称是委托—代理问题产生的根源。通过共享账本透明性、去中心化、不可篡改等特点规避了各种逆向选择的风险，减少了监督成本、约束成本和剩余损失等代理成本。监督确保代理人不违背委托人的意愿，避免了做出超出代理范围的行为。

7.3.1.2　企业财务智能实践

自 2005 年以来，华为建立了全球统一的会计制度体系，实施统一的 ERP 系统，在全球范围内成立了七大财务共享中心，财务部进行了深化改革，给华为的发展创造了新的价值。共享服务中心的建立和网络的完善，加强了公司总部对全球业务的财务控制，成为财务内控有效实施的最有力的保障，同时通过持续推动流程的标准化与简化，大幅提升了财务专业流程的运行效率，创建财务职能卓越专精、精益管理的领先实践。构建全球共享服务网络，对于华为而言创建了一个全球标准化的财务会计处理与核算管理平台，为华为在过去 10 多年业务的腾飞提供了很好的财务资源保障和风险控制基础。华为公司的账务集中管理模式对全球统一核算有基本的数据处理要求，每个数据都需要进行多维计算，保证数据的真实性和完整性，在核算中尽量反映所有数据的维度，今后可以按照不同的需求生成各种报表。如今，华为的账务核算充分利用了共享中心的时差优势，在全球范围内实现了7×24小时的循环结账机制。在相同的数据平台和相同的结算规则下，共享中心接力传递结账操作，从而大大减少了结账时间。该系统将每天24小时自动调动结账数据，无缝连接170多个系统，每小时可处理4000万行数据。华为财务共享中心不间断地定期结算账单能及时、高效地获取130多个代表处的运营数据。华为全球结账工作的指挥控制中心跨越5个时区的7个共享中心，子公司必须接受控制中心的指挥和调度，公司总部每月给全球数百家子公司核算总账。华为进行了数据调度的优化、交易核算自动化、数据质量监控、改善数据分析平台的性能和ERP的优化等措施，实现了全球核算的实时可视性，可以对流程进行跟踪和管理。华为财经文档中心自主研发设计的智能文件处理系统从送单核销到贴标分拣平均时间为6秒，准确率达99.97%。

2015年，蒙牛集团与金蝶携手，采用金蝶EAS资金共享平台建设"蒙牛乳业集团财务共享管理模式（FSSC）——EAS资金共享平台"项目。同年11月，蒙牛集团财务共享中心正式上线，并将在集团资金共享结算模式下，实现共享结算、票据池、理财业务、国际结算、掌上资金，以及资金支付业务的电子化流程来支撑蒙牛集团新财务、新管控、新平台的优质高效服务。共享中心承接财务组织的交易处理工作，打通组织之间的壁垒，实现了"端到端"的跨组织流程整合，让操作整合达到规模效应，全面实现了业财融合。通过资金共享中心，蒙牛集团实现了资金共享结算：依据中国蒙牛组织架构，运用EAS资金管理平台设立多个独立运营的现金池，覆盖全球业务，统分结合、分级管理；实现金融级安全：按照授权矩阵实现全流程的电子审批。付款环节采用CA电子认证，该认证为银监会推荐，银行结算唯一的安全认证方式；实现闭环集成：业务信息处理形成闭环，信息能够从业务到银行跟踪、追溯，提高工作效率，降低人为风险；投融资、外汇业务线上操作：通过银行对接可在线上进行投资理财、票据池、电子票据、信用证、电子回单等业务处理，做到线上线下结合，提高效率，防范风险。

2021年10月25日，上汽通用五菱区块链智能合约平台正式上线。上汽通用五菱区块链智能合约平台可应用于物料收货、退货、对账、差异调整业务场景，实现电子签单及单据电子化管理。区块链技术的分布式计算、数字化存储特性，可以轻松应对高度依赖纸质单据、管理风险大、防伪溯源难的痛点，实现了对物料的实时追踪与回溯。同时，其公开透明、不可篡改、稳定可靠的特性，也有效改善了上汽通用五菱与供应商之间的信任关系，提升了信息共享与沟通效率，创造了可靠的合作机制。使用区块链技术可实现物流基础数据的多方多账本哈希表存储。确保单据多方确认且不可篡改，并具备法律效力，能够切实维护合法权益。区块链智能合约平台可应用于物料收货、退货、对账、差异调整业务场景，实现电子签单及单据电子化管理。目前，区块链智能合约平台不仅可在 PC 展示，同时可在手机移动端下载 App，支持高效、快捷的线上实时对账，为物流与供应商打造高效的工作体验。上海通用五菱区块链智能合约模型如图 7-2 所示。

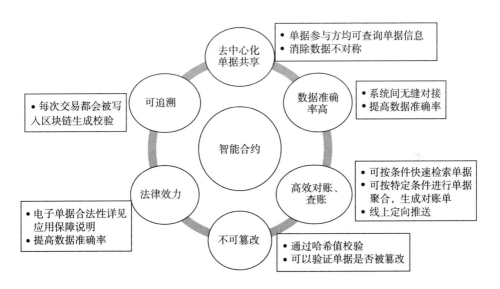

图 7-2 上海通用五菱区块链智能合约模型

资料来源：公司首个区块链智能合约平台正式上线［EB/OL］. https：//mp. weixin. qq. com/s/WBB8g8zSIKSJeGxflJ0xoA.

区块链智能合约平台的上线，意味着区块链技术在规模化汽车产业链的突破性应用，建设开放、共享、互信的供应链新生态。未来区块链智能合约平台还将对接业务执行系统,实现交易流程便捷化,助力公司数字化和智能化转型。

7.3.2 财务智能化面临的挑战

7.3.2.1 企业内部存在信息孤岛

信息孤岛是指相互之间在功能上不关联互助、信息不共享互换以及信息与业务流程和应用相互脱节的窘境。在信息技术产业飞速发展的过程中,企业的IT应用也伴随着技术的发展而前进。但与企业的其他变革明显不同的是,IT应用的变化速度更快,也就是说,企业进行的每一次局部的IT应用改进都可能与以前的应用不配套,也可能与以后的"更高级"的应用不兼容。因此,从产业发展的角度来看,信息孤岛的产生有着一定的必然性。从形成原因和类型的划分来看,企业信息孤岛的类型包括数据孤岛、系统孤岛和业务孤岛。

在财务智能化发展的过程中,企业信息化系统给企业带来效益的提升是显而易见的,人工智能对财务会计工作的帮助是不言而喻的。人工智能可以提高财务信息的质量,提升财务数据的准确性、时效性。从本质上来讲,管理会计是以财务信息为基础,通过分析、提炼财务信息为决策者提供数据支持,快速准确地获取高质量的财务信息是管理会计应用的基础和保障。对广大的中小企业而言,系统的数智化建设需要投入较大的资源,这会给企业带来负担,且部分企业并未认识到数智化带来的价值。所以,除了部分大型企业外,目前大部分企业的数智化程度较低,企业管理会计的应用和发展环境不容乐观。公司内部数智化涉及多个系统,每个系统互不相连,财务人员无法实时掌握员工在整个业务过程中的信息,"业财数据"不统一是企业内部信息孤岛的集中体现。

信息孤岛的产生主要有四个方面的原因:第一,企业顶层缺乏统一战略规划。企业信息化建设缺乏战略规划主线,没有明确的规定去统一协调不同的职能部门,各个职能部门只能各自开发部署相应模块的信息管理系统,不同部门的系统模块彼此割裂,应用范围狭窄,主要给自己的业务内容服务,必要时兼顾上下游部门的信息数据供给。第二,缺乏数据接口规范,导致数据无法共享和有效使用。企业各部门拥有独立的信息系统,如企业资源管理系统、客户关系管理系统、供应链管理系统、会计核算系统、业务处理系统、办公自动化系统和档案管理系统等。不同的系统之间会存在不兼容,因职能需要而建立,也因职能划分而割裂，没有预留数据接口或者数据接口不规范，相关数据的收集、整合和分析工作难度较高，导致数据无法共享和有效使用。第三，"重硬件轻软件，重系统轻数据"的认识误区。针对企业拥有的海量信息资源没有及时分类并归档，导致信息存储杂乱无章，信息收集、加工、对比、分析和综合利用无所适从，各部门又各自为政，导致冗余信息越来越多，信息的利用价值越来越低。只寄托于购置高性能的硬件和应用系统来解决问题，不愿意静下心来好好整理自身"内务"和挖掘数据历史价值，导致数据割裂和信息孤岛问题长期得不到解决。第四，企业数智化管理理念落后，流程再造不彻底。企业的数智化水平务必与其管理水平相对应、相协调。数智化的过程其实反映的是一个单位的管理模式、管理思维创新和优化完善的过程。管理体制机制思路不变、管理思维僵化、管理模式粗放，好高骛远和人云亦云地匆忙跟随数智化系统，势必造成急功近利和信息孤岛。

7.3.2.2　企业财务数智化变革的动力不足

虽然财务数智化的浪潮席卷了各行各业，企业纷纷向智能财务靠拢，但是大部分企业目前仍普遍存在变革动力不足现象。一方面，由于资本变化、企业组织结构变化、企业战略调整、行业市场变化或者政策变动而必须做出调整，属于被动变化。同时，数智化的发展使业务和财务之间的界限消失，财务部门高度专业化，进而演变成数据处理部门，企业在信息系统的建设投入逐步增加，最终导致基层财务人员减少，更高端、更专业的财务人员产生，属于被动变革。另一方面，企业财务数智化转型，前期需要投入大量的资金，变革成本高。部分大企业虽然已经引进大数据、区块链等技术，但由于后续的相关财务流程、财务体系的一系列变革，使大企业的变革动力下降。中小企业由于资金有限、筹资困难等，企业股东往往不想改变现状，力求稳定发展，考虑到项目收益的时间价值，做出的财务决策带有短时化的倾向，股东会对财务智能化改革望而却步，同时企业资金的变动会影响股价的变动，股价变动太大对企业资本运营的影响很大，因此缺乏财务管理体系的改革动力。

7.3.2.3　财务数智化人才稀缺

虽然大数据、区块链、人工智能等技术已经应用到企业财务管理中，但不少企业对相关从业人员的培训仍然以传统思维和方法为主，使财务工作者对大数据技术及相关应用无所适从，在信息技术方面知识更新不够到位，理念滞后，甚至出现信息泄露、信息失真、数据丢失等情况。尽管一部分企业已逐渐意识到这方面的不足，也开展了相应培训，但企业财务管理工作者对行业整体信息技术和大数据技术的掌握还不够，也容易出现工作失误。当前，财务方面的人员以核算型人才为主。财务人员业务能力不足，按照企业岗位职责的分工，财务会计人员工作内容一般是记账、编制报表等重复性工作，这些工作很烦琐，耗时长、效率低。财务人员工作内容相对封闭，不易掌握完整的业务链条知识。另外，因为岗位职责分工的限制，财务会计人员一般对前端业务的了解不深入、对企业产供销等业务环节不熟悉，无法理解财务信息所反映的内涵，更无法通过数据发现问题，也就无法对经营决策提供支持，管理会计的职能无法有效发挥。

企业财务智能化转型的关键在于拥有财务方面的复合型人才，财务人员在利用好专业知识的基础上，应参与到企业的经营管理和决策中，灵活地记录和分析报表数据，捕捉社会经济和企业组织发展的动态趋势，从大量数据中挖掘更多有价值的信息，及时帮助企业提供决策依据。

7.3.2.4 企业管理体系滞后

大数据时代不仅对财务管理提出了新的要求，同时也要求企业运用大数据思维开展管理工作。在企业的实际工作中，往往只有技术部门对大数据利用较为积极，而企业管理层仍习惯运用传统模式开展工作，造成旧的管理体制与新的技术理念之间经常发生冲突。同时，一些企业缺少发展眼光，片面追求短时利益，也使大数据的全局性、长期性优势得不到应有的发挥，企业改革创新推动困难。因此，企业要结合自身实际，充分利用大数据技术的优势寻求管理体系新的突破。

7.3.2.5 财务数据安全性过低

随着互联网技术的飞速发展，尤其是5G技术的日益成熟与广泛应用，经济社会进入了全新的信息技术时代，社会生活、经济生活的各个角落每时每刻都在产生着大量数据，给相关工作带来了更大的挑战，财务人员对数据的管理能力和技术操作水平也要相应地提高。虽然飞速发展的互联网和信息技术可以对财务数据信息进行整合与分析，但是数据信息的真实性难以保障，且数据本身也存在安全风险。当财务管理人员无法应对这些风险时，企业财务数据极易泄露，不仅会危害企业的生存与发展，也会损害相关人员和广大客户的利益。

如何管理好财务数据，仍然是财务管理人员需要认真思考的问题。

7.3.2.6　对财务智能化的理解不深入

财务智能化涵盖三个层面：第一，基于业务与财务相融合的智能财务共享平台是智能财务的基础。第二，基于商业智能的智能管理平台是智能财务的核心。第三，基于人工智能的智能财务平台是智能财务的发展目标。在智能财务共享平台体系下，大量不增值的审核、结账环节都经由系统自动化实时完成，财务人员只需事前做好管理控制、做好预算、设置好流程即可，就可以从烦琐、重复的劳动中解放出来，聚焦在管理分析、风险监控识别等工作上面。目前，大部分企业只关注利用人工智能技术提高企业财务的工作效率，而非将重点放在财务共享、管理会计数智化这一财务转型上。

7.3.3　财务管理数智化的实现路径

7.3.3.1　财务角色的再定义

随着智能信息时代的到来，企业都在推进建设财务智能化，但是人们对财务管理的认知还都停留在传统财务的层面上，如组织会计核算、进行报表分析、财务分析、资金管理等，一提到财务管理人员就会和"赶紧交表""赶紧给票""赶紧付钱"等联系到一起。这些虽然与财务管理密切相关，但这些并不能代表财务管理的所有工作。财务管理的职能已不是传统的财务核算与监督、管理会计、价值创造与价值评估，机械地充当组织中交易的处理者、风险的管控者和服务者，财务管理的范围也不仅限于本部门有关财务的全部工作。在数智化时代，财务在企业的定位是价值的创造者和创新的引领者，不再是传统价值链上的辅助活动。财务管理已经出现了全新的局面，出现了"四新一体"的新风向，即新核算、新管理会计、新平台和新生态。新核算促使核算工作趋于一体化、自动化、实时化，从传统的事后核算转向实时自动核算。新管理会计将财务工作场景化，通过数据自动化体系分析外部环境的不确定性，做出最优决策，优化资源配置。新平台促使财务工作方式自动化、智能化、结构化、可视化，逐渐与企业内部不同部门的业务相融合，达到"业财一体化"。新生态，财务工作不再局限于企业内部，逐渐延伸到外部，包括外部企业、市场监管部门及第三方服务机构等，共同作用于整个财务管理活动。

企业在发展的过程中，传统的财务管理理念已无法满足新的发展趋势，企业应当紧跟时代步伐，结合自身的实际状况，及时更新财务管理理念，基于已有的财务管理机制，不断对此加以完善，以实现财务管理的系统化。此外，企业应当意识到构建基于大数据技术下的财务管理体系对企业发展的重要作用，充分利用大数据技术，构建更为科学、合理的智慧财务管理体系，以促进企业财务管理效率、企业核心竞争力的有效提升。

7.3.3.2 考虑价值创造性，提高数字化和智能化转型程度

充分考虑价值创造的重要性，提高企业数字化转型积极性。智能化财务系统是直接反映数字化建设效果的方式之一。企业应大力构建智能化财务共享中心，推进数字化技术在财务工作中的应用，同时，从整体出发，建立"业财一体化"信息系统，实施财务与业务人员定期轮岗，提升企业的"业财"融合度。此外，建立以目标成本法为基础的评估体系，重视价值工程管理，统计智能财务为企业带来的切实好处，突出智能财务的应用效果。这样既有助于坚定企业实现数字化转型的初心，也可以让持观望态度的企业感受到数字化转型带来的巨大福利，提高企业参与的积极性。

7.3.3.3 加强大数据技术与智能财务的深度融合

重视大数据技术与智能财务的融合，严格按照规定处理信息数据。将大数据技术与智能财务相融合，有助于提高企业财务管理效率，为企业创造更多价值。要充分发挥智能财务的作用，企业必须重视大数据技术的应用，加强相关基础建设，加快研发数据识别转换技术，实现对非结构化数据的高效率识别转换，提高获取数据和分析数据的能力，为企业决策提供具有价值的数据信息。例如，利用大数据技术对客户信息进行收集和分析，预测客户对产品的偏好，为企业产品的研发、销售提供思路，从而向客户提供更具有针对性的高质量的产品和服务。在采集数据的过程中，企业可事先设定需要的数据信息，区别必要与非必要数据，标明数据信息来源。对于信息口径不一致的问题，企业可划分多个大类口径，根据信息特征和企业自身需要，选择合适的口径进行归集。对企业经营活动具有重大影响的数据给予特殊处理，安排专业人员进行信息识别、分析和应用。

7.3.3.4 提高数据信息的安全性，预防财务风险

一方面，加强对智能财务系统的全面防护，提高对病毒的防范能力，如设立计算机防火墙，定期进行系统检测，及时进行漏洞修补；另一方面，引进数

据加密技术，数据加密技术就是在数据信息的传输过程中加密，设置相应的加密口令，接收者在接收到数据信息后，需要相应的解密口令才能获取其中的数据信息，这样可以保证数据信息的安全，避免信息受到影响。对数据库的文件进行有区别的加密设置。企业可根据实际情况选择内部加密或外部加密，分别利用对称加密技术和非对称加密技术进行设置，保障文件的安全性。定期对数据资料进行备份。大量现实案例证明，即使最先进的全方位保护，也无法保证企业数据信息在保存或运行中不会出现意外。因此，定期对数据进行备份是十分必要的，可以确保企业意外导致数据丢失时，还有备用数据可以使用。

企业财务管理中的风险存在于管理工作的各个环节，尤其是现在的企业业务范围和涉及地域较广，风险的防范和管控在技术上存在一定的难度，因此，在智能化财务管理中要建立相应的财务风险预警信息系统，预防财务风险，避免因为财务风险而给企业带来损失。对于全面预算管理来说，提高企业竞争力非常重要，在进行全面预算管理的时候要针对不同业务模块进行多层次、多维度的分析，确保预算准确合理，并严格按照预算执行。另外，在进行财务分析时要注重深度和广度，对财务数据的变化以及一些异常指标变化要能够及时预警，从而进行有效应对，消除风险隐患，确保企业健康发展。

7.3.3.5 加强财务管理人才建设

随着大数据、人工智能、移动互联网、云计算、物联网、区块链等技术的发展，相关新技术在财务领域的应用越来越广泛。面对新科技、新概念，企业需要建立新理念、新思维来开展财务管理工作。财务人员不仅要具备传统会计编制财务报表、登记会计账簿等能力，还需要具备数据挖掘、分析、处理和驾驭智能型财务机器人等新的专业技能；不仅要懂得财务工作，还要懂得业务工作；不但要熟悉财务会计业务，还要熟悉管理会计业务，这样的财务人员才能胜任大数据时代、智能化时代的财务管理工作。当前，企业应该加强财务管理人才队伍建设。一方面，加强财务人员内部培训。定期开展在职技能培训，增强财务人员对智能财务相关知识的了解与应用，提高其智能化工作能力。另一方面，加强智能财务人才引进工作。通过建立完善的人才培养机制，使财务人员能够做到对信息的收集、辨识、处理，并能高效运用到工作中去，推动财务管理专业型人才向复合型人才的转变。

7.3.3.6 优化数智化体系建设

为提高管理效益，企业应加强数智化体系建设，建立一体化的信息管理系统。但是，一般企业在推行数智化过程中往往缺少整体规划，各职能部门各自推行数智化建设，导致企业内部管理系统繁多且相互独立。例如，企业的财务系统、人力资源管理系统、成本管理系统等相互独立，虽然在各职能部门内实现了智能化，但各系统间往往不兼容，各部门的数据没有实现相互流通，企业内部管理效率极低。因此，企业应设立一个流程管理机构，负责管理体系的整合与规范。在实践过程中，流程管理机构可以召集并调动业务负责人或者流程的决策者进行协商，以避免信息孤岛为目的，建立并完善相关规则和机制。企业可以建立统一的业务流程模型，包括数据对齐、业务对齐以及管理对齐。数据对齐即增强业务数据的流动性、快捷性和价值性，降低数据传递的壁垒；业务对齐即实现业务端到端的全局性；管理对齐就是实现业务多视角竞合，如风险管理、目标管理、绩效管理等视角间矛盾的处理。解决信息孤岛需要深化企业大数据的创新应用，以数据库为基础构建数据资源共享平台，打破隔阂、实现互通，将数据整合统一存储，使开放的数据成为企业创新的动力。在整合数据的同时还能消除数据重复、冗余的现象。充分考虑业务场景，以个性化的智能服务满足客户需要、提升客户体验。通过流程自动化、数据共享化、业务虚拟化提高企业运营效率。企业数字化推动信息流的充分流动，使决策基础发生改变，从而实现智能化、即时化、可视化。

7.3.3.7 完善财务管理制度

随着智能化财务管理的普及，传统的财务管理制度已经无法满足财务管理工作的需求，因此，需要建立新的财务管理制度确保企业的财务管理工作顺利进行。新的财务管理制度对于财务管理的模式和内容要进行重新定义，对于旧制度中不符合智能化财务管理的要及时删除，避免其影响企业的财务管理。另外，财务管理要进行系统化管理，并根据类别进行细化分类，确保财务管理全面、有序进行，在优化财务管理的基础上提升财务人员的工作效率。企业应当利用大数据技术实现资金审批、会计凭证的数据化处理，提升整体财务管理流程的效率，保障资金安全以及会计信息的真实性。同时，可以引进大数据管理的专家系统，形成规模更大的大数据专家团体。在这种创新管理模式下，不仅可解决系统操作终端的疑难问题，同时也能不断对大数据系统进行升级及完善，可使大数据技术的增值效应在企业中得到无限放大，企业能充分利用大数据技术，实现经济效益的最大化。因此，企业应当积极引进创新型技术，定期维护升级大数据系统，以促进大数据技术的应用价值在企业中得到充分发挥。

7.3.3.8 引入人工智能等新兴技术

人工智能的普及是大势所趋，财务人员的转型也势在必行。财务必须理解业务，否则就是低价的服务。财务人员应站在业务角度，应用先进的理念和方法，实现"业财"融合，从而做出更加科学的决策。新时代下作为引领未来的战略性技术——大数据、云计算、区块链、人工智能等将在更高的层面、更宏观的层面建立更高的标准来推动财务管理行业的改革和创新，必将引发财务管理领域数智化以来的下一次重大变革，重构财务管理的职能。当前，关于财务管理职能的观点众多，但大都存在一定程度的局限性。这主要是因为忽视了人对财务管理及其职能的影响。因此，在人工智能时代，企业从财务组织模式、财务人的认知、财务信息技术等方面全方位地改变着财务职能，以提升智能决策。企业实施财务管理职能重构，主要是为企业管理者进行管理和决策提供财务信息，简单来说财务管理的目的是管理，企业的财务管理人员能够参与企业的经营管理，进而提高企业的经济效益及竞争力。首先是大数据和人工智能结合，实现多源异构数据的分析和挖掘，实现企业财务实时预测和决策，提供更加智慧的智能风控。其次是区块链技术实现业财一体化创新。新时代下的区块链技术将给业财一体化的保障模式带来根本性改变，在业务系统与财务系统的底层搭建关于区块链的账簿，实现业务与财务系统多方共享记账机制，支撑"业财"高度融合，实现记账即对账。最后是新时代下财务管理人才发展的路径选择。从财务会计向管理会计转变，从纯财务人员向财务与 IT 知识相结合的人员转变，成为"业财"精通的综合型人才。

7.3.4 智慧财务与实践

7.3.4.1 智慧财务

在实现财务管理数智化的过程中：目标变革是为了从价值守护走向价值创造；职能变革是为了从控制走向财务；角色变革是为了从监督者走向业务伙伴，参与到价值管理与决策支持中；效率变革是为了财务数据与业务数据相融，提升实时性与分析能力；效能变革是为了利用新一代人工智能赋能财务组织与财务活动，实现人工智能与财务的全面融合。新一代财务的总体发展方向和趋势是智慧财务。智慧财务基于人工智能、大数据、云计算等新技术和新工具，全面变革复式记账法，修改会计准则和会计制度，为会计信息的生成提供新的路径，为财务的管理和决策提供实时、动态和虚拟的场景，为企业的战略提供海量数据的支撑，为财务工作的有效性提供有力保证。

智慧财务共享管理已经颠覆了现有的财务模式。智慧财务的发展颠覆了现有财务流程，将财务人员从信息的"生产者"转换成信息的"提供者""加工者"和"消费者"，智慧财务发展过程不仅是从复杂、烦琐的工作中解放出来的过程，更是财务管理体系的颠覆式创新。智慧财务共享是基于新时代的商业模式，采用智联网、大数据、云计算、区块链、人工智能、虚拟技术和人机自然交互等新技术，实现企业结构化或者半结构化会计工作的自主数据采集、计算、处理、报告和自主修正，提供非结构化会计工作的智能决策支持，管理控制财务机器人的算法和思维逻辑，监控数字资产的安全，实时为企业的预测、管理、决策和发展规划提供数字支撑，为内外部利益相关者提供信息服务的共享系统。

智慧财务共享管理体系有以下优势：①管理海量数据。新时代下，集团公司及子公司遍布全球各地，信息量大，通过大数据和云计算对集团公司及子公司非结构性或者半结构性的数据进行整合处理，同时通过对内外部数据实时采集、分析、处理和传递为财务的管理和决策提供海量数据支持已是大势所趋。②跨地域、多组织、多业务。结合集团公司及各子公司跨区域、业务板块系统多、机构组织多的特点，打造提供预算控制、财务核算、资金管理、信息归档和决策分析等端到端的财务共享服务平台，全方位实现财务管理的全面数智化和共享服务化。③提取数据快，准确率高。在智慧财务时代，大数据对海量数据实时采集、分析、归纳。云平台提供数据的存储和高速计算功能，使财务人员能快速汇总、处理和分析财务数据，为集团管理层及非财务人员提供有效、准确的管理决策报告，并能做出决策和反馈。④人机交互特征明显。财务人员和财务机器人采用表情、自然语音和肢体动作等进行交互，让会计语言和机器人的交流更加便捷、准确和有效，将信息呈现在三维立体界面中，使企业的对外报表和对内报表更加逼真、多维和形象，极大地降低了对财务报表使用者财务知识的要求，使其决策速度及准确性得到有效提升。财务人员与业务人员的沟通交流也能通过虚拟场景实现，即通过可视化、触觉、听觉、味觉等虚拟手段体验各种可能的结果。

7.3.4.2 吉林电力智慧财务实践

2019 年 11 月 9 日，国网吉林省电力有限公司①与国税总局电子底账库和核心征管系统直联试点企业，搭建了税企直联电子发票信息通道，打造了税企融合互动新模式——以集团智慧资金共享平台为基础，以集团智慧数字财务共享平台为支撑，以集团智慧税务共享平台为驱动，开创国内首个集团智慧财务共享管理体系。加强了集团税务全生命周期智能管控，推动集团税务实现由线下向线上、手工向智能、分散向集约转变，税务职能由事后监管向事前预防和事中防控全面转型。该体系促进了电网企业与政府、税务、银行、供应商、电力客户实现共生、共赢、共发展。集团智慧财务共享管理转型，基于全业务价值链智慧管理理念，围绕"四平台+一体系"总体架构，以智慧内控共享管理为前提、以智慧资金共享为基础、以智慧核算共享为支撑、以智慧税务共享为驱动、以全流程智能化为引擎，着力解决集团企业内部信息融合、外部信息协同问题，实现全业务核算信息智能采集、全业务场景流程智能化处理、全流程、全岗责内控规则嵌入式管理，依靠集团税务智慧管控引导业务流程规范，以业务流程驱动经济业务智能核算，最终实现业务流、信息流、资金流三流合一管理，全面纳入集团会计档案数字化管理，达到集团智慧财务共享管理目标。通过应用大数据、人工智能、物联网等信息技术，构建大数据资源池，提升财务管控的高度、广度和深度。以人工智能促进自动化、智慧化会计精益核算，物联网促进业财高效互联、实现信息高效共享。信息技术助力国网吉林电力夯实业财信息基础，强化业财信息集成，实现预算向精准转变、控本向事前转变、服务向智能转变、财资向立体转变、业财向融合转变、发展向生态转变六个模式的转型升级，最终实现财务管理向系统化、智能化、智慧化转型。

目前，国网吉林电力开发了智能电力大数据服务产品在金融领域的六大应用场景。一是向金融机构提供客户状态评价，将融资客户用电档案、用电量趋势、电费缴纳情况开展大数据分析服务，对客户运营状态进行量化。二是向金

---

① 为实现高质量发展注入新鲜血液——国网吉林开创谷内收割集团智慧财务共享管理体系 [N]．中国电力报，2020-08-04．

融机构提供潜力贷款客户挖掘推送服务。三是向金融机构提供存量贷款客户监控和风险预警服务。四是向金融机构提供金融热点服务区域分析服务。五是协助吉林省地方金融监督管理局共同建立"能源企业白名单",为诚信用电企业提供路演平台和融资专项对接服务。六是形成共建、共治、共赢的能源互联网生态圈,向贷款客户提供个性化用电服务及数据服务,带动上下游产业共同发展。

8 战略管理的变革

如果没有战略，你就会成为别人战略的一部分。

——阿尔文·托夫勒

8.1 战略管理及其演进

8.1.1 战略管理

战略早已渗透到我们生活的各个方面，劳伦斯·弗里德曼（Lawrence Freedman）在《战略：一部历史》一书中将战略划分为三个维度：军事领域的"力之战略"、政治动员领域的"底层战略"、商业领域的"顶层战略"。在管理领域，战略管理被描述为："对一个企业或组织在一定时期内的全局的、长远的发展方向、目标、任务和政策，以及资源调配做出的决策和管理艺术。"管理学大师、经理角色学派主要代表亨利·明茨伯格（Henry Mintzberg）于1998年通过计划（Plan）、模式（Pattern）、定位（Position）、观念（Perspective）和计谋（Ploy），即"5P模型"来定义战略。伊戈尔·安索夫（Igor Ansoff）在1976年出版的《从战略规划到战略管理》一书中将企业战略描述为：一个企业将其日常业务决策和长期决策相结合而形成的一系列经营管理活动。在此基础上，斯坦纳（Steiner）在1982年出版的《企业政策与战略》一书中将战略管理描述为：企业所做的、为实现事先确定的使命而付诸活动的动态过程。

在战略管理研究中形成了诸多流派，亨利·明茨伯格在《战略历程》一书中为我们揭示了有关战略过程的十大流派，包括：设计学派，主要认为战略是一个孕育的过程；计划学派，把战略作为一个程序化的过程；定位学派，认为战略是一个分析的过程；结构学派，更加强调了战略是一个变革的过程；环境学派，更加讲究战略的适应性，并且从目前这个时代来讲，环境学派则呈现出优先发展的趋势，因为现在我们正处于"乌卡时代"，主要强调一个组织能否适应环境的变化；企业家学派，主要强调战略是一个构筑愿景的过程，强调个人的问题和企业家精神；认知学派，认为战略是一个心智过程；学习学派，认为战略是一个学习的过程；权力学派，认为战略是解决发展中问题的协商过程；文化学派，强调战略是一个融合利用集体思维的过程。这十种学派可以分为三类：第一类，以安德鲁夫为代表的设计学派、以安索夫为代表的计划学派和以波特为代表的定位学派为三大主流学派，主要从战略管理的整体视角进行说明。第二类，认知学派、学习学派、权力学派、文化学派、环境学派，认知学派运用认知心理学理论成果来探索战略管理形成的过程，学习学派则认为企业战略需要在不断的适应和学习过程中形成，战略的界定已不明显，领导者需要集体学习，通过渐进主义与逻辑渐进主义来应变战略；权力学派将权力和政治因素引入战略管理的过程，当然这里的权力指的是在纯经济范围以外的运用所有影响力的行为，这其实包含一种协商过程；文化学派把所有的个人联合成整体，即组织，文化是一种人类学的核心概念，而我们把组织文化和集体思想联系在一起，文化的根植就会更加深入，企业也会凝聚在一起；环境学派则关注于一个组织外部因素，我们称之为"环境"，这个学派将其当作一个真正的行动者，制度的压力，其他政府机关等组织外部的压力都会影响战略的制定。第三类，结构学派其实是其他学派的综合，通过变革和转型来不断完善组织战略。

西方战略管理流派众多，东方战略管理文化源远流长。从东方文化视角来看，战略管理是由企业高层管理人员在审视外部环境，着眼未来、统筹全局，设计大量资源配置的布局和谋势。换言之，战略就是站在未来看现在。作为企业的高层管理成员之一，要看到的是一张大网以及这个大网的整个结构，而不是单个的人，同时要能够思考网中的"势"和"拐点"会在何时、何地，以何种形态出现，并做出决策和判断。从本质上来讲，战略管理是一门关于企业竞争、合作和机制设计的学问。其中，竞争是表象和手段，合作是本质和诉求，机制是基础和保障。

8.1.2　战略管理的演进

8.1.2.1　战略管理的兴起

企业战略管理理论的研究在西方企业界有近 60 年的历史，经历了兴起、热潮、回落和重振四个阶段，逐渐成为企业管理学中的重要名词和重要的研究方向，同时在这些时期出现了九个战略管理流派。在 20 世纪 60 年代，战略研究的中心课题都是理论问题。在 60 年代初，由于企业经营环境比较简单，竞争不激烈，经济处于自然增长阶段，企业的经营活动主要集中在提高生产效率，不重视企业发展的战略性问题。著名战略管理理论奠基人艾尔弗雷德·钱德勒（Alfred D. Chandler, Jr.）在《战略结构》一书中详细、全面地分析了环境、战略和组织结构之间的互动关联，然后得出结论：企业战略应当适应环境变化。从此揭开了企业战略研究的序幕。

在钱德勒所处的那个年代也形成了战略构造结构中的基本学派：设计学派。象征战略形成的一个孕育过程，同时也是计划学派和定位学派知识框架的基础。哈佛商学院的教授安德鲁斯及其同事将战略内容区分为制定与实施两大部分，并提出了 SWOT 分析法，即全面分析组织的优势与劣势、机会与威胁等相互制约的因素。总的来说，此时的战略管理：一是研究战略与环境的关系，即最佳的战略应具有创造性，能不断适应环境的变化；二是战略应从上至下，即由高层管理者构思设计；三是战略应该通过正式计划予以实施，即战略制定过程中的每一个阶段都必须有支撑措施，并经过认真检验。

与设计学派几乎同时产生的另一个学派是计划学派，代表人物是安索夫。其认为战略应该从上至下，即由高级管理者负责计划的全部过程，同时战略构造是一个有控制、有意识的正式计划过程。

8.1.2.2　战略管理的热潮

在企业经营环境剧烈动荡的年代，对行业长远目标的管理成为重点，因此形成了战略管理的热潮，计划学派曾在这个时期达到过一个短暂的高潮。此时，战略管理研究关注的主要议题是公司所处的行业环境，管理的重点转向战略的突变与适时反应，管理的形式也转向了战略管理，开展对战略前景的分析，并为战略规划制定框架与工具。

8.1.2.3 战略管理的回落

在回落期，西方企业战略管理不像先前那样受到追捧，原因主要有以下三种：一是美国管理界掀起了"管理软化"的热潮，企业纷纷重视企业文化、管理作风等软性因素的作用，而把战略、制度组织等硬性因素的重要性抛在了一边。以美国为中心的西方管理理论异常活跃，涌现了经验学派、社会学派、系统学派、经理角色学派、数学学派等，这一时期战略管理研究者在行业竞争状况和企业竞争分析方面获得了许多突出的成就，并对公司战略的执行问题有新的看法。二是各种战略分析方法的应用，如仅仅考量利润、销售额等指标，只专注于眼前的利润，缺少长远的眼光和运筹帷幄的能力，从而缺少更多的机会。三是一些企业应用方法不当，理解得浅显，实际运用困难导致效果不佳。

8.1.2.4 战略管理的重振

20世纪90年代至21世纪初，随着世界经济环境竞争的加剧，产业结构的调整，战略管理发展日渐成熟，像资源本位企业观的完善、VRIO框架的建立、动态能力理论的形成、奥地利学派与战略逐渐关系密切等，都在丰富着战略管理的内容。发展至21世纪，随着定量技术的不断发展，企业运用科学预测、数量计算的方法来确立自己新的战略。动态能力研究持续升温，动态能力及战略的微观基础得到了广泛的关注，对战略性创业观也展开了研究与深入学习。

8.1.2.5 战略管理演进的脉络

战略管理理论的形成有两条途径：一是源自学科内部演化（如资源基础观、战略管理学派等）；二是跨学科的理论移植（如交易成本理论、组织生态学、资源依赖理论和制度理论等）。从当前来看，主流的理论有产业组织模型和资源基础观、知识基础观、需求基础观、基础变革学派（包含颠覆式创新、模块化创新等）。2017年，马浩对战略管理的演进脉络进行了详细考察，如表8-1所示。

表 8-1 战略管理的演进

时间	20 世纪 60 年代	20 世纪 70 年代	20 世纪 80 年代	20 世纪 90 年代	2000~ 2010 年	2011~ 2020 年	2021 年后
主导范式	哈佛商学院企业政策研究和 SWOT 分析框架	战略前景分析、战略规划制定框架	波特产业分析与战略定位，利益相关者与战略制定	资源基础观，动态能力理论形成，奥地利学派登场	动态能力升温，动态能力的微观基础	战略的微观基础，战略性创业	数字化战略，智能化战略
公司战略	事业部制组织结构和多元化企业战略匹配，安索夫矩阵，组织结构与跨国战略	公司战略概念，多元化战略分类与绩效研究，业务间相关性与协同作用，提出企业社会责任绩效	主导管理逻辑，多点竞争，合资企业、全球战略	核心竞争力，内部创业，合作战略，国际多元化战略	战略网络与联盟，实物期权，整体创新战略	企业社会责任和可持续性发展，公司政治战略及其社会责任表现	组织韧性，组织适应性
业务战略	S-C-P 分析范式，奠定了波特革命的理论基础	基本战略分类法与立项类型，战略规划对企业利润的影响	波特基本竞争战略，战略群组研究，竞争动态分析，先发优势	超级竞争，竞合观，博弈论	商业模式与电商竞争，蓝海战略，网络时代的战略	短暂竞争优势，商业模式升温	业务数字化，数字业务化
战略过程/高管团队	一般管理者以及一般管理过程，行为决策理论（TMT 研究的前身）	战略决策的政治过程，非结构性决策，战略的自然涌现	战略过程的逻辑渐进主义，CEO 与高管团队研究，速变环境下的战略决策	组织学习，知识本位，政治战略	跨国公司部门之间的知识共享，实践的战略，TMT 重审	行为战略及脑科学对战略影响，CEO 自恋，TMT 与企业社会绩效	人机协作

资料来源：马浩. 战略管理学 50 年：发展脉络与主导范式［J］. 外国经济与管理，2017（7）：15-32.

8.2 战略管理面临的挑战

8.2.1 战略管理的四个基本问题

企业为什么会存在、企业的边界在哪里、企业内部的组织结构与战略之间的关系、企业如何塑造其竞争优势是战略管理要回答的四个基本问题，也是战略管理的核心。换言之，战略管理的兴起和演化是围绕上述内容而展开的。

8.2.1.1 企业的存在

关于企业为什么会存在理论界大致有两种观点：一是交易成本经济学。以科斯为代表的制度经济学派认为，企业的存在是因为企业相对于市场，能更有效地降低交易成本，企业作为一种组织形式大大减少了需要签订的契约数量，可以大量节约交易费用。二是知识基础观。该理论的提出者和信奉者认为，企业之所以能够存在是因为企业能够创造更有效的创新和整合资源，以人为载体，通过文本、技术系统、言传身教等手段，来实现部分或完全的共享知识。从交易成本经济学和知识基础观的视角来看，它们对企业存在的理由给出的解释具有一定的相似性。本质上，二者都没有脱离管理中"效率"和"效果"两个基本问题。企业之所以会存在，总的来说就是企业自己生产比在外面市场购买具有更高的效率、可以节约更多的成本、创造更大的价值。

然而，零工经济的出现却挑战了现有企业存在的理由。所谓的零工经济是相对于传统的"朝九晚五"工作形式而言的，零工经济通过互联网和移动终端实现供需方的快速匹配，具有时间短、灵活等特点。2021年人力资源和社会保障部公布的数据显示：微观零工经济从业人员规模达到2亿左右。受新冠肺炎疫情的影响，零工经济这种新的业态开始席卷全球，从业人员规模增速超前。数据显示：在美国和欧洲零工经济从业人员比例高达20%~30%。作为共享经济的一种重要组成形式，零工经济也是人力资源的一种新型分配和供给方式。在零工经济的影响下，无组织工作模式开始涌现。数字化工作平台日渐成为21世纪的主流组织形式，对于从业人员而言，很难说是属于哪一个组织。反之，如果一个企业少了基本的从业人员，是否还能够称得上是一个企业呢？

8.2.1.2 企业的边界

企业的边界指的是企业以核心能力为基础，在与市场的相互作用过程中形成的经营范围和经营规模。换言之，可以理解为企业在什么条件下会选择自己生产，在什么条件下会选择从市场上购买。代理理论对企业的边界问题也有过深入的分析，代理理论主要在讲企业资源的提供者与资源的使用者之间信息不对称导致的委托—代理问题。公司治理认为，监督、股权激励等方式是解决代理问题时的常用手段。然而，值得注意的是：通常情况下，在使用监督、股权激励解决代理问题的同时又会产生一系列的新问题。从理论研究和企业实践来看，代理问题，特别是大企业的代理问题，自始至终都没有从根本上予以解决。

随着新兴技术的出现，传统的代理问题将会被终结，而企业边界也会被打破。例如，区块链技术的出现，可能会推动交易的自动化。交易去中心化以后，委托—代理问题在数智时代新的情景下就有可能消失。约束企业边界和企业内部的代理问题，最终不是靠新理论予以解决的，而是依靠新技术的出现和迭代。另外，跨界竞争打破了传统企业边界。例如，如何来界定腾讯这家企业的边界，是游戏公司、互联网公司、娱乐公司，还是科技公司？腾讯早已不是昔日的腾讯。目前，除了日常人们所熟悉的业务板块以外，腾讯还在积极开展医疗业务。比如，腾讯觅影 AI 辅诊的开发，腾讯医典 API 内容开源，在推广疾病认知上做了大量工作。从企业竞争的角度来看，腾讯和医院之间也形成了新的竞争关系。歌德曾说过："每一种思想最初总是作为一个陌生的来客出现的，而它一旦被认识的时候，就可能成为改变社会的滚滚潮流。"在商业领域，传统战略研究将类似的跨界经营视为多元化战略。只不过，企业无论是从核心出发还是回归核心，都能够找到其边界。然而，在零工经济和无边界组织的情况下，企业边界将变得越来越难以确认。近年来，暴露出来的平台监管等问题，从本质上仍然是企业边界难以确定，以致在事件出来后权责利难以划分，从而引发社会争议。

8.2.1.3 企业的组织结构

1962 年，艾尔弗雷德·钱德勒（Alfred D. Chandler）在《战略与结构：美国工商企业成长的若干篇章》一书中重点研究了杜邦、通用、标准石油和西尔斯的发展过程，并分析了这些企业的组织结构和经营战略之间的关系，提出企业组织结构是随着经营战略的变化而变化的命题。从企业发展周期来看，处于不同发展阶段的企业采用不同的组织结构也是非常合理的。在前面组织结构的变革中对此已经有了较系统的介绍，特别是对近代的新型组织结构以及迈向数智时代的新型组织结构中已经给予了相应的介绍。然而有一个与组织结构设计密切相关的、特别重要的问题在此仍需要重申：以往组织结构设计的主导者是"人"，而随着人机交互在决策中所发挥的作用日益凸显（对此在人力资源管理变革中已有过阐述，在管理决策的变革中会再度重申），组织结构的设计者可能不再局限于人，也可能是机器。所谓人机交互指的是，为完成确定任务，人与计算机之间使用某种特殊的对话语言，以一种特定的交互方式开展信息交换的过程。除上述过程因素外，人机交互的结果还会受到两方面因素的影响：其一，不同计算机使用者的教育背景、理解方式、学习方法及其具备的已有技能，会塑造其不同的使用风格。其二，机器是如何认知世界的？随着机器学习的不断深入，能否建立机器解读世界的普适性模型，仍然是未来需要面对的问题和挑战。

人机交互的出现，不仅打破了内部组织结构，同时给组织间的结构也带来了新的挑战。这就要求，在研究和设计人机交互时需要考虑：用户界面变化的迅速性，提供新的交互技术可能已经不再适用于以前的研究；当用户逐渐掌握新的接口时，他们可能会提出新的要求，这些要求都会随着发展而不断变化，这些新的变化又会对组织结构的设计产生影响。在未来战略管理中，有关组织结构设计不得不考虑诸如此类的新问题，而这些问题都不曾在传统职能制组织结构、事业部制组织结构、战略业务单位组织结构、矩阵制组织结构、H 型结构（控股企业/控股集团）、多国企业的组织结构类型等中出现。

8.2.1.4 企业的竞争优势

企业该如何建立自己的竞争优势，产业组织模型和资源基础观是当前的两大主流解释。其中，产业组织模型认为企业获取竞争优势的方式是选择适合自己的具有吸引力的行业，资源基础观则认为企业拥有的独特的资源组合是企业建构竞争优势、赚取超额利润的基础。杰恩·巴尼（Jay B. Barney）提出，具有价值性、稀缺性、不可模仿性和不可替代性四个特征的企业资源是企业可持续竞争优势的来源。虽然有关企业竞争优势的生成到底是外生范式还是内生范式仍存有较大争议，但是在实践中竞争优势的建立越来越强调对资源的拼凑。

资源拼凑是一种建构主义的思维方式，言下之意是没有资源并不可怕，关键看能否拼凑资源。早期资源拼凑研究旨在揭示创业者在资源高度匮乏的情境下是如何创造性地利用有限资源和选择性拼凑突破创业极限、推动企业成长的，因其强大的解释力而被企业内部创业者所采用。从企业的实践来看，网易虽然缺乏生产性资源，但是它通过拼凑的方式推出了网易严选；小米和国际饮料巨头可口可乐合作，推出了在购买可口可乐旗下的全线汽水、果汁等产品时，有机会"揭盖"赢取小米手机等系列活动。南极人华丽转身成为南极电商后，亦通过拼凑的方式在电商渠道布局品牌授权和产业链服务，为其合作伙伴提供资源整合、数据赋能等服务，剑指世界级的消费品巨头。不同领域、不同地域的企业通过拼凑的方式，在创造新商业模式的同时，重塑竞争范围、重构竞争优势。未来企业竞争优势会在哪里？在大卫·蒂斯（David J. Teece）和迈克尔·波特（Michael Porte）之争中，或许前者持有的动态管理能力观有胜出之象，但从信息技术的发展来看，基于大数据的商务智能与分析能力或成为新宠。

8.2.2 战略环境的变化

8.2.2.1 "ABCD" 范式之争

人工智能（Artificial Intelligence）、区块链（Block Chain）、云计算（Cloud Computing）和大数据（Big Data）是数智时代新兴技术中的翘楚和代表，取其英文单词首字母，常被冠以"ABCD"之名。作为计算及科学的一个分支，人工智能旨在研究和开发用于模拟、延伸以及扩展人类智能的理论、方法、技术以及应用系统。机器人、语言和图像识别、自然语言处理和专家系统等都是人工智能的研究范畴。例如，第一个击败人类职业围棋选手的阿尔法狗（Alpha-Go），以及第一个获得公民身份的女机器人索菲亚，都是人工智能带给我们的惊喜。区块链是一个来自信息技术领域的术语，但是不同的人对其有不同的理解。从本质上讲，区块链更像是一个共享数据库。存储在区块链中的数据或信息，具有不可伪造、全程留痕、可以追溯、公开透明、集体维护等特征。区块链最大的魔力在于：它的创始人、比特币的创世者、《一种点对点的电子现金系统》的作者中本聪是谁？这至今仍是一个未解之谜。区块链的出现或许会改写信任的基础，在此之前，信任是基于血缘或契约，而之后可能就是基于区块链。虽然基于区块链而生的比特币或存在泡沫（起初它 0.3 美元的价格也就相当于 2 元，10 年后却高达 30000 元），但是它却夯实了"信任"基础、创造了可靠的"合作"机制，具有广阔的应用前景。例如，在碳达峰碳中和行动中，区块链能共享记账，实现价值的协同，同时提升监管部门对整个碳排放相关流程的全面监管。在云计算里，"云"不过是互联网的一个隐喻而已。通过网络云，云计算将海量的数据计算处理程序分解成无数的小程序，然后通过多个服务器组成的系统进行处理分析，并将分析结果反馈给用户。与传统网络应用模式相比，云计算采用虚拟化技术、按需部署，具有灵活性高、可扩展、性价比高等特点，得到广泛应用和传播，目前应用比较广泛的有存储云、医疗云、金融云和教育云等。关于大数据，本书在第 1 章中已有过详细的介绍。

所谓 "ABCD" 范式之争体现在对新兴技术影响力的不同观点上，主要分积极乐观派和迟疑谨慎派两大派。积极乐观派的人在态度上近似急功近利，主张通过以 "ABCD" 为代表的新兴技术可以轻松地窥探事物与事物之间的普遍联系，有关世界是普遍联系的哲理由此得以解决，而对于事物本质的研究只需知道相关即可；因此，以往的那些基于假设、伪证程序的理论及其科学实证则显得过时，那些过时的理论理应被淘汰。迟疑谨慎派主张一种更谨慎的观点，认为 "ABCD" 虽然能够帮助我们有效地发现复杂现实背后的普遍联系，但其揭示的众多相关性并不能替代因果性。然而，值得注意的是：相关不等于因果。最简单的例子就是消防车的出车量和火势之间的关系，虽然两者是明显的正相关关系，但并不能说明消防车出车量越大，损失就越大，这两者之间并不是因果关系，因果关系还是需要做进一步探讨；很明显，消防车的出车量和损失都是由火势引起的。

8.2.2.2 乌卡时代

百年变局与世纪疫情叠加交织回荡共振，人们用 "乌卡" 来形容现在这个兼具易变性（Volatile）、不确定性（Uncertain）、复杂性（Complex）和模糊性（Ambiguous）的世界再形象不过了，而 "乌卡" 就是上述四个英文单词首字母组合 "UVCA" 的谐音。之所以有 "乌卡" 主要取决于两个因素：未来发展方向的不确定性和未来发展路径的不连续性。在未来发展方向的不确定性和未来发展路径的不连续性都较低的情况下，企业战略决策将会面临一个稳定的外部环境；当未来发展方向的不确定性低，但是未来发展路径的不连续性高时，企业战略决策将会面临一个动荡的环境，很可能需要调整；在未来发展路径的不连续性低，而未来发展方向的不连续性高的情况下，企业战略决策面对的环境将会有变，因此需要寻求备择战略选项；当未来发展路径的不连续性高，未来发展方向的不确定性也高时，企业战略决策将会面临一个完全紊乱的环境，企业既难以在既有战略上进行调整，也无法及时找到适合自身的新战略，此时企业需要做的是通过颠覆式创新以实现战略转型。

在数智时代，"乌卡" 的根源在于三个方面：一是无限收敛性使产业边界越来越模糊，企业边界早已不再清晰。例如，你觉得小米是一个什么类型的公司，是互联网公司还是科技型公司？小米到底做什么？能够回答这些问题，的确不是一件容易的事情。二是自我迭代性。由于大数据资产超越了资源本位观的限定，企业已突破了传统资源和能力的约束，使企业创新和服务从有限走向"海量"，我们可能说今天还是 1.0，明天就是 2.0 了，第三天就变成了 3.0 或是 4.0，这种能力在以后的发展中只会越来越强。三是数字孪生。数字孪生指的是一种以算法方式而非人工命令的形式呈现和分析数据的能力。作为一个超越现实的概念，数字孪生引起工程建设、智能制造、产品设计和医学分析等领域的高度关注。在 2021 阿里云峰会上，阿里云与机械工业第九设计研究院股份有限公司联合发布了"汽车数字工厂 1.0"行业解决方案。其中，数字孪生就是该方案中最重要的部分之一，并在一汽红旗新能源汽车工厂得以落地。

8.2.2.3 新竞争格局

经济全球化、放松管制、消费者意识增强和技术迭代是重塑市场竞争格局的四种市场力量。在过去的几十年内，全球化市场突飞猛进、跨国公司犹如过江之鲫，导致全球市场环境越发的不确定，特别是经济环境与局部政治环境交织，紊乱而又复杂；自由主义兴起与自由市场深入，各个国家或地区不断放低准入门槛，加速环境的变化，同时也带来了更高的模糊性；随着世界的开放，全球交流呈指数级增长，见多识广的买家眼光越来越敏锐，个性化消费破坏了原有的市场结构和劳动力的稳定性；新兴技术的出现和迭代，打破了原本可依的规则和程序，能够根据历史来预测未来的机会和效用工具开始下降。

从全球数智经济创新主力来看，主要集中在中国、美国两个国家的数字科技企业群体，包括美国科技五大巨头 GAFAM（Google、Apple、Facebook、Amazon、Microsoft）和中国互联网领军企业 BAT（百度、阿里巴巴、腾讯）。在数智经济临近之际，中美科技企业之间的竞争异常激烈。从整体来看，中国数字科技型企业与美国同业之间还存有较大差距。从规模来看，根据欧盟2020 年公布的全球投资 2500 强企业名单，数字科技型企业有 288 家，其中中国企业的数量不及美国企业数量的一半（中国数字科技型企业有 62 家，而美国数字科技型企业有 153 家）。在研发投入上，中国 62 家数字科技型企业总投资 195 亿欧元，美国 153 家数字科技型企业总投资达到了 1027.9 亿欧元。根据上述两组数据可以发现：美国数字科技型企业平均投资额是中国数字科技型企业平均投资额的 2 倍多。在收入方面，美国数字科技型企业有过半的收入来自本土之外，而中国企业则以服务本国为主。2020 年，中国应用 TikTok 成为全球最热门的应用，下载量 8.5 亿次，在美国超越 YouTube 成为最火的视频 App；SHEIN 超越 H&M、Zara 和 Forever 21 成为美国最大的快时尚零售商。TikTok 和 SHEIN 是中国移动应用第二和第三梯队的代表。相比 BAT，它们国际化的表现更突出。另外，它们也给领先企业带来了全方位的、强大的商业竞争压力。处于美国科技第一梯队的五大科技巨头的日子并不好过，第二梯队的 Snapchat 正在挑战 Facebook，Shopify 在北美地区与亚马逊激烈争夺电商领域的市场份额，而 Zoom 在云视频领域势不可当。毋庸置疑，大国竞争正在重塑全球市场竞争新格局。

8.2.3 战略管理的转型升级

战略决定企业的生死存亡，重塑企业基因，改写企业命运。身陷"ABCD"范式之争的旋涡，面对"乌卡时代"竞争格局之变，企业战略管理转型升级势在必行。通常战略管理转型由战略本身和保障战略落地的辅助系统两部分组成。战略本身可以理解为传统意义上的企业层、业务层和职能层的战略，如业务层的成本领先、差异化、聚焦成本领先、聚焦差异化和整合五种通用型战略，以及公司层的多元化和国际化。从实质性内涵来讲，在任何一个时代，这些战略都不会有太大的变化。只是在数智时代，这些战略在"工具"层面都要借助大数据予以实现，如现在经常看到的数字化创新、数字化战略、数字化转型等（包括业务数字化和数字业务化），实质上都是传统战略借助数字化手段实现的转型。战略转型失败，通常不是由转型战略本身造成的，而是由保障战略落地的辅助系统的缺失造成的。很多企业很重视战略管理，但后期的落地保障、升级能力、机制建设能力却没有跟上，导致绝大多数公司的战略最终没有成功落地。同样，如果把战略升级也看成一个总系统，这个系统通常也有两个重要的子系统：一个是战略管理的主体系统，即战略管理系统；另一个是战略保障的客体系统，即战略升级的保障系统。主体系统是确保公司走在正确的路上和方向上，而客体则是保障战略实现的关键，即确保正确的战略是否能得到有效执行的关键。两个子系统是战略最终能否获得成功的关键支撑，二者相辅相成，相互关联，互为主体，缺一不可。如果第一个子系统出了问题，也就是战略方向、目标出了问题，执行和落地能力再强，最终实现不了战略目标，甚至南辕北辙。如果战略本身没有问题，但是保障系统出了问题，战略同样无法实现，再好的战略也等于零。

在世界流变之际，企业如果不革命就只能等待数智时代来革自己的命。对于广大企业而言，战略转型升级已经从部分行业头部企业的"可选项"转化为更多行业和更多企业的"必选项"。在过去的 2 年内，特别是受新冠肺炎疫情的影响，企业转型升级整体成熟度和转型升级在企业战略的认知度都有所提高。众多企业在战略转型升级的资金和人才等方面的投入力度不断加大。从管理者到普通员工，对企业战略转型升级的认识和理解进一步加深，动员和参与程度进一步普。战略转型升级的先行企业借助于数智化转型，通过挖掘数据资产的价值，发现新的业务增长点，助力产品和服务创新。这些先行企业已经从最初的探索尝试阶段过渡到了数智化运营阶段，转型升级效果显著，并在此基础上衍生出全新的数智化业务和商业模式。另外，业内已经涌现出一大批跟进者，通过主动跟进或依附式进行了战略的转型升级。无可否认令人遗憾的是，还有大批滞后企业，与那些已经或者正在实施战略转型升级的企业之间差距正在逐步拉大。战略管理的转型升级，从根本上来讲是企业在思维方式和文化理念上对数智化工具仍然持有怀疑的态度，不能接受新事物、不愿意采纳新工具。近年来，企业的倒闭潮除受疫情的影响外，企业观念落后、抱残守缺也是重要原因。如何从内部突破，实现战略管理的转型升级，是企业应该思考的首要问题。

8.3 数字化战略兴起与变革

8.3.1 即兴战略

在转型经济的社会大背景下，企业经营环境充满不确定性和不可预测性，企业战略管理面临巨大的风险和挑战。一方面，数智时代频繁而快速变化的市场需求、层出不穷的新兴技术迭代和惨烈的市场竞争，大大降低了企业预测其生存前景的精准率，从而无法做出充分、全面的战略准备；另一方面，企业过于依赖组织惯例、经验和既有战略，轻则阻碍自身发展，重则导致经营失败。因此，企业必须提高自身对环境变化的感知力和响应力，并提高整合资源以匹配环境变化的调整能力和应变速度。在外部环境难测的情境下，企业在没有预设计划的前提下，结合自身实际状况自发地整合现有资源、调整组织结构、打破惯例、创新应对方式的战略行为，被称为即兴战略。传统意义上的战略规划是一个自上而下的过程，企业采用系统的方法来发现市场机会并规避风险；即兴战略不同于以往的战略制定，它是企业对预期之外的市场机会的把握或威胁的快速回应，是通过对可获得资源的有效利用，自发、灵活、创造性地解决问题。商业环境的流变使企业没有足够的时间进行市场调研，进而做出相应的战略规划。这意味着传统的战略制定方法受到了严重的挑战，企业各级管理人员甚至普通的一线员工，都要依靠自己先前的经验或直接快速决策、迅速反应，能够上下协同、统一战线，形成企业的即兴战略。

我国从来不缺少培育即兴战略的土壤，确切地说：自改革开放以来，我国市场经济一直具有竞争激烈、动荡不定等特征，同时也兼有特殊的制度背景。市场环境和非市场环境，同时塑造了企业以市场和非市场两大战略来应对身处的经营环境。市场战略是企业为了获取市场竞争优势，在恰当的时间生产出恰当的产品或提供恰当的服务，或兼而有之，来满足市场需求的战略行为。随着我国由计划经济向市场经济的转型，企业市场战略基本上由原来的计划式转向适应需求。非市场战略主要由企业所处的制度环境来决定，是企业在经营过程中如何处理与公众、政府、媒体和其他社会机构等利益相关者群体之间关系的理念和互动策略。事实上，对于大多数的创业团队而言，起初采用的都是即兴战略，准确地讲是基于社会网络的即兴战略。这与我国是一个关系型社会有着密不可分的关系。在我国，庞大的社会网络中不仅蕴含着人与人相处的社会关系，同时还蕴藏着丰富的商业资源。马克·格兰诺维特（Mark Granovetter）有关"一切经济活动都镶嵌在社会活动之中"的论断，在我国商业活动中被体现得淋漓尽致。正如清华大学组织社会学家罗家德教授所讲的那样，中国人的生意是两手准备：在"吃饭喝酒博感情"的同时又要"审时度势布战略"。

新冠肺炎疫情对全球经济产生了广泛而深刻的影响，为应对疫情，政府实施了持续数月的封锁或间歇式封锁，许多餐馆、酒店、电影院、旅游公司、实体零售商和健身房大幅削减容量，导致客户流失、收入急剧下降、有才能的员工流失；对那些能够继续营业的公司，在清洁、通风和工作场所保持距离方面采取高成本应对性措施，以防止病毒的传播。在此经济社会大背景下，企业员工士气低迷，生产材料短缺或中断，供应链上压力倍增，管理、财政和物质资源紧张。在新冠肺炎疫情的持续影响下，一些暂时难以复工的中小企业面临难以支付员工基本工资的巨大压力，同时由于网购需求猛增导致线上零售企业门店员工、配送员职位空缺大量出现。于是，在 2020 年初就出现了"共享员工"的新用工模式，成为企业应对疫情、积极自救的创新之举。所谓共享员工，就是不同企业用工主体之间为了协调特殊时期内阶段性的用工紧缺或富余，在尊重员工本人意愿、经多方协商一致的前提下，将闲置员工劳动力资源进行跨主体共享，并将其调配至具有用工需求缺口企业主体，从而实现整个社会人力资源的优化与配置的新型合作用工模式。通过共享员工，劳动力的供给方降低自身的人力成本，劳动力的需求方也可以有效缓解"用工荒"，待岗人员也可以通过参与新的劳动获得劳动报酬，从而实现多方共赢。2020 年 7 月，广东东莞税务局在"共享员工"模式的基础上，还推出了"税收数据+专员"的精准辅导服务模式，利用"税收大数据分析平台"，主动为用工紧缺的企业匹配合适的"共享员工"。2021 年 2 月 6 日，阿里巴巴本地生活服务公司正式推出了"蓝海"就业共享平台，邀约全国各地餐饮商户统一为"富余"员工就近报名，成为外卖骑手。

8.3.2　共演战略

《共演战略》是路江勇基于对企业创业成长的学术研究和实践观察，总结出来的一套企业战略要素在企业整个生命周期中共同演化的分析框架，对数智时代战略分析具有重要的指导意义。

8.3.2.1　共演战略的魔法数字

共演战略的魔法数字包括 1、2、4、6、12 和 48。其中，"1"是在讲环境的复杂性；未来发展方向的不确定性和未来发展路径的不连续性，是构成环境复杂性的两个重要特征。发展方向的不确定性意味着企业"往哪儿去"的不确定，未来发展路径的不连续性意味着企业"如何去"也不清楚，而"往哪儿去"和"如何去"是战略管理要解决的企业发展的两个核心问题。如果把构成环境复杂性的两个特征分别分为"高"和"低"两种情况，那么就可以勾勒出一个新的"乌卡"（UVCA），只不过此"UVCA"不同于前面的"UVCA"。在这里它代表四种不同的战略环境："U"代表"无常"（Uncertainty），未来发展方向的不确定性高，未来发展路径的不连续性低；"V"代表"动荡"（Volatility），未来发展方向的不确定性低，未来发展路径的不连续性高；"C"代表"恒常"（Constancy），未来发展方向的不确定性低，未来发展路径的不连续性也低；"A"代表"模糊"（Ambiguity），未来发展方向的不确定性高，未来发展路径的不连续性也高。"2"指的是企业战略管理的对象（人和事）和企业的边界（内和外）两个维度。从企业的边界而言，企业的边界如何打破，关注的是从内到外，还是从外到内的突破性问题；从人和事而言，则可以提取出企业管理的四个要素：用户、组织、产品与市场，不难发现市场是一个事情的问题，是外的问题，用户同样是外的问题、人的问题。企业战略管理还可以分为四个阶段：创业阶段、成长阶段、扩展阶段、转型或衰退阶段，尤其是到了最后一个阶段，企业选择转型进行迭代创新，把企业的生命周期重新界定，而不是任其发展，走向衰败。战略管理中的 4 条路径与 6 个战略问题息息相关，具体体现为 Why、Who、What、Where、When、How。从问题分析的框架和对象来看，这 6 个基本问题和以往的问题分析是完全契合的，并未发生过多的转变。共演战略中所要讨论的企业存在的原因，也就是 Why 的问题；组织要素要讨论的是企业由谁组成的问题，即 Who 的问题；产品要素需要讨论的则是提供什么样的服务，即 What 的问题；市场要素要讨论的是企业的经营环境，即 Where 的问题；共演战略要讨论的是企业的发展周期，即 When 的问题；路径要讨论的是企业的发展方式，即 How 的问题。共演战略的四个要素还有 12 个战略要点，分别是用户特征、用户需求、用户选择、领导者、团队员工、组织结构、产品开发、营销推广、业务模式、技术趋势、资本资源与市场竞合，这 12 个要点从要素中延伸而来，从而帮助我们细化企业在动态环境中的基因。12 个要点在四个阶段分别变化，由此产生了 48 个战略演化。

8.3.2.2 共演战略的算法

共演战略不仅有魔法数字，还有共享算法，即指共演战略在企业不同生命周期的算法。即"从 0 到 1""从 1 到 N""从 N 到 N+""从 N+ 到 Z"的四个主题阶段。这对应着企业生命周期通常要经历的四个阶段，就是前文所说的创业阶段、成长阶段、扩张阶段和转型阶段。大体上而言，"从 0 到 1"意味着企业从无到有的创业过程，"从 1 到 N"意味着企业的用户从少到多的积累过程，而"从 N 到 N+"则是围绕着企业的核心业务进行多元化的过程，"从 N+到 Z"意味着企业拓展或转换的跑道，进行转型的问题。由于各个要素的侧重点不同，推动企业发展的动力也是不一样的，这些差异就可以应用在企业各个阶段战略运算的规则中。

在创业阶段称其为"精益创业"，凸显在一个"精"字上，这里的"精"指的是精于用户研究，精研用户需求，准确把握用户痛点。在"从 0 到 1"的过程中，精心了解客户的需求，准确把握全部的精力应聚焦在某一个点上，这是因为在创业初期，企业的基本资源都是有限的，所以要集中到一点上，即将全部的力量聚焦于实质上，其他要素可好可坏，短时潇洒飘逸，所指之处分毫不差，也就是针对一个点的问题。

"从 1 到 N"是成长的阶段，主要任务是做好产品，利用产品在市场上进行单点的突破，比如说实现快速的增长，主要集中在深度上，成长的阶段相当于一杆"霸王枪"，借助一条线将"一阳指"的威力放大，这个时候更多地遵循乘法的法则，企业成倍数增长壮大，就像创业者圈内流行一句话"一厘米宽，一公里深"，这里的"深"说的就是成长阶段企业要能够脚踏实地，埋头苦干。

"从 N 到 N+"是增益扩张的阶段，在这个阶段企业的眼光就不应仅仅局限于某一种产品上，应当把握整个市场的宽度，在市场上寻找新的发展机遇，而新的发展机遇往往来自围绕企业核心业务进行的关联性扩张。采用"峨眉棍"的打法，棒打一片，更多地体现为一种累加的过程，有助于企业不断地提高自身的价值，"元"这一特点在扩张的阶段体现为多元，但区别于"多"的意思，强调的是企业围绕用户的多元需求，倾向于企业的组成形式更加丰富饱满。

"从 N+到 Z"是升益转型的问题，企业转型往往和企业衰退同时发生，而要想使转型取得成功，应当合理地把握企业的未来趋势，升级企业组织结构，保障企业不会因某一问题的产生而导致整体的溃败，在精度和深度的基础上，更加注重企业的维度问题，升益算法的核心是除法，此时的企业不得不对企业原先拥有的市场及客户进行自我的颠覆，消除掉那些试图阻碍企业健康发展的一些要素，对企业进行一定的复原，恢复其原有的生命力。

8.3.2.3 共演战略要义

作为一个战略分析框架，共演战略将战略视为系统性和动态性、空间和时间、格局和视野、共同和演化的函数。根据企业所处的经营环境，企业可以采取计划式战略（恒常）、愿景式战略（动荡）、涌现式战略（无常）或适应式战略（模糊/混沌）。如图8-1所示。

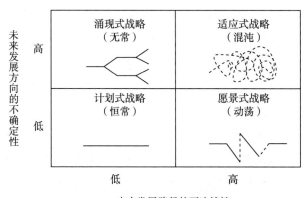

图8-1 共演战略分析框架

资料来源：路江涌（2018）。

共演战略要义指出：企业应对未来发展方向不确定性的关键就是把复杂的事情简单做，尤其是在创业期；企业应对未来发展路径不连续性的关键就是简单的事情要重复去做，尤其是在企业的成长期；企业应对经营环境系统性的关键就是把重复的事情认真做，尤其是在企业的成熟期；企业应对内外环境动态性的关键在于认真的事情创新做，尤其是在企业的转型期。根据共演战略这一分析框架，企业当下应以适应式战略为主，把该认真的事情通过创新的方式去做，在转型的过程中培育企业的适应能力和组织韧性。

8.3.3 数字化战略

数智经济时代下，传统企业需要不断地进行数字化战略更新，才可以应对竞争环境所带来的新挑战。所谓的战略更新是企业为了达到自身和外部环境的匹配而摆脱对路径的依赖，适用于公司创业、战略定位和数字化转型等多个情境。如果一个企业不是简单地从低端市场转型到高端市场，而是致力于在数字化领域的更新活动，即可认为该企业是在实施数字化战略更新。

动态能力和运营能力是驱动企业数字化战略更新的两类能力。动态能力强调能力的重构和动态性，运营能力强调能力的维持和稳定性。动态能力包括环境感知能力、机会利用能力、资源重构能力三种类型，而运营能力包括数字营销能力和产品开发能力两个方面。环境感知由环境监测、内外部环境分析、经验学习及反思三部分组成。关注外部环境中的行业发展趋势、技术发展方向，是企业监测环境的主要内容；企业内部的管理人员通过集体讨论、决策、计划，对内外环境进行全面的分析和评估；经验学习及反思要求企业的掌舵人，尤其是企业家能够不断地总结先前行业经验、不断完善改进企业的计划决策。机会利用能力包括提出规划、机会利用和外部合作。提出规划指的是企业要规划出未来的发展方向，明确提出新的战略；机会利用要求企业能够快速响应，并采取行动，开拓新市场；外部合作指的是企业要与不同类型企业、社会组织、政府等主体进行合作，以达成战略联盟。资源重构能力指的是企业开展的、旨在优化和调整各种战略要素的一系列的有关提升价值活动、重新配置资源、知识整合等活动。企业可以通过新的商业模式、引进新的工艺、采用新的运营流程，来提升价值活动；通过改变原有的组织结构、创设新的企业、组建产品研发团队，来优化和配置战略资源；通过获取数字化的资源、搭建信息平台、升级产品来改变企业所拥有的资源基础；通过建立生态系统、与合作伙伴进行知识共享等整合外部的资源。

运营能力主要体现在数字化营销能力和数字化研发能力两个方面。数字化渠道、满足客户需求、市场知识，是体现数字化营销能力的三个重要方面。企业通过自建平台、入驻第三方平台等方式，扩展数字化营销渠道；利用新兴技术连接客户，让其参与产品设计和研发活动，满足客户的需求；通过客户画像制定正确的市场策略，以丰富和扩充已有的市场知识。技术工具、技术产品、技术经验，是构成产品研发能力的基础。常用技术工具有 MIS、SRM、ERP、BI 等；技术性产品包括一些新的数字化产品的研发、数字化服务等；而技术经验则是技术性员工的技能，企业能够制定或参与制定新兴技术标准等。

2021 年 11 月 26 日，中国人民大学商学院院长毛基业在《数字化转型的根本是人的转型》的主题演讲中提出：数字化转型既包括数字技术的创新应用，也包括组织和生产关系的改变，而本质上仍然是人的转型；企业应该充分认识到"数字化转型是必选项，而非任选项；是颠覆式创造，而非持续性改进；是组织变革，而非技术采纳"。因此，在数智经济时代，数字化战略将会大行其道。

8.3.4　战略生态位管理

8.3.4.1　战略生态位管理提出

"科学技术是第一生产力"是邓小平提出的重要论断。库兹韦尔在《奇点临近》一书中指出："人类创造技术的节奏正在加速，技术的力量也正以指数级的速度在增长。"值得注意的是：并非所有的技术都能得到推广和应用，大部分技术都会"胎死腹中"。一项技术是否能够被采纳取决于四个方面：技术自身的关联优势、复杂性和兼容性，外部环境的竞争压力和监管框架，组织的规模和准备，管理者对新兴技术的认知、拥有的信息系统知识和敢于创新的魄力。技术成熟度曲线表明：一项技术要先后经历诞生、期望膨胀、泡沫破灭、启蒙和稳定五个阶段。随着新技术被提出并进入大众视野（诞生），以其为基础的原型产品不断被开发出来并刺激着大众的好奇心；随后，技术开发者或市场开始仓促督促其快速投入市场以占领先机、抓住新的利润增长点（期望膨胀），盲目乐观、盲目投入、过度宣传以迎合大众兴趣，往往忽视新技术的不足；一批又一批所谓的"新产品"被投放市场后却发现，市场逐渐冷淡；当经历失败以后，大部分新技术的拥护者中会随着潮退而黯然离场，剩下少部分开始总结经验教训、痛定思痛，对新技术进行改造，逐步提升新技术的效果（启蒙）；最后，当新技术的性能或效果真正能够满足市场需求时，方才进入实质性的普及和量产阶段。以 VR 技术的发展为例：在 19 世纪 30 年代，作家斯坦利·温鲍姆（Stanley G. Weinbaum）在小说《皮格马利翁的眼镜》中提到了一种"人们戴上它可以看到、听到、闻到里面的角色感受到的事物，犹如真实地生活在其中一般"的眼镜；美国摄影师 Morton Heilig 发明了第一台 VR 设备（Sensorama），在 1962 年提交了技术发明专利，被视为 VR 设备的鼻祖；1968 年，美国计算机科学家 Ivan Sutherland 发明了最接近于现代 VR 设备概念的 VR 眼镜；随之，在 VR 市场涌现出了 Sega VR（1993）、Forte VFX - 1（1995）、任天堂 VisualBoy（1995）和 Philips Scuba VR（1997）等多款产品，但都没能够实现真正意义上的突破；直到 2014 年 Google 发布了 VR 体验版解决方案（CardBoard），HTC vive 在 MWC2015 上正式发布，2016 年索尼公布了 PSVR，VR 设备的性能才逐渐趋于稳定、能够满足市场需求。因此，2016 年也被称为 VR 技术真正的新元年。

一项新技术从诞生走向市场，固然会受到"无形的手"的影响，但是如果把新技术完全交付于市场，很可能将其带入一条还没来得及从实验室进入市场就踏上死亡的道路。因此，对于新技术需要一定的政策体制予以保护。基于对新兴技术的保护，一些"社会—技术"体制改革的研究人员提出了"战略生态位管理"（Strategic Niche Management，SNM）的概念。所谓的战略生态位管理指的是，一个从技术生态位向市场生态位发展的管理过程，这个过程为那些具有良好发展前景的新兴技术提供一个保护性或实验性的空间和时间，促使其能够从初态走向成型并发展，最终实现有效的管理并撤销对其的保护。尽管战略生态位包括技术生态位和市场生态位两种，但技术生态位是整个战略生态位的核心。新生技术虽然具有巨大的潜能，到那时并不一定具备进入主流市场和传统技术或产品进行抗衡的能力。上述 VR 技术的发展历程的例子，已经充分地说明了这一点。持续的创新对技术生态位具有激励作用，技术生态位为那些初生的新技术提供了"孵化器"。有关技术进步并没有带来经济的同步增长的根源之一，就在于战略生态位管理的缺失。作为一种新的分析工具，战略生态位管理能够对颠覆性技术的整个发展轨迹实现高效的管理，推动颠覆性技术从技术生态位跃迁至市场生态位，并最终达到范式生态位，从而通过颠覆主流技术实现社会技术的深刻变革。

8.3.4.2 颠覆性技术与战略生态位管理

颠覆性技术指的是那些能够提供新功能和新标准，改变消费者预期和市场规则的技术。相对于传统技术而言，颠覆性技术总能以出人意料的方式改变过往的发展轨迹，在利基市场或初级市场夹缝中找到生存的空间，以方便和简易的特征开始在大众中进行传播，在不断迭代升级中获得用户支持、占领主流市场。从经济学的视角来看，发掘颠覆性技术并不是一件容易的事情，但是它本质上具有先进性，特别是颠覆性技术在某一方面（如成本更低、功能更强等）

具有独特的性能，最终会取代旧技术；从技术的发展轨迹来看，很多颠覆性技术都是自下而上的，想要取得组织合法性非常困难，这也是导致诸多颠覆性技术胎死腹中的重要原因之一；从市场绩效的角度来看，颠覆性技术改变了企业竞争的基础，打破了市场原有的竞争格局，但是却满足了消费者的需求；从商业模式角度来看，颠覆性技术因其高性能和低成本等特性，给整个现有市场带来了极大的影响，对传统的商业模式构成巨大的冲击。

长期来看，颠覆性技术的普及和应用是有利于整个社会经济的发展的，但是其所带来的短期市场震荡也的确会给企业带来一定的损失。因此，对于颠覆性技术而言，战略生态位管理就显得非常重要。根据战略生态位管理流程，需要对颠覆性技术进行选择，然后进行实验选择、建立和执行实验、扩大实验和保护性撤离等阶段。识别和选择具有潜力的颠覆性新技术，是战略生态管理的第一步；通过一系列的保护措施和相关人员的介入，解决创新过程中的问题，从制度和资源上保证颠覆性技术实现从技术生态位到市场生态位的跃迁；在颠覆式创新普及和应用的阶段，还要建立有效的保护退出机制。在此过程中，创新系统中有关战略生态位的空间运作，是技术生态位成功过渡到市场生态位、突破"技术制度锁定"效应的关键。颠覆性技术需要通过技术和市场的双重考验后，才能实现真正意义上的产业化，引领产业变革。

8.3.5 商务智能战略

8.3.5.1 商务智能的概念

智能最早是一个与军事和国家相关的概念，随后被应用到战略管理、信息管理、知识管理以及决策等领域。所谓的智能就是，从数据和信息里面获取真实的价值。大数据（BD）和商务智能（BI）都是近年来学术研究中快速增长的关键词。虽然大数据最近很流行，但是商务智能的提出要早得多。事实上，商务智能的概念早在1958年就由IBM的研究院Luhn提出了，但是直到1989年才引起学界和业界的关注。

目前，关于商务智能概念的界定可以分为信息系统技术观、资源资产观、动态能力观和创新采纳观。信息系统技术观下的商务智能经常被描述成一个产品或者一个过程，甚至是过程、产品和一系列技术的组合。例如，有研究指出，商务智能是由技术和组织元素组合而成的系统，通过对历史信息的分析、查询和报告，从而使决策和管理更有效，以提升业务流程绩效；也有研究认为，商务智能是支持决策过程的信息系统，是一套解决方案，它帮助组织收集、整合并分析大数据以发现机会，了解优劣势，传输实时信息以提供深入分析，通过追踪关键指标、全面了解组织当前的和历史的数据，管理和控制商业过程，为营销、财务、销售、运营和物流等多方面提供支持；还有研究认为商务智能是一种特殊而又重要的企业信息系统，其目的在于帮助决策者提高组织决策、提高组织绩效和竞争力，企业通过商务智能系统来收集和管理，将结构化和非结构化的数据转化为信息和情报，能够在恰当的时间为需求者提供透明且容易理解的信息来优化（至少提高）决策质量。商务智能还是一个关于分析、洞察、行动和绩效评估的循环过程。另外，资源资产观指出，商务智能资产包括技术资产、人力资产和关系资产，商务智能应该包括信息传递、解析、数据管理、建设。一些研究还指出商务智能是一个包含一系列通过整合硬/软件和数据的，包括从不同来源收集、组织和分析数据的一系列工具，技术和分析数据的工具，技术和解决方案，如数据仓库（Data Warehousing，DW）、数据挖掘（Data Mining，DM）、在线分析挖掘（On-line Analytical Mining，OLAM）和在线分析处理（On-Line Analytical Processing，OLAP），旨在帮助实现最优决策的工具和系统，它对任何一个组织的战略计划系统都具有重要的影响。因此，商务智能涵盖数据仓库、数据采集、数据挖掘、业务分析和可视化。基于动态能力的视角有学者提出商务智能能力这一概念，认为它是企业开发相关技术和资源，输出有价值信息的能力，由感知能力、捕获能力和转换能力三个维度构成，吸收能力也是商务智能能力的重要组成部分。秉承动态能力观的学者认为，将商务智能视为一种能力，而非资源，有助于澄清其与组织绩效之间的关系。基于创新采纳的视角，将商务智能视为对数据库、分层架构、数据提取和清洗等现有相关资产的采纳。此外，将商务智能与战略联系在一起，指出它是一种系统地定位、跟踪、沟通并将相关弱信号转化为可操作信息的战略方法和决策基础。

从管理信息系统兴起和发展来看，管理信息系统兴起于20世纪70年代，但是信息技术的发展并没有取得管理层的普遍满意。随着管理对处理复杂信息需求日益增加，对于商务智能的呼声日益高涨。与传统的管理信息系统相比，商务智能能够满足解决共性复杂需求和特殊性的复杂需求。商务智能开启了管理信息系统的新篇章，商务智能被广泛应用于金融分析、市场分析、客户分析、产品管理、物流、人力资源管理等领域。不同于先前通过整合不同业务的数据来提供决策信息的信息系统，作为引领信息系统技术发展的前端，商务智能系统主动提供个性化交互式报表。商务智能与其他管理信息系统的区别如图 8-2 所示。

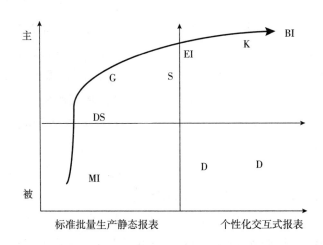

图 8-2　商务智能与其他管理信息系统的区别

注：MIS——管理信息系统；DDS——决策支持系统；GDSS——群体决策支持系统；KMS——知识管理系统；DBS——数据库系统；DW——数据仓库；BIS——商务智能系统。

资料来源：Shollo 和 Galliers（2016）。

在管理领域，大数据和商务智能研究有很多重叠的部分。大数据强调数据的收集、储存和分析，商务智能注重数据的分析、可视化和应用。商务智能的发展至少已经经过三个阶段：1.0，基于数据库管理系统（DBMS）的结构化内容；2.0，基于互联网（Web）的非结构化内容；3.0，基于移动和传感器的内容。目前，商务智能相关研究已经从最初的信息共享网络和信息整合，扩展到数据仓库、大数据分析、云计算等 24 个领域。在业界，微软、IBM、Oracle、SAP、Informatica、Microstrategy、SAS、Royalsoft、帆软等都是商务智能解决方案的著名 IT 厂商。

8.3.5.2　商务智能研究中的理论发展

在管理信息系统研究中，创新扩散（DOI）、技术接受模型（TAM）和

"技术—组织—环境"分析框架（TOE）历来占据主导地位。创新扩散理论描述了创新的五个属性，包括相对优势、兼容性、复杂性、可观察性和可试用性。技术接受模型从使用者的角度出发提出"感知易用性"和"感知有用性"两个属性。创新扩散理论并未考虑影响技术采纳组织层面的因素；同样，技术接受模型也没有考虑组织和环境等因素；"技术—组织—环境"分析框架综合考虑了组织内外不同因素对技术采纳的影响，包括来自技术层面的相对优势、复杂性和兼容性，组织层面的高管支持、集中化、企业规模和正式化，环境层面的竞争强度、行业类型和规则等。目前，已有多位学者尝试整合现有的商务智能研究成果，并对相关研究进行了综述。在相关研究中，信息系统成功模型、技术接受模型和创新扩散被广泛应用，而资源基础观、整合性科技接受模型、"技术—组织—环境"分析框架和动机理论则很少被引用。值得注意的是，信息加工模型在商务智能研究中也经常被引用，但它更加关注人们处理信息的过程。在此基础上，学者从决策的角度探讨了商务智能与组织效益的关系，在改善决策、提升洞察力和环境意识方面提供了有价值的研究结论，但并未直接指向组织绩效。占据主导地位的信息系统成功模型并没有很好地解释其中的影响机制，而且信息系统成功模型很少研究商务智能与企业绩效的关系，需要从理论上来弥补现有信息系统成功模型的不足。

8.3.5.3 影响商务智能采纳因素的研究

在过去的数十年间，技术创新无疑是推动企业发展的重要力量。在影响技术采纳的因素研究中，一方面，部分学者从信息系统的视角考察了技术性商务智能能力、信息和系统质量以及信息系统基础设施等因素；另一方面，还有部分学者从组织管理的视角探讨了组织目标、战略、计划等与商务智能一致性对采纳的影响，包括管理支持、商务智能管理、技术驱动战略。从具体的研究来看，有的学者在整合交易成本理论、资源基础观和计划行为理论的基础上构建了商务智能采纳的理论模型，揭示出组织、经济和技术三个方面中有利于采纳商务智能的相关因素；另有研究基于技术接受模型和信息系统成功模型指出：信息质量、系统质量和分析质量是影响商务智能采纳的三个关键因素。在中小企业商务智能采纳的研究中，技术属性（感知有形收益、感知无形收益、感知成本和感知复杂性）、组织属性（企业规模、企业准备和战略）、环境属性（行业竞争和竞争对手的吸收能力）共同决定了商务智能采纳。此外，还有研究认为企业文化可能会影响对商务智能的实施。虽然人们历来热衷于对技术的讨论，但是商务智能的实施需要跨部门的协作。因此，人才是商务智能成功与否的关键。技术的使用者首先要了解技术，同时也需要管理层的沟通和协调。高层管理者在商务智能能力构建中发挥着重要的作用。在具体的商务智能应用实践中，成功的商务智能不仅取决于高质量的数据，还有赖于高层管理者的支持、开明的领导、真正的用户参与、技术团队的支持和相互配合。另外，组织属性与新技术采纳之间存在密切关系。由于拥有更多的财务和技术资源，组织规模越大就越有可能投资于新技术并承担相关风险。由于小型组织在采用 IS方面资源贫乏、财务拮据、缺乏专业知识等困难，采用这种组合的可能性较小。另外，虽然创新扩散理论把创新过程划分为获知、说服、决定、实施和确认五个阶段，但是大多数研究聚焦于评估（说服阶段）、采用（决定阶段）和使用（实施阶段）三个阶段。基于"技术—组织—环境"分析框架和创新扩散理论，探讨了技术（相关优势等）、组织（管理支持等）、环境（外包等）对商务智能采纳三个阶段的影响。

8.3.5.4　商务智能采纳与绩效关系研究

虽然对商务智能的投资和市场份额都在飞速地增长，但是也有证据显示，诸多组织并未从实施商务智能中获益，70%的商务智能项目以失败而告终。一些研究认为商务智能可以显著改善企业组织绩效，例如，有研究通过对 181 家中小企业的实证研究发现，采纳商务智能对企业绩效具有积极影响。另有一些研究认为商务智能的实施并未达到预期，甚至有一些研究指出企业在实施商务智能后，反而降低了组织绩效。尽管如此，大多数研究认为，实施商务智能为组织带来了多方面的优势，具体体现为组织优势、供应商或合作伙伴关系管理优势、内部过程效率优势和客户智能优势。商务智能的影响包括提升组织运营效率、改进产品或服务、强化组织情报、增进组织结构的动态适应能力等。来自国内的研究发现：商务智能虽然能够提高中小企业绩效，但是在应用推广的过程中仍然面临诸多问题；顶层设计、中层推进和基层落实是促使商务智能在企业落地的关键。随着大数据和云计算的不断发展，基于云计算的商务智能（云商务智能，Cloud Business Intelligence）在业内逐渐兴起。基于云的 BI 系统依靠云计算技术来提供对大量数据和计算资源的访问，这些数据和计算资源利用了通过 Internet 访问的各种接口，提供三种类型的服务：基础架构即服务

（IaaS）、平台即服务（PaaS）和软件即服务（SaaS）。其中，IaaS 和 SaaS 更适合中小企业，可以满足中小企业旨在通过减少对信息技术（IT）的投资来实现经济的需求。云计算能够满足联机分析处理（Online Analysis Processing）的需要，云商务智能具有提高成本效率、灵活性和可延展性、可靠性、增强数据共享功能、不增加额外资本支出等特点，采纳成本低、易用，可以提高组织的敏捷性，是中小企业数智化战略执行中不二选择。

当今许多企业都在利用大数据优化商务智能过程，而与大数据和商务智能相关的学术研究蓬勃发展。商务智能研究主题包括概念、方法、应用和管理，而大数据和云计算分析为支持数据驱动的决策过程提供了巨大的资源和强大的方法学是其关键所在。目前有关商务智能的研究可以概括为：1 个核心、2 条路径、4 种视角、多重理论。1 个核心：现有商务智能研究以价值为核心不断展开，研究聚焦在组织绩效的提升、影响力、竞争过程、资产、使用过程、投资和转换过程七个方面；来自公司层（如战略、组织结构、文化等）、产业/行业和国家因素，对商务智能的发展具有重要影响；商务智能的发展将会对组织绩效、竞争优势、决策质量、组织变革和创新等具有重要影响。2 条路径：现有商务智能研究大致沿着技术路径——强调支持过程的工具和应用。管理路径将沿着从内部或外部收集数据转化为有用的信息不断向前推进。4 种视角：信息系统视角、信息处理视角、资源视角和能力视角。虽然目前学术界和实务界围绕商务智能是战略性问题还是战术性问题争论不休，但更稳妥的办法是将商务智能作为日常工作的一部分。多重理论：针对商务智能的研究，应该从技术和管理两条路径展开。在技术路径应该考察数据质量、与其他系统的整合以及用户访问，在管理路径应该考察组织的灵活性和风险管理支持。从现有管理路径上的研究来看，多数学者仅仅考察了与组织和信息系统相关的因素，而忽略了商务智能的使用者——人的因素，如低接受甚至抵制、对丧失权力和改变工作技能的担心、缺乏对商务智能知识的了解。在未来商务智能采纳研究中，应该紧跟技术发展节奏、重点考察商务智能的价值、检验与"人"相关的因素在技术应用中所发挥的重要作用，以缓和当前科技与人文失调的现象。

8.4 数智化战略陷阱

数智经济时代，企业战略管理变革早已不是一道选择题，而是一道必选题。随着大数据概念以及相关技术的普及，企业数字化创新、数字化转型不再是新鲜事，此处数智化浪潮大有碾压过往一切的趋势。面对数智经济时代的数智革命，企业或兴奋追逐于可能出现的潜在商机，或焦灼于被时代抛弃的风险，前赴后继如潮水般涌入数智化转型之列，以期能够屹立于潮头、分一杯时代的暖羹。通过数智化转型，一些企业真正创造了价值、保持了创新活力并对产业变迁产生了积极的影响；数智化转型成功后的企业充满韧性，能够带来社会效益和经济效益，成为数智经济的探索者和践行者，并且正在引领其他企业数智化战略的制定和实施。然而，历史的经验却也时刻在警惕我们：任何蕴含有强大生命力和商业价值的事物，都会在暗礁涌动之下鼓起泡沫，导致盲从者折戟折腰。

企业数智化战略不得不规避五大陷阱：①完全寄希望于首席信息官（CIO）带领的信息化部门的组织选择陷阱。让信息部独立承担企业综合性、整合性的大战略，本身就是对数智化的轻视，信息化部自身更是缺乏推动企业数智化战略的业务能力。②认为引入"大智移云区"等技术就完成数智化战略的工具陷阱。数智化工具是为企业数智化服务的，但并非"包治百病"的良药。企业为了数智化盲目地引入数智化工具，无异于"病重乱投医"。企业不能量力而行、量身定做，不仅无益于数智化转型和战略实施，最终还会因不当投资而不堪重负，甚至加速自身灭亡。③过分重视数据资产，以为抓住"数据"就占据优势的资源陷阱。数据与土地、劳动力、资本、技术称为五大要素在政府公文和相关报道和研究中出现的频率的确越来越高，但是数据的价值性反映的是其价值密度比较低，而不是说拥有大数据就能带来大价值。事实上，企业有90%以上的资源因各种原因而闲置，但还占用其他企业的资源。④向数智化战略要绩效、诉求立竿见影的短视陷阱。无论何时何地，战略本身都是一个复杂的过程，是一项长期工程。数智化战略需要长期坚持不懈的投入，不能受制于短期绩效考核，要做好长期打算，算大账、算长期账。⑤全员上阵，把数智化解决方案作为新的增长点，甚至兜售数智化方案的战略陷阱。除了那些信息化硬软件供应商和企业信息化建设咨询的企业以外，一些自认为在数智化转型中有丰富经验的企业，也开始尝试，甚至投身并热衷于服务其他企业数智化项目咨询。在 ERP 风起云涌的当年，大批 IT 企业和非 IT 企业都热衷于成为系统集成商。大浪终究淘沙，能够修成正果的毕竟寥寥。不可一世的 GE 也曾为此埋单，尽管它自身的数智化是成功的，但是它为全球制造类企业搭建数智化转型平台和服务支持的梦想终究没有成真。

9　管理决策的变革

管理就是决策。

——赫伯特·西蒙

9.1　管理决策及其演进

美国著名的管理学家赫伯特·西蒙（Herbert Alexander Simon）认为："管理就是决策。"从广义的角度来讲，管理决策包括管理问题的提出、管理目标的确定、解决方案的设计和选择等一系列的过程；从狭义的角度来讲，管理决策就是我们常说的"拍板"，即从多种备选方案中择其一，例如，本周末的聚会是去聚餐、唱歌、看电影还是去郊游等，最后决定去郊游，这就是一个决策的过程。决策类型的划分有很多种，其中有学者将其划分为 L、LI、LC、LTC、T 五个类型。L 即领导者完全依据自己对事情的了解与信息，凭经验与知识做决策，完全不与相关下属讨论或征求意见。LI 即领导面对决策会有选择性地询问员工对一些问题的看法，但是不让员工知道他问这些问题的目的，之后根据自己征询到的信息做出决策。我们会发现，这时候决策的主体虽然是领导，但是员工也间接地参与到决策中来了。LC 即领导者会单独分别找几位下属，征求他们的意见，领导者会先说明决策的目的和困难，并与这些下属讨论，并找到最佳的方案。LTC 即领导者在需要做决策的时候，会先召集相关的主管一起开会，先向主管们说明决策的目的与困难，并请每一位主管发表自己的一些看法与决策建议，领导者只扮演鼓励发言、引导讨论的角色，让不同的意见激荡出更好的意见，最后领导者会综合大家的意见后，加上自己深入的思考，再做出决策，并向提供意见的相关主管说明最终的决定与原因。这种方式不仅有事前的沟通还有事后的解释，会有更多主体的参与。T 即全员参与的模式，领导者将决策的形成完全地交给团队，并全力地支持团队最后的决定。

传统意义上的决策过程方面，是线性的、分阶段的过程，如图 9-1 所示。

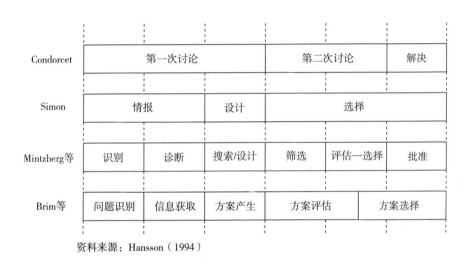

资料来源：Hansson（1994）

图 9-1 管理决策的过程观

资料来源：Hansson（1994）。

在管理决策中通常会遵循一些原则，包括但不限于系统性原则、可行性原则和满意原则。所谓的系统性原则指的是参与决策的人能够全面、系统地去考虑所面对的问题，从全局来考察问题的方案，因此系统性原则会要求不同层级的人员共同参与决策。所谓的可行性原则是指所做出的决策和实施的方案是切实可行的。如果决策方案的实施难度很大，甚至是没有办法执行的，这显然会违背决策制定的可行性原则。因此，我们必须考虑到做选择的决策方案在实施的过程中能够落地，我们所具备的人力、物力、财力能够支持方案的实施，这叫可行性原则。满意原则指的是不仅参与决策的人对决策方案是满意的，还要确保那些受到决策影响的人也能够达到一个相对满意的程度。这里满意不是一个绝对性的概念，而是说相对满意。在传统决策中很难做到完美主义，如果能够达到一个决策没有遭到反对，彼此都能接受，即为满意。

9.2 管理决策面临的挑战

随着大数据的发展，数智经济时代传统决策过程模型会面临四大重要的挑战：过程受限、难以保全、无法操作和预测失误。在传统决策过程模型中，参与决策的人通过观察、抽象、推演确定影响决策的变量或构念，通过经验假设或理论推导确定变量或构念之间的关系，通过科学实证模型对变量或构念之间的关系进行检验。如此逻辑清晰、结构严谨的决策过程，在大数据时代似乎遇到了一些"瓶颈"。传统的过程决策模型旨在求证因果关系，而如今大数据思维更多地强调相关，在很多情况下大数据决策追求的是一种相关关系，而弱化了对因果关系的求证。虽然数据挖掘和信息科学的发展在一定程度上弥补了传统决策过程模型的缺陷，但是由于海量数据特别是非结构化数据的自发式涌现，导致数智时代决策时一些重要的变量可能受技术等限制而被排除在外。特别需要强调的是，图片、音频等非结构化数据无法纳入传统的模型当中。虽然此类要素在传统决策中通常被当作经验数据或默会知识作为参考，但是在操作上很难完全真实、客观地体现其对决策的价值。传统决策过程模型的失误，不仅和模型拟合有关，同时还与样本和数据的处理方法密不可分。在社会统计和计量经济模型中，用于预测估计的模型成立的前提条件就是样本数据要符合正态分布。然而，纳入运算模型的数据实际是有偏的，在很多情况下是人为地调整为需要的正态分布。有违现实的操作过程，自然会带来预测的失误。

数智经济时代决策需要考虑三个至关重要的要素：粒度缩放、跨界关联和全局视图。粒度是对问题或者数据细化的程度指标，粒度缩放是问题要素的数据化，并能够在不同粒度层级间进行缩放。在数据科学里面，粒度是指数据仓库的数据单位中保存数据的细化或综合程度的级别。细化程度越高，粒度级就越小；相反，细化程度越低，粒度级就越大。跨界关联指的是问题的要素空间外拓，需要扩展惯常的要素约束和领域视角，强调"外部性"和"跨界"，在问题要素空间中通过引入外部视角与传统视角联动，将内部数据（如个体自身、企业组织和行业等内部数据）与外部数据（如社会媒体内容等）予以关联。全局视图指的是问题定义与求解的全局性，强调对相关情境的整体画像及其动态演化的把控和诠释，需要基于数据分析和平台集成的全景式"成像"能力。

9.3　大数据决策

9.3.1　大数据决策价值

前文在探讨大数据的特征时，曾提到大数据的一个特征叫价值性，在海量的数据中，有用的信息很少。但大数据对决策并不是完全没有价值的，从海量的数据中可能搜索到有限的信息，但这些有限的信息就是做决策的关键信息。大数据对决策的价值主要体现在以下五个协同方面：

（1）计算间协同。协同利用分布式计算资源，优化面向大数据的复杂计算任务的分解和计算工作流设计，增强大数据计算能力和提升大数据处理能力。

（2）数据间协同。对来自不同数据源的数据进行协同，对数据进行关联和聚合，发挥数据间的互补作用，获得事物的整体性和全景式认识。

（3）分析间协同。在协同管理决策中进行描述分析、因果分析、预测分析和决策分析，实现大数据价值的转换，力图获得全局最优的管理决策。

（4）人机间协同。将人的智能与机器智能进行有机融合，使大数据支持管理决策更易解释。

（5）知识协同。用户在口碑板块发表评论、在论坛板块沟通交流、在个人主页收藏图片这些数据都从不同方面刻画了用户特征，通过知识层面的数据协同，利用用户发表的文本数据预测用户的人格特征，利用用户行为数据和文本数据发现用户角色特征，帮助企业绘制更全面、更准确的用户画像。

数据间协同可以共享财务中心，共享人力资源中心大规模数据集（大于1TB）并行运算，从而进行商务智能分析。分析间协同可以当下基于点击购买和评论等行为，预测用户偏好，做出个性化决策和营销决策，个性化营销模型需要在偏好预测中考虑推荐系统营销策略的反馈系统。人机间协同通常利用机器智能方法进行海量融合筛选，然后利用交互式的判别机制，提高融合准确度，用户视角的产品画像有助于帮助企业认识产品在消费者心中的印象，以更好地提升品牌忠诚度，关系可靠的产品画像，需要对用户的在线评论有更精确的理解。

9.3.2 大数据决策范式

在大数据时代的管理变革过程中，需要经常探讨大数据对决策的影响。例如，大数据价值对管理角色的一些影响，也可以说是价值体现，从管理决策范式的转变来看：大致经历了由静态决策到动态决策、由完全理性到有限理性、由单一目标到多目标决策的演变历程。在这种演化的过程中，涵盖了统计学、计算机科学、心理学、社会学、数学等学科的知识。在管理过程中，我们既强调科学理论和方法，也重视对决策主体所发挥的积极作用。

大数据决策范式与传统决策范式的不同体现为四大转变，即跨域转变、主体转变、假设转变、流程转变。如图9-2所示。

在领域情境方面，决策所涵盖的信息范围从单一领域向跨域融合转变，在管理决策过程中，利用的信息和考察的视角从领域内部延伸至领域外部，即"跨域转变"。例如，在财务管理决策中，传统决策范式采用的三张报表（资产负债表、现金流量表和利润表）旨在反映企业的运营能力、偿债能力和盈利能力。然而，对于不少企业（如一些新技术企业、创业企业、新业态企业等）来说，虽然较长时期不盈利，但其市值和口碑良好。显然，传统报表对于这些企业的价值测量显得力不从心。进而学术界和业界开始关注"第四张报表"，以反映忠诚度、品牌、公允价值、无形资产等数据资产，并通过与传统报表体系结合进行更全面的企业价值测量和财务决策。

在理念假设方面，决策时的理念立足点从经典假设向宽假设，甚至向无假设条件转变，支撑传统管理决策方法的诸多经典理论假设被放宽或取消，即

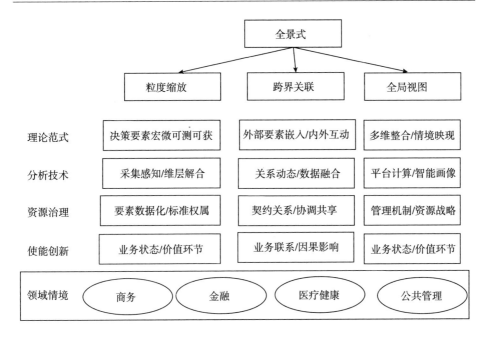

图 9-2　全景式 PAGE 框架

资料来源：改编自陈国青等（2018）。

"假设转变"。例如，在运营管理决策中，许多传统的优化和决策模型在求解中需要比较强的假设，包括对变量、函数、分布、规则、情境等的性质约定，涉及库存、生产、服务、物流、供应链等领域。在大数据情景下，随着"像素"的提升，其数据的可测性和可获性不断增强，对实际情境及其含义的认识也不断深入，刻画也不断丰富，冲击着一些传统假设的合理性和适用性，进而呼唤在宽假设情形下的模型扩展，乃至全新决策模型的设计与求解。

　　在方法流程方面，决策从线性、分阶段过程向非线性过程转变，线性模式转变为各管理决策环节和要素相互关联反馈的非线性模式，即"流程转变"。例如，在营销管理决策中，传统"营销漏斗"理论的"意识—考虑—购买—忠诚—宣传"模式对应着"吸引—转化—销售—保留—联系"的线性步骤和策略。网络购物大数据分析表明，消费者在营销漏斗的各个阶段间的转换率和转换方向具有高度随机性，因此通过实时分析技术，可以显著地缩短信息获取和处理周期，令数据融合、全景洞察、智能策略、长效评价等各环节迭代进行，对动态信息进行即时判断和实时响应，从而可以通过新型非线性流程准确分析消费者行为、优化管理决策的效果。

概括来说，在大数据及其颠覆技术（如数据分析、人工智能等）背景下，新型决策范式具有跨域性、人机式、宽假设、非线性的特点。对于学术界和业界来讲，辨识和把握这些特点在研究和应用方面具有重要意义。这不仅在决策理论、建模和方法等方面需要学术探索与研究创新，在决策情景、方案和实施等方面也需要实践探索和应用创新。

9.3.3　大数据决策驱动

数据驱动范式具有"数据驱动+模型驱动"的"关联+因果"的性质。具体来说，大数据驱动范式的框架可从三个角度来审查：外部嵌入、技术增强以及使能创新。

外部嵌入。外部嵌入是指从外部视角引入，将传统模型视角之外的一些重要变量（包括构念、因素等）引入模型中。在金融领域，可以考虑引入搜索平台上的股票、关注数据变量以及社会媒体平台上的相关公共事件数据变量等，以构建新型股价预测模型；在医疗健康领域，可以考虑引入院外智能检测终端数据变量、区域环境诱因、数据变量等，以构建新型呼吸疾病预防诊疗模型；在商务领域，可以考虑引入购物平台上的评论数据变量、朋友圈中的体验、口碑数据变量等，以构建新型商品营销模型；在公共管理领域，可以考虑引入社交平台上的受众意见、数据变量以及相关领域的联动影响数据变量等，以构建新型公共政策模型。

技术增强。从"造"的视角来看，要求数据驱动的研究和应用能够增强对于管理决策问题的敏感性，构建面向管理决策问题的方法和技术（算法问题）；从"用"的视角来看，要求管理模型驱动的研究和应用能够增强对外部大数据的敏感性，引入外部变量并构建其关系，同时能够增强对大数据分析技术的敏感性，构建方法和工具的获取和使用能力。

使能创新。大数据使能创新是指大数据能力带动的价值创造。在企业内外部大数据环境下，企业创新是通过构建大数据能力，带动新洞察、新模式、新机会的发现，进而推动产品服务创新和商业模式创新，以实现企业的价值创造。大数据能力主要包括大数据战略、大数据基础设施、大数据分析方法与技术等。其中，大数据分析也称商务智能分析。

9.3.4 大数据决策特征

大数据时代领导决策主体呈现出以下新特点：①领导决策环境更加趋向复杂多变。大数据时代，领导决策面临的主客观环境发生巨大变化。决策的依据、方法、程序及制约因素都因网络而发生了不同程度的改变。网络时代是一个更加开放的时代，网络改变了人们的生活方式，网民每时每刻都在制造大量的数据，都不自觉地成为网上的一个信息系统、一个传感器，网络成为大数据产生的重要策源地，促成了数据爆炸。面对海量数据，领导干部决策面临三个转变，即由决策数据收集者更多地转向数据分析者、由数据被索取者转向主动推送者、由先前决策转向实时决策与精确决策。同时，大数据时代，网络促进了公民意识的觉醒。在传统媒体时代，由于时间、地点、金钱、阶层等的限制，权势阶层和社会精英控制着舆论喉舌，普通公众的话语权较弱。随着网络的发展，公民意识开始觉醒，参政意愿不断增强，参政渠道日益多元，公众的普遍参与对传统领导决策模式产生了新的挑战。②决策参与主体更加趋向理性多元。网络已经成为大众的一种生活方式，覆盖生活的每个角落，普通公众可以通过网络多维度的便利从而快速地获取信息。网络为人们提供了自由的公共空间，任何人都可以通过网络自由发表自己的意见和见解，多元化的观点让人们开阔了视野，看到事物的不同侧面，逐渐培养起人们独立思考的习惯，传统媒体对舆论的影响力逐渐减弱。去中心化是网络的一个显著特点。大数据时代消解结构、去除中心、批判理性，真实世界是一个碎片化、无结构的世界，碎片之间具有平等的本体地位，相互之间不能完全还原与替代，大数据技术用相关性超越因果性。李霖认为："大数据理念和方法将改变传统的政府决策主体结构，从过去的领导、专家学者精英决策过渡到大众、多元主体决策，使政府决策主体日趋多元化和民主化。"③领导决策方式更加趋向科学透明。当前，"互联网+"、大数据、云计算等新技术的兴起，特别是大数据技术的创新应用，使我们具备了对海量数据的处理和分析能力，数据驱动的时代已经来临。大数据、云计算、数据挖掘、人工智能等新技术的兴起为各行各业带来了颠覆性的变化，引起国家、行业、企业多方关注，各国投入了大量资金开发大数据，大数据行业迅速崛起，其中企业开发大数据已经走在了时代的前列。在政府领导决策方面,数据驱动决策必将取代经验决策,成为未来决策的主要方法。大数据深刻影响了领导决策的全过程:在决策前,大数据有效破解了数据来源不全面、对公众意愿掌握不全面的难题;在决策执行中,利用大数据可以及时掌握决策执行的阶段性成效,以便于及时调整决策;在决策执行后,利用大数据可以更加科学、全面地验证决策效果,以便于总结决策经验、提升决策水平。同时,网络舆论对政府领导决策过程、决策结果的监督更加全面、直接,使领导决策过程、决策结果更加公开透明,甚至有关决策的一切方面均被置于公众的监督之下,信息更加透明。事实和真相往往难以掩藏,谎言和欺骗变得无处遁形。

在整合学习了大数据对于决策的价值、大数据出色的管理、决策方式的转变,探讨了大数据决策的整体框架后,总结管理决策大数据问题的特征如图9-3所示。

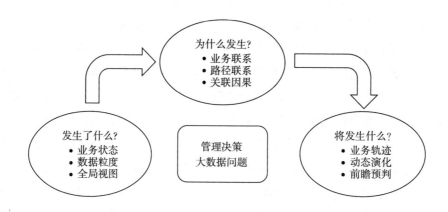

图9-3 管理决策大数据问题的特征框架

资料来源:陈国青等(2018)。

一般情况下,经济管理领域都会关注三个问题:为什么发生、发生了什么、将发生什么。这三个问题可以从业务层、数据层和决策层来探讨。对于大数据管理来说,首先看到的是"发生了什么"这个问题,往往通过业务层来反映已经发生或者正在发生的事情和活动。例如,市场份额、交易现状、KPI等是一个什么样的状态,这是设计大数据决策程序时要关注的问题,也就是通过数据层来体现的。在大数据的应用中,也体现在业务环节的数据等级,就是根据现有的数据，管理者能对不同粒度层级的业务状态进行比较、了解、掌握，如感知、采集、解析和融合，这几点的描述使数据划分得更加详细，就是把问题先进行细化然后归总，接着在决策层再构建一个问题的全局视角，再进行聚合、整合、汇总的要素展现，这是数据在决策层的体现。

9.4 数智时代的管理决策变革实践

数据驱动管理决策变革是决定企业数智化转型成功与否的关键，企业能否致力于重塑以客户为中心的数据驱动管理决策是企业数智化转型变革的基础。尽管企业数智化转型需要有数智化运营技术解决方案、数智化的信息连接和共享分析平台，以及能够帮助管理者高效决策的信息系统，但是启动数智驱动的管理变革是一切的基础。

企业数智化转型绝对是企业"一把手"工程，中信集团数智化转型就是一个很好的例证。传统业务增长乏力、传统组织架构僵硬、下属企业数据孤岛林立等问题长期困扰着中心集团的发展，集团董事长在洞悉到数智技术势必重塑所有产业的基础上审时度势，率先启动数智化转型决策，加速中信集团向"一切业务数据化，一切数据业务化"转型。历经数年沉淀和积累，中信集团数智化建设成为业内奇迹，不但成功转型为平台型企业，同时打通了线上和线下融合的模式，通过对海量用户进行消费者分析，根据个性化需求不断创新产品类型和服务模式。

10 数智时代管理变革的痛点

> 夫人必自侮，然后人侮之；家必自毁，而后人毁之；国必自伐，而后人伐之。
>
> ——孟子

10.1 个人数据隐私

10.1.1 个人数据隐私泄露现状

随着大智移云等新一代技术的推广和普及，智能互联和数字化程度不断加深，个人数据信息、财产信息、行为轨迹等数据乃至生物识别信息，都将无处遁形。个人的隐私已经从传统的房间、纸质媒介等触手可及的物质世界过渡到无形网络的虚拟世界。个人在享受数智时代带来的便利性的同时，个人信息被泄露已成常态。智能手机地图 GPS 定位和导航、智能穿戴设备采集的身体指标数据被传至云端，甚至是家里扫地机器人摄像头所拍摄的照片和在医院填写的表单……数智时代的隐私早已不是周围人嘴里的家长里短，而是记录人们生活细节的数据。一个普通人只需要用一分钟就能通过零门槛的傻瓜式操作软件获取上百 G 的个人信息数据，通过一个手机号就可以追查到持有人的身份户籍、通信记录、名下资产等个人情况。近年来，无论是数据泄露的规模上还是数量，抑或造成的影响程度，都呈现出扩张的趋势，而且数据泄露场景也变得愈加复杂多变。闪捷信息安全与战略研究中心发布的《2021 年度数据泄漏态势分析报告》显示：2021 年数据泄露事件仍然呈现出不断增长的趋势，特别是在 2021 年下半年数据泄露事件的发生频率更高；互联网行业由于对数据安全建设实质性投入比较少，成为个人信息泄露的重灾区；80% 的数据泄露仍然是受利益驱动的，其中接近 40% 的数据泄露发生在存储阶段，接近 30% 的数据泄露发生在使用阶段。

2021 年针对个人信息安全问题，我国公安机关开展的"净网 2021"专项行动共计破获侵犯公民个人隐私案件 9800 余起，抓获相关犯罪嫌疑人 1.7 万余人。江苏公安机关查明嫌疑人利用为相关单位、企业建设信息系统的机会，非法获取个人医疗、出行、快递等信息数十亿条。湖北公安查获嫌疑人利用外挂程序盗取酒店、燃气、医疗健康等网站后台个人信息 3000 余万条用来催收债务等。福建公安查获嫌疑人利用木马盗取 200 余家店铺的买家个人信息 1000 余万条，且流向了电信网络诈骗团伙。2022 年 1 月 10 日，东亚银行（中国）有限公司因违规采集信息被中国人民银行上海分行判处 1674 万元罚款。中国农业银行崇左江州支行在未经广西崇左幼儿师范高等专科学校千余名毕业生授权的情况下，违规使用其个人金融信息，私自批量开立 12536 户 Ⅱ、Ⅲ 类电子账户，在 2022 年 1 月 20 日被罚款约 1142 万元。北京某科技公司因爬虫窃取国内主流招聘网站求职者简历数据 2.1 亿余条个人信息，在 2022 年 2 月 8 日被罚款 4000 万元。海底捞私下在点单机器上给顾客贴上身高、年龄、发型、脸型等体貌特征及个人喜好等"标签"，2022 年 2 月 24 日被举报涉嫌侵犯个人隐私。上海九翊餐饮管理有限公司通过"扫码点餐"非法收集顾客个人信息，且未向顾客明示收集的原因、使用的目的、方式和范围等；上海悦筑房地产有限公司非法收集消费者人脸信息，并据此甄别客户是自行前往售楼处还是由分销商引领前往以方便向分销商结算佣金；两家公司因侵害消费者合法权益，在 2022 年 3 月 13 日被市场监管局曝光。

在上述案例中，个人信息都属于在毫不知情的情况下泄露而被商用，甚至被转卖。事实上，个人信息泄露的缘由不止于此，还包括个人"授权"后被泄露和因自己的无意识而"主动"泄露等情况。经个人允许后被存储于企业内的个人信息同样有着泄露的风险。2018 年 7 月，有安全研究人员发现，加拿大某供应商多达 157GB 的车主信息被泄露，这些被泄露的数据包括驾驶证和护照扫描等重要隐私信息。2019 年 8 月至 2021 年 5 月，由于一家供应商将客户数据"未经保护"地留在互联网上，使大众汽车及其子公司奥迪约 330 万车主和隐藏客户的个人信息遭到了泄露，包括姓名、手机号、地址、邮件、驾照、车牌等私密信息。除了企业未能合理地储存客户个人信息而遭泄露外，企业中的个人数据泄露事件也层出不穷。有证据表明：全球每两分钟就会有公司因为企业内部信息泄露而倒闭，而其中除了因为竞争对手或黑客技术上窃取外，大部分原因竟是内部人员的泄密。另外，个人也会在无意识的情形下"主动"泄露个人隐私。例如：一些喜欢在网上分享个人日常的群体，无疑会将个人暴露在公众视野之下；由于个人对信息数据保护意识的缺失，未经处理而随意丢弃快递、外卖等的包装，也为他人获取个人数据提供了可乘之机。移动终端也是个人信息泄露的重灾区，智能手机用户的个人信息无时无刻不在被各式各样的 App 觊觎着。通过智能手机泄露个人信息数据，从下载安装 App 时就已经发生。每当下载安装一个 App 时，总是跳出来获得手机权限的提示，用户不同意这些权限时便无法正常安装或使用 App。值得注意的是：这并不是盗版或恶意 App 软件所特有的现象，而是 App 存在的共性问题。即便是当下不同意能够继续安装，但是在后续的使用过程中依然会要求用户返回来重新予以授权才能使用其正常的功能。当然，App 安装和使用前会让用户电子签署一份甚至多份协议。遗憾的是，大部分的人都不会仔细地阅读，在默许的情况下泰然自若地使用。

在数智时代，智能穿戴设备会在个人毫不知情的情况下自发收集个人生理指标数据，自动上传至后台交给健康医疗公司，这些数据被医疗机构或商业保险公司等无偿使用；教育类、娱乐类等网站，通过记录用户的点击量、点击率、停留时间等，将个人的行为数据汇总起来，打车平台和地图导航、手机定位系统，准确地记录个人的行动轨迹；在即时聊天软件上的互动、微博、社区的评论等，不但会被记录下来，通过大数据分析就可以清楚地了解一个人的关系网络，制作个人的精准画像。个人数据已经悄然成为数智时代网络电子商务中的新货币和经济的新"血液"。现实中的个人数据已不再受数据主体的掌控，而是由其他人或企业控制。这些企业或个人游离于法律的边缘，利用技术处理个人数据，通过分析主体数据，发掘其背后的价值，为他们自己创造财富。个人在使用公司的软件为自己提供便利时，也出让了个人信息数据，但是这种交换实际上是不等价的，数智时代的个人依赖网络和科技，同时也被网络和科技利用着。随着数智时代的发展，个人的大部分行为，如通话、消费记录、行动轨迹等都会被转化为数据记录下来，这些数据由特定部门或企业收集整理成为个人的大数据，他们可以通过数据预测个人的下一步行为，或者转化为个人征信或者金融机构的风险控制的基础。

10.1.2 个人数据权属的争议

生活在数智时代的人们，存储在智能手机的个人信息和生活细节远比存放在家里的还要多。这些个人信息和生活细节包括出行路线、消费倾向、兴趣爱好、实时心率和血压、作息规律和睡眠习惯等，隐藏在智能手机背后的信息收集者甚至比智能手机用户更加了解用户自身的情况。从个人数据的泄露现状来看，数据无论是保存在自己、企业还是企业社会组织手中都会有被泄露的风险，而想要保护个人数据隐私的权益，最有效的方法应该是通过法律途径，不过，数据权属的模糊使法律的作用难以彰显，也会带来一系列的问题。

首先，企业对个人信息强制确权带来信任危机。在实践中，企业一般通过用户服务协议、隐私协议或个人信息保护协议等方式获取用户授权，除了按照"知情—同意"原则明确收集使用用户个人信息规则外，越来越多的协议对用户身份数据、网络行为数据以及账户信息等用户数据的所有权做出约定。在企业和用户之间，对于数据所有权的认知有时会存在差异。大多数企业在协议中认可用户对其个人数据的所有权，企业享有使用权，但也有一些企业做出了不同的规定，将用户使用企业平台产生的行为数据、账户信息也归为企业所有，仅赋予用户使用权。例如，在2021年初字节跳动的抖音上诉腾讯公司的不正当竞争案中，腾讯认为自己"拥有部分用户数据的所有权"，而抖音则认为"用户对自己的数据拥有绝对的、可完全控制的权利，应该远远高于平台的权利，用户数据不应该成为腾讯公司的私产"。类似的基于所有权认知差异而产生的纠纷还有很多，如用户诉今日头条非法获取个人信息、用户诉微信读书非法获取好友列表等。通过协议等方式将用户数据所有权归于企业有强制确权用户个人信息之嫌，严重影响了消费者使用相关服务的安全感、幸福感和获得感，可能造成用户对数字市场的信任危机。

其次，部分企业侵害用户个人信息权益的情况时有发生。自《中华人民共和国网络安全法》施行以来，我国个人信息保护标准进一步提高，对个人信息收集使用的要求更加严格，但实践中部分企业超范围、超目地收集用户个人信息、过度索权、频繁骚扰、侵害用户权益等情况仍十分严重。例如，在工业和信息化部开展的 App 侵害用户个人权益整治行动中，通报了大量违法、违规收集和使用个人信息的行为，仅 2021 年 1~4 月，就对 1862 款违规 App 提出了整改要求。由于法律对个人与企业之间的数据权属问题没有做出明确规定，部分企业在数据共享中仍存在侵害用户个人信息权益的行为。一方面，部分企业未经用户同意，在用户毫不知情的情况下进行数据处理活动，将涉及个人信息的数据在企业内部产品之间或者外部关联方之间任意共享；另一方面，部分企业存在用户数据共享告知模糊、强制授权等问题。例如，在与关联方共享用户个人信息时，很多用户协议未列明共享关联方的具体信息，用户无法知悉自己的个人数据将会被哪些关联方共享，也难以判断共享个人数据的具体范围和类型。此外，实践中还存在不授权不提供服务的情形，这些因个别企业带来的数据共享乱象，不仅造成数据收集使用过程中的不平等现象，也严重破坏了行业生态。

个人数据泄露事件频发，但是对部分数据泄露是否侵犯了个人隐私尚且存在争议。数据权属界定面临着双重困境，数据权属界定在理论和实践领域都存在较大的争议，如何将客观存在的新兴数据资源转化为法律上认可的具体权利，已经成为新时代法学研究和实践操作亟待解决的重要问题。

10.2　隐私：或许是个伪命题

10.2.1　隐私：从无到有

英国历史学家大卫·文森特（David Vincent）在《隐私简史》一书中，从探讨前人是如何寻求独处和开展地下恋情等问题出发，讲述了隐私的概念和实践在几世纪长河中的流变过程，并将"隐私"的发展史分为：前隐私时代（1300~1650 年）、隐私与交流（1651~1800 年）、隐私与繁荣（1801~1900

年)、隐私与现代性（1901~1970 年）、隐私与数字时代（1971~2015 年）五个阶段。从历史的角度来讲，人类似乎并没有保护个人隐私的"惯例"，即便是今天看来只是两个人的性事曾经也不必避讳于他人。"隐私的历史是噪声与沉默的结合体"，历史学家彼得·史密斯（Peter Smith）把"隐私"视为"文艺复兴的终极成就"。直到工业革命开始能够为普通大众带来物质财富之时，人人都开始渴望"隐私"，政府也开始意识到隐私应该属于人类生活的一项默认属性。1890 年 12 月 15 日的《哈佛法律评论》摘录《隐私权》中的记载："生活的强烈和复杂，伴随着逐渐进步的文明，让人们偶尔需要从外界逃离。在不断完善的文化影响下，人类对公众的感知越来越敏感，所以独处与隐私成为个体的基本需求；但是，现代企业和发明通过侵蚀个人隐私，强迫个人屈从于心理痛苦与压力，这比让一个人遭受肉体创伤要严重得多。"

进入数智时代，数据安全已经成为网络安全的重要组成部分。由于个人信息泄露以及因此衍生出来的精准营销、网络诈骗等，也成为网络安全威胁个人安全最直接的体现。随着《数据安全法》《个人信息保护法》的实施，执法部门对于数据安全的监管更上一个台阶，民众对于个人隐私的安全保护意识在逐步加强，隐私被推上了一个新的高度。

10.2.2　隐私：从有渐无

数智时代的人们好像很重视个人隐私，但似乎又不是这样，隐私保护成为一个新的时代悖论。虽然大张旗鼓地喊着保护隐私，但是大部分人仍然心甘情愿地拿自己的隐私去换取便利、财富和名声。看似消费的欲望在网贷的滋生下而肆意地生长，并将其参与者拖入一张无力挣脱的大网，事实上只不过是他们拿自己的隐私去交换财富以满足虚荣、赢得自尊的手段。殊不知所有命运赠送的礼物，都早已在暗中标记好了价格。虽然人们一直在谈论隐私保护，但是现实行为却一再出卖自己。例如，从书信到电话、QQ、微信等每种新型的技术和通信方式都给大众提供了窥探隐私的机会，但是人们还会一如既往地选择相对廉价和便捷的通信方式。《1984》中的噩梦似乎在 2000 年得到了大逆转，因为此时之后的年轻消费者似乎更加乐意购买带有定位和追踪功能的产品。Loopt 联合创始人、付费定位功能开创者 Sam Altman 提到："20 世纪 80 年代后出生的人属于神奇年代……对我们来说，这是个分水岭，对于隐私的定义以及用户接受度都发生了很大的变化。"

古希腊先哲苏格拉底认为:"当人们选择偷偷隐瞒而不再毫无保留时,他们便不能理所应当地获得本应拥有且恰如其分的尊重、权责或正义。"在某些事件上,执意保护隐私的代价或许在不久的将来就会显现。隐私或将意味着提前宣判死刑,一个不愿共享个人敏感信息的人可能遭受长期病痛的折磨,注定会提前放弃生命。Google 曾发起一个旨在鼓励更多用户和研究机构共享私人健康信息的项目,希望通过私人健康大数据追踪疾病、救治病人。一些医疗保险公司已经开始为有穿戴健康记录设备、提供分析个人数据的用户提供商业保险折扣。选择使用自己最私密的信息交换现金或延长寿命的人,在未来社会发展中绝不会再是少数。随着新兴技术的出现和迭代,信息高度透明的低成本和便利性将会再一次把我们带回那个根本不能构想出来一个有隐私世界的人类起源。

10.3 大数据管理问题

10.3.1 数字鸿沟与数据孤岛

10.3.1.1 数字鸿沟

2020 年 7 月 28 日 7:50 左右,在大连地铁 12 号线旅顺站,一段"老人乘坐地铁时因无健康码受到工作人员阻拦"的视频冲上热搜,引发了网友对老年人遭遇"数字鸿沟"窘境的热议。2020 年 11 月 24 日,《国务院办公厅印发关于切实解决老年人运用智能技术困难实施方案的通知》(国办发〔2020〕45 号)发布,要求各地区、各部门认真研究解决涉及老年人高频事项和服务场景,切实解决老年人在智能技术运用方面的难题。上述例子不过是数字鸿沟在现实中的一个微小反应,但其影响实则更广泛而深刻。"数字鸿沟"是 1995年美国通信和信息管理局在《被互联网遗忘的角落———一项关于美国城乡信息穷人的调查报告》中提出的一个概念,它指的是信息时代的"马太效应",即在全球数智化进程中,不同的国家或地区、不同的行业或企业、不同的人群之间，由于信息基础设施、信息工具以及获取和使用的程度的差异而造成的信息落差，以及"富者越富，穷者越穷"的两极分化趋势。虽然大智移云区等新兴技术给人们的生产生活带来了颠覆性的变化，但是数字鸿沟并未因此而趋向弥合，相反还在不断地扩大。新兴技术的基础设施并未在全球范围内得以普及，往往是经济发达的国家或地区处于领先地位，在一国之内也是城市优于农村、经济发达地区优于经济落后地区。以互联网为例，截至2021年3月31日，全球互联网渗透率达65.60%，非洲互联网渗透率为43.20%，不及北美地区互联网渗透率（93.90%）的一半。另外，即便是新兴技术基础设施比较完备的地区，个体之间的差异终究还是决定他们不可能都充分掌握和运用这些技术。

在数智经济时代，每个人都可以通过一连串的数字符号来表示，在某种程度上人是以数字化的形式而存在的。生活在数智时代的人都希望自己能够从中获得福利，而不是被互联网巨头收割或者被其他企业或组织榨取个人信息。如果只是少部分群体能够占用和利用新兴技术带来的便利，甚至是从中牟利，而另一部分人不能享受到数智时代带来的便捷，特别是对数据的占用程度不同，将会带来信息红利分配不公等一系列问题，从而引发社会矛盾，这有违社会发展的规律，有悖共同富裕的宗旨。

10.3.1.2 *数据孤岛*

相对于数据鸿沟而言，数据孤岛是一个与企业管理息息相关的微观概念。所谓的数据孤岛描述的是这样一种现象：不同的主体和部门手中的数据往往是各自储存和定义，成为一个个单独的数据集。每个部门或主体手中的数据无法和企业内其他数据互联互通，整合利用，像海面上的一座座单独的、孤立的小岛。现阶段有很多数据孤岛的存在，专家们把它们分为物理孤岛和逻辑孤岛。其中，物理性的数据孤岛指的是数据在不同的部门或主体间分别储存，彼此之间相互孤立，不能相互联系、整合利用，从而形成物理上的孤岛。逻辑性的数据孤岛是指不同的部门在自己的角度对数据有着不同的理解和定义，从而使相同的数据被赋予不同的含义，在逻辑上形成了孤岛，因此也会加大跨部门数据合作的沟通成本。数据之间的分离就会导致很多问题，无论是物理性的还是逻辑性的数据孤岛，都会阻碍同一维度下对数据的分析处理。

数据孤岛是不可避免的现象，甚至是在一个部门内部，每个人所掌握的信息数据量是不同的。以银行的业务为例，就银行里的一个部门来说，业务经理与柜台服务人员所知道的信息就是不对等的，业务经理或许知道本月的存储总金额，取出的总金额是多少，是否为本人来存储或取出，顾客对业务流程的了解程度等细节信息，而这些是柜台服务人员了解不到的，换一个角度来说，普通柜台业务服务人员与 VIP 柜台业务服务人员所掌握的信息也是不同的，如果对这些信息不去集合汇总，也会成为小小的数据孤岛，那么这些被掌握的信息数据将会被浪费。企业内每个部门之间的相对独立，数据各自保管存储，除去部门之间的竞争不说，如果没有特定的整合来连接数据的部门，部门之间很难实现数据之间的合作。除此之外，各个部门对数据的定义有着较大的差异、对数据的认知角度也截然不同，集团化的企业更容易形成数据孤岛。谈到信息孤岛的产生，首先定会归咎于企业内部建设问题，企业内部占据主要因素，除此之外，部门之间不合作，没有专门的收集和整合数据等情况也会造成信息化建设发展成孤岛状态，与当时的技术发展环境也有必然联系。软件从最初会计电算化到之后的 OA 协同、人力管理系统出现，再到针对不同业务的系统（MES、BIM、HS 等）出现，系统的形式也从客户端发展成为 Web 端、移动端等，这些都是信息化环境、技术发展的一个过程。相信这些系统问世时，研发者一定没有意识到会出现后来的信息孤岛，更不会在研发系统时去考虑将来如何与其他系统进行集成，而这些不同的系统使不同系统内的数据难以集合在一起。企业与企业间更容易产生数据孤岛，由于企业与企业之间都是竞争的关系，所以大部分企业都是管理好自己的数据。企业与企业间进行合作将会是一个缓慢并且困难的过程，其中影响因素繁多，抛开技术上的问题，想要企业之间产生合作的意愿，还需要解决信任、权属等很多方面的难题。

对于企业内部来说，数据孤岛势必会使工作数据不能得到合理且妥善的安排，当各个部门只专注于各自部门的数据，而不与其他部门进行沟通交流时，就会出现有的数据没人管、有的数据重复管，以及哪些数据该他管、哪些数据该我管的纠纷。这不仅降低了工作效率，更浪费了许多数据的价值，不利于企业的发展。对于企业间的数据孤岛，势必会浪费掉很多数据的价值，有连接才有价值。以前的大数据分析主要关注用户的数据信息，如位置、居住地、工作地等，以及每个地图上移动的人的工作属性、娱乐属性、通信属性等。未来如果能将这些属性综合起来考虑，将不同维度的属性进行关联，就能够发现这些数据隐藏的更大价值。若能打破企业间的数据孤岛，企业势必在合作中都会取得更好的成就，实现合作共赢。

10.3.2　数据独裁与数据垄断

10.3.2.1　数据独裁

虽然在前面的章节中有提到机器并不能够完全替代人类，由机器引发人类失业的担忧从未变成过现实，然而数智时代与旧时代终究还是有一些本质上的区别，不得不对此予以关注。过去的机器与人类的竞争主要是体力、技能上的竞争，而现在的机器与人类的竞争已逐渐上升到认知等的层面。尽管我们一再认为人机合作有利于推动社会经济的发展，但是我们也不能忽视在一些领域的人机合作中人类开始被边缘化。

人工智能、区块链、机器学习等，这些曾经只用于科学研究以及高科技会议上的神秘术语，已经悄然"飞入寻常百姓家"。数字技术与生物技术的结合，正在逐步打开人类的内心世界，情感、思想、选择甚至是潜意识都正在被计算。2017 年 12 月 6 日，Google 的 AlphaZero 在没有人类教授其任何国际象棋策略的情况下使用最新的机器学习原理自学成才，并成功击败了拥有人类数百年国际象棋经验和数十年计算及经验的 Stockfish 8，被视为一个里程碑的事件。在这场机器与机器的对决中，似乎并没有人类什么事情。换言之，人类在这场对弈中被完全边缘化了。与此同时，这场机器与机器的对决似乎在宣誓一个主题：基于数据的算法比人类的情感和经验更加可靠。事实上，人类自以为是地认为人机协作提高了决策的效率和效用，而对于算法效率提高也将决策权逐渐由人类转移给了数据和机器却浑然不知。例如，自动驾驶和 AI 医生的创新在方便人类之余，也使部分从业人员失业，而更大的意义在于将权力和责任不断地向数据和机器转移。当我们日益依靠数据和机器来做出决策时，我们的生活和工作会发生什么？我们的价值观趋向哪里？试想一下：当我们的学习和生活都要依赖于数据和机器做出决策，而且这些决策真的比我们自己做出的职业选择和人际关系改善更好的时候，人类或将如戏剧般地成为数据和机器的"提线木偶"。假如人类走上唯数据主义的道路，那么在不久的将来人类或将变得与当前圈养的动物一样。现代人培育了能够大量产奶的温顺的奶牛、圈养了和蔼的犬类，但是这些动物却再也不像其野生的祖先那般敏捷和聪慧。

上述内容和现象可以用一个词——数据独裁来描述。所谓数据独裁指的是在数智时代由于数据量上呈现爆炸式的增长，导致人类决策难度系数增加，在此情形下转向完全依赖数据进行预测并据此制定决策。从某种意义上来讲，这种决策模式将人类拖入到唯数据主义，是让数据统治人类。在前面的章节描述中，有心的读者或许已经隐隐约约地嗅到这个味道。生活、工作和管理，需要数据赋能，但不能为了数据而数据。营销借助大数据实现精准营销，但是衍生出"大数据杀熟"的负面影响，甚至侵犯消费者个人隐私。功利性的追求使管理决策的制定者愈发寄希望于数据来规范指导"理智行为"，忘了管理的初衷和企业的社会属性。当数据成为衡量一切的标准、从根本上限定了人类认知和选择范围的时候，也就意味着人的自主性开始丧失。以大数据为基础，通过算法来预测即将发生的事情极其可能性，用数据和机器决策替代人类决策，最终导致人也成为数据分析和算法的对象。因此，唯数据主义势必会导致数据独裁，人类思维"空心化"、创新意识逐渐丧失，最终沦为数据的奴隶。在享受数智时代便利的同时，也要警惕数据独裁给人类社会带来前所未有的大动荡，甚至使人类的欲望走向败坏的陷阱。

数智时代的革命不是一个简单的历史转折，更关乎对人机就业市场的重新配置。在某种意义上，以人工智能为代表的新技术所带来的建设性和破坏性，在力度上可能相当。在旧岗位不断消失，新岗位阶段性出现、巨变、消亡和确立的过程中，人类在创造技术的同时，更应该抽出时间去思考如何不断接受培训并重新塑造自己。在人机博弈的过程中，当人类被边缘化后，也就丧失了对机器的"监控"能力，而那些出现在科幻小说中的机器反叛尝试杀死人类的情境，不得不令人感到惧怕。即便是机器不太可能拥有叛逆之心，甚至不会有情感，但我们还是不得不去面对那些试图通过机器人来识别我们内心的恐惧和渴望，并企图掌控我们的情绪、左右我们的行为。

10.3.2.2 数据垄断

在农耕时代，土地是最重要的生产资料，斗争是围绕土地的控制权和所有权展开的；在机械时代，机器比土地更重要，斗争是围绕机械和工厂等生产资料展开的；近代资本为王的时代，斗争又开始围绕"钱"而展开；进入数智时代后，数据成为关键核心要素，对于数据流的控制和占有成为新的竞争对象。前面提到的数据隐私权和数据独裁，其实都是围绕数据争夺战下的产物。虽然数据垄断是一个比较具有争议的议题，但是一些平台型企业通过隐蔽化的数据收集、产权化平台数据和黑箱式数据操作等手段对数据实施垄断却是一个不争的事实。从某种意义上来讲，普通大众并不仅是 Google、Facebook、BAT 这些巨头公司的用户，而且是这些公司的"产品"。这些科技巨头公司都是非常成功的"注意力商人"，他们通过平台向普通大众提供免费资讯、服务和娱乐成功地吸引了大家的注意力，然后又转手将这些注意力卖给广告商，这简直是无本万利的生意。事实上，他们的操作远不止如此。在吸引普通大众注意的时候，这些科技巨头还成功地通过各种手段甚至一些非法手段获取了大家的数据，而这些数据的价值比他们卖给广告商的那份收入要高得多。

中国社会科学院财经战略研究院研究员李勇坚认为，数据垄断至少包含数据量的垄断和以数据作为强化垄断的工具两层含义。一些科技巨头和平台企业利用其先发优势、基础设施优势和技术优势等，已经收割了大量的数据，使其在数字经济中保有市场可支配地位。虽然数据具有非排他性和可重复利用性等特征，但是科技巨头和平台企业通过加密技术、利用缺乏数据共享机制和制度的漏洞，使自己垄断一定量的数据。特别是数据收集和存储的规模经济和范围经济，也会进一步加剧数据量方面的垄断。作为一种新型的生产要素，数据在生产方面可以实现一次收集、多次循环使用，因此具有使用上的非竞争性和非排他性。数据要素的关键优势还在于，数据使用的边际成本趋近于零，而且可以同时在多个业务流程上投入使用，且在使用的过程中还会不断产生新的数据。这意味着数据使用存在正向反馈效应，并促使科技巨头和平台将数据作为强化垄断的工具。

作为普通大众中的一员，试图切断数据流、抵制数据垄断是一件非常困难的事情，而且还很有可能遭遇诸多麻烦。事实上，大多数人都不得不将个人的数据以无偿的形式拱手相送，以换取免费的服务。尽管每个"乐意"献出个人数据的人都非常清楚地知道，"天下没有免费的午餐"，但终究还是逃不过"免费午餐"的诱惑。政府以"家长"的身份出面将数据国有化不失为一种有效的解决方案。数据国有化肯定能够遏制科技巨头对数据的垄断，也让个人隐私得到更有效的保护。值得注意的是：过往的历史证明，一个充满政府强干预的世界，并不一定会让普通民众生活得更好。打破数据垄断最有效的方式仍然是数据共享，包括消费者侧的数据共享和生产侧的数据共享。如何利用当前的时间窗口规范数据收集途径和范围，明确数据权利体系，建立数据共享和保护机制，乃是当务之急。

10.3.2.3 数据泄露

新加坡网络安全厂商 Group-IB 数据[①]显示：2021 年共有 30.8 万个包含敏感资产的数据库被暴露在互联网上，其中，超过 30%（约 93600 个）的数据泄露位于美国，中国则位列第二，共 54764 个。2022 年 3 月，微软 250 多个项目的 37GB 源代码疑遭黑客泄露，瑞士饮品和食品巨头雀巢公司有一份约 10GB，包括公司电子邮件、密码以及与商业客户相关的敏感数据同样疑遭黑客泄露。2022 年 4 月，宜家加拿大公司泄露 9.5 万名客户姓名、电子邮件地址、电话号码和邮政编码等信息。中国信息通讯研究院云计算与大数据研究所和奇安信科技集团股份有限公司联合发布的《数据安全风险分析及应对策略研究（2022 年）》显示：近年来，数据泄露规模惊人、动辄千万级甚至上亿级；同时，泄露数据的颗粒度愈发精细和全面；金融、保险、教育、医疗、科技、政府等行业，已经成为黑客和黑色产业的主要攻击目标。

尽管数据泄露对企业和用户都造成了巨大的直接或间接的影响，但是在数据安全能力体系化建设方面仍然存在诸多不足。目前，大多数企业和组织机构对于数据泄露事件的风险监测能力不足。特别是在发生数据泄露事件时，缺乏危机管理应对措施。随着云技术的推广和应用，数据云端化已经成为常态。然而，很多企业或组织机构还不能及时了解业务上云这样的新型 IT 架构中的安全风险。一旦数据上传并存放于云端后，责任边界、安全风险就变得模糊不清。另外，发生数据泄露事件的同时还时常伴随着勒索和攻击行为，数据泄露后双重勒索成为常态化。

---

① 2021 年全球数据库暴露报告：美国 93685 个，中国 54764 个 ［EB/OL］. https：//www. se-crss. com/articles/41946.

10.4 数据操纵与数据伦理

10.4.1 数据操纵

牛津大学网络研究院"计算宣传研究项目"（Computational Propaganda Research Project）发布的 2017 年第 12 号研究报告——《水军、喷子和麻烦制造者：全球有组织的社交媒体操纵盘点》（*Troops*, *Trolls and Troublemakers*：*A Global Inventory of Organized Social Media Manipulation*）显示：自 2010 年"有社会组织的社交媒体操纵"出现，到 2017 年已经蔓延至 28 个国家；这些国家的政府、军队或者党政团体利用网络部队引导社交媒体舆论风向，基于创建官方应用、网站或内容传播平台进行真假难辨的交互总体策略，通过情感评论、信息事实核查、正面支持、开喷骚扰等招数，左右社交媒体舆论对政治讨论问题的关注，甚至开展一些"非致死性心理作战"。随着时间的推移，那些与政府联系密切的公司也加入操纵民意的大军之中。虽然关于网络部队的规模、预算等资料非常有限，但毫无疑问的是他们会经常开展组织能力建设活动，而且不乏来自政府和其他团体的资助。从数据操纵的意义来看，数据已经成为带有基础性和关键性的国家战略资源。

如果单纯地认为数据操纵只会发生在像"剑桥分析"事件那样的政治旋涡之中，那么事情或许还算不上真的很糟糕，毕竟并不是所有的人都会热衷于政治。然而数据操纵的对象远不止西方的选民。近年来，伴随精准营销而出现的大数据"杀熟"现象，也是大数据操纵的结果。在数字经济快速发展过程中，也出现了信息泄露、大数据"杀熟"、网络诈骗、平台垄断等现象。根据北京大学互联网发展研究中心的《中国大安全感知报告（2021）》的数据，有七成受访者感到被算法"算计"了。以大数据"杀熟"为例，企业利用"大数据+算法"对用户实施"一人一价"的精细化歧视性定价。同样的商品，新顾客需要承担的价格相对便宜，老顾客却需承受更高的价格。大数据"杀熟"是对数字技术的滥用，具有很强的隐蔽性，消费者很难察觉，增加了全社会的交易成本、搜寻成本和信任成本，干扰了市场竞争秩序，侵犯了消费者的知情权及其他合法权益，监管机构常常面临取证难、认定难和帮助顾客维权难等问题。同样的产品或服务，通过数据操纵可以做到千人千价，把传统营销定价撇脂定价策略中的时间间隔缩短到零。企业通过数据操纵，把差异化的信息、产品或服务精准地推送给不同年龄、不同收入、不同消费习惯和兴趣爱好的智能手机用户的终端。如果不去做横向对比，持有手机客户端的人们自己都不知道，也不敢相信，他们看到的东西居然是不一样的。以微信朋友圈广告为例，微信用户能够刷出的广告是不一样的。对于那些生活在一线城市的 19~50 岁的群体或者移动支付超出一定标准的群体，刷出宝马车的广告的机会要比其他群体大得多。这种看似是腾讯把一些用户自动归入“较低社会阶层”的做法，实则不过是在通过数据操纵而实现的精准投放。微信的精准算法显然可以根据用户个人资料、流量轨迹、购买习惯和“圈子”等信息建立用户画像，根据画像向其推荐产品或服务。微信在 2015 年开启差异化朋友圈广告推送业务，也开启了中国数据歧视的大门。事实上，像 Google 和百度的搜索引擎都存在数据操纵。Google 通过操作搜索引擎排名，影响用户的思想和认知；中国社会科学院大学互联网法治中心发布的《互联网平台与数据竞争规制问题研究报告》结果显示，在阻击新冠肺炎疫情期间，钉钉、飞书等办公软件在通过微信对外分享时受阻。这则事件反映的就是科技巨头对数据的操纵已经到了对数据流向的控制。

10.4.2　数据伦理

在数智时代，计算机存储与数据的利用已经取代了计算机硬件，成为一种新的价值来源。数据是企业的宝贵资产，也是重要的经济投资的依据和新业务模式开发的基础。在包含大数据的业务中，一切可以被量化的都被商业行为与商业信息数字化，由此看来，数据对商业的影响不言而喻。然而，智能手机用户信息泄露事件频繁，这不只是一个简单的手机安全问题，更关乎整个商业伦理。前面讨论的个人数据隐私、数字鸿沟、数据孤岛、数据独裁、数据垄断等问题，归根结底都是数据伦理问题，都是在使用大数据的过程中引发的社会性问题。数据伦理产生的原因既有数据及其相关技术本身，也有人类社会自身的原因。从数据及其技术本身来看，数据安全问题是一个非常值得关注的议题。

根据闪捷信息安全与战略研究中心发布的《2021 年度数据泄漏态势分析报告》对数据泄露事件分析发现：数据泄露发生在存储阶段的占比接近 40%，最高；其次是数据使用阶段，占比接近 30%；数据的存储和使用是数据泄露的高风险阶段，也是数据安全防御应该予以重视的重点阶段。在追求自由和社会更加开放的大势所趋下，越来越多的人热衷于通过智能终端设备展示自己的生活、学习、工作等日常。抖音、微信、快手等平台给人们展示自我提供了极大的便利，个人在分享、展示个性化之余，其个人隐私数据也随之暴露给了社会。由于数据在产生、存储、传播和使用中的责任主体缺失，而且相关主体利益牵扯不清，在管理机制不完善、分类体系不健全的情况下，就极易引发数据伦理问题。

2018 年德国成立了数据伦理委员会，该委员会在 2019 年 10 月 10 日对外发布了《针对数据和算法的建议》，提出隐私、民主、团结、正义、人格尊严、自我决策、可持续发展等，是数字社会行为不可或缺的准则。2020 年 9 月，美国总务署签发了《数据伦理框架草案》（以下简称《框架》）。《框架》将"数据伦理"定义为"在收集、管理或使用数据时，为保护公民自由、最大限度地降低个人和社会的数据使用风险、实现公共利益最大化等目的，进行适当判断和问责的依据"，同时还提出数据伦理的 7 项基本原则：①了解并遵守相应的法律规范、专业实践和道德标准；②诚实守信；③实行问责制；④保持透明度；⑤了解数据科学领域的进展；⑥尊重隐私和保密；⑦保障公共利益。我国香港特别行政区在 1996 年就设立了个人资料隐私专员公署，该公署专门负责本地区个人数据信息的保护工作；同年底，还颁布实施《个人资料（隐私）条例》，以法律的形式规定个人数据信息有关的保护原则、使用登记、核实与转移等。

10.4.3　数据与商业伦理

当每个自然人成为一个数据源，不断产生各种各样的数据——消费数据、交易数据、社交数据等，人们的各种行为都被数字化，成为一种重要资源。个人信息先是被互联网巨头收割，然后又被所谓的智能产品从人脸、指纹、声纹、形体等多个角度榨取价值。这些个人信息一旦被泄露，就会将个人带到终身暴露在被骚扰、被攻击的风险之中。特别是不断创造出多种新的交易方式，数据在源源不断地产生，而商家可以通过电商平台获取用户数据，包括浏览、收藏、偏好以及电话住址等信息，商家想要尽可能地使用这些数据为自己创造更大的利益。若商家把握不好限度、规则意识不强，就会引发一系列社会问题。通常来讲，商业伦理是企业在经济活动之中，或处理企业内部关系和外部关系的时候，必须遵守的行为规范和准则。然而，数据操纵不仅有违数据伦理，同时也严重违反了商业伦理。

数智时代，大数据"杀熟"就是一个典型的通过数据操纵、不顾数据伦理、违背商业伦理的事例。从资本寻利的角度来看，这种"杀熟"做法也不足为奇，在长期的交易活动中，商家掌握了海量的数据信息，借由智能平台和软件，能够对消费者的购物心理和行为习惯做出精准细微的分析判断，呈现出大批量完整的用户画像。与此同时，处于信息盲区的消费者，能看见的却只有单一的商品。当前信息的不透明、不公开，为价格歧视埋下了伏笔。

商业的基本伦理守护着一个企业底线的价值准则，而企业社会责任则是在基本伦理之上，传递更多、更深的价值期许。商业伦理的存在意义，本质上就是对理想商业秩序的追求，回答的是企业之所以能够安身立命的根本所在。在一种和谐的、符合公平正义原则的商业秩序之下，商业的发展有助于促进经济良性循环和持续增长。企业通过提供优质的产业与服务，能够促进社会的繁荣与进步。可以说，商业道德资源的丰厚，将提升商业在整个社会系统当中的功能与作用。但是，要看到在当下的中国商业社会中，企业对商业伦理的恪守，可谓知易行难。对于许多企业来说，认识是一回事，实践则是另外一回事。不少企业实质上没有走出"野蛮生长"的状态。或许众多企业家对理想的商业秩序也心向往之，但精神诉求往往屈从于现实诉求，伦理诉求终究没有敌过利益诱惑。随着大数据的融入，传统商业伦理问题的呈现方式、影响程度、应对路径等方面变得更加复杂、激烈，且不确定性更高。那么，在数智时代的背景下，如何让电商行业在创造经济效益的同时，还能产生更多的社会效益，防范和化解电商伦理问题是应重点关注和亟待解决的事情。事实上，电商平台现在已经可以运用人工智能和大数据方法，从发起交易的账号、商品价格、交易行为、交易资金和发货物流等多方面，对异常交易的数据进行排查和监测，提高识别虚假交易行为的效率，利用数据操作来阻止违背商业伦理的行为。大数据"杀熟"等有违商业伦理仍旧大行其道，关键在于在野蛮生长中长期追逐利润而丧失了对基本的商业伦理的认知。

11　数据治理与未来管理

本计划将持续一百代人，尽管，我们不知道4.2光年外的新太阳会带来什么样的家园，但从今天开始，人类的勇气和坚毅，将永刻星空之下……

——电影《流浪地球》经典台词

11.1　未来社会与未来科学

11.1.1　微粒社会与未来工作

11.1.1.1　微粒社会

本书曾提到"粒度"的感念，并将粒度缩放视为当前管理决策的重大挑战之一。在计算机科学家的眼中，粒度是解析程度；数据的精准度越高，粒度就越低。新兴科技特别是 Web3.0 和区块链 4.0 的发展，将从根本上改变我们的生活方式、学习方式和工作方式，以及我们对世界和我们自身的认知。换言之，数字化可以帮助我们用新的方式来测量生活的世界，我们的身体、社会关系、政治、经济，乃至自然界，都将以精细、透彻、精确的方式被获取、分析和评价。例如，我们再也无须关注平均值，因为我们将生活在一个新型的高度解析的社会将有高密度、更详细的认知。这种新型的社会被克里斯托夫·库克里克（Christoph Kucklick）称为"微粒社会"。技术和社会的变革，不仅会产生一些新的事物，也会让一些旧的事物消亡，数智化革命亦是如此。随着人类感知现实和虚拟现实精准度的提高，它们本身也会发生改变。

在微粒社会中，人们或将淡忘平均数的存在，转向对极端差异化的关注。正如实验医学之父、法国医生克洛德·贝尔纳（Claude Bernard）在1865年讲述的那样："医生完全用不上所谓的大数定律，按照一位伟大的数学家的说法，这种定律在总体上是正确的，而在个体方面则是错误的。"事实上，现代人对于平均数的崇拜几乎达到了顶峰。平均标准主义广泛而又深刻地影响着人们的生活和社会的发展，我们总是条件反射似地把遇到的人或事，包括自己与平均标准进行对比，甚至据此来判断是非对错，而且并不会感觉到这种思想所带来的危害，也不会认为这样的判断标准有多么不合理。当然，我们更无法估计有多少潜在的、本应为推动整个人类社会发展的"新星"从未升起就已陨落，因为它们从来不曾有过胜出，甚至连一个胜出的机会都不曾有过。因为，只有秉承平均主义的人，才能够在这个社会得以生存。然而，新的"解析—解体"运动将彻底打破现有的局面，使那些包括人与人之间的、迄今仍然被隐藏的差异得以显现。在微粒社会中，我们终将被单体化。在微粒社会中，数据粒度将会塑造微粒行为。数据会让我们清楚并精准地定义自己的需要，并使生活环境尽可能地向我们的需求靠拢。事实上，无处不在的监控设备、用户手持的移动终端中的定位系统，还有那些旨在收集人体特征指标的智能穿戴设备，都在尝试用不同的方法将我们拖进微粒社会。

对于微粒社会的企业而言，或许不再需要现在的"阿米巴"，也不再需要"人单合一"，因为精准的数字会探秘并告诉我们自身到底有多大的价值，在推动企业发展中到底发挥了多大的作用，以及我们为提高效率、目标达成到底做了哪些贡献。对于所有的人，无论是领导还是下属，都将面对比以往更加精准和无情的评价标准。他们的每一次表达、每一项行动，都将由数据粒度予以考核，并精准无误地呈现他们创造的经济价值。生活在微粒社会的微粒由于极端的差异化而变得无法与其他人混淆，但是同样也会因此而丧失群体的依靠，甚至感受到一种数字化带来的前所未有的疏离与孤独。

11.1.1.2 未来工作

雅各布·摩根（Jacob Morgan）在《重新定义工作》一书中指出：未来的管理者将不得不改变传统的管理理念，采用新的工作方式和思考方法适应未来的员工。这一切显然已经发生了，而且曾经也发生过。很明显，摩根低估了

"未来"。在这方面，雷·库兹韦尔（Ray Kurzweil）带着不可抑制的热情预言：人类会输给机器。雷·库兹韦尔在《奇点临近》一书中指出，一旦机器可以通过自己的智慧不断提升自己的能力，那么就离机器统治人类的时间不远了。在今天看来，雷·库兹韦尔关于"奇点"的预言绝非无稽之谈。源自 20世纪 30 年代的埃尔德什差异问题（一个著名的数学之谜），在 2014 年春被利物浦大学的两名研究者和计算机破解了。好消息是这个数学之谜被破解了，坏消息是没有人知道这个答案是否正确。一个比 3000 万个维基百科词条还要长的答案也只有计算机能够理解了，但是如果它被另外一个计算机采用另一种方法给印证了，我们是不是就应该认为这是一个正确的结论呢？显然，这些工作也唯有交给计算机。

我们在讨论人类的经济活动、分析经济发展趋势、探讨管理未来时，始终绕不开的都是一个话题——工作。BBC 结合剑桥大学研究者 Michael Osborne和 Carl Frey 的数据体系分析了 365 种职业在未来"被淘汰的概率"，在全球范围内引起热议，甚至被一贯标榜严谨的科学研究和专家学者所引用。设想一下，如果未来有超过 90% 的工作职位消失会产生怎样的情况？事实上历史已经有过答案。工业革命曾一度消灭了农业领域超过 90% 的工作岗位，但人类不是一样活得好好的吗？工业革命虽然消灭了很多工作岗位，但是也创造了很多工作岗位，这意味着：更多的自动化能够带来更多的工作机会。如果单纯地认为有了无人机就不需要飞行员，那就大错特错了。事实上，无人机最大的问题就是人员问题。曾经负责美国空军无人机部、指挥过超过 8000 架无人机飞行"武器"的菲利普·马克·布里德洛夫（Philip M. Breedlove）对此问题有过这样的描述："为保持一架无人机在空中 24 小时不间断飞行，需要几乎 300个人员予以配合支持；相比之下，一架 F-16 战斗机的维护人员只需要不到100 人。"因此，关于未来的工作，不应该把时间和精力放在这些无休止的争论上，而是要去思考如何实现与机器共同进化、保持人类继续比机器聪明。

11.1.2 Web3.0、元宇宙和区块链

11.1.2.1 Web3.0

Web3.0 是在加密货币、虚拟现实、增强现实、人工智能等新兴技术的推动下，创建的一个服务于人民、为人民所拥有的互联网。万维网创始人蒂姆·

伯纳斯·李（Tim Berners Lee）指出：在 Web 1.0 阶段，网页是静态的、内容由服务器提供，我们能够看到的用户之间的互动是十分有限的，甚至只能被动地接收信息，此时的 Web 基本上处于"可读"的阶段；到 Web2.0 阶段，用户可以与站点进行交互、用户与用户之间可以实现交互，因此 Web2.0 属于"可交互"阶段；Web 3.0 带给人们的是在许多去中心化部门之间产生更加可信、更加丰富的交互模式，在 Web3.0 阶段，计算机就可以像人类那样解释信息并生成用户所需要的个性化内容。Web1.0 是最初的万维网，它是建立在开源、免许可开放和开放标准之上的。亚马逊和 Google 等互联网巨头都是基于 Web1.0 生态系统或者扩展到 Web1.0 生态系统中去实现获利的。在时间上，Web1.0 从 20 世纪 80 年代后期一直延续到 2005 年。我们目前使用的是在 Web1.0 的基础上迭代而来的 Web2.0。正如大家所熟知的那样，网页由静态内容转为动态内容，在 JavaScript 等技术投入使用后，用户不但可以在网络上实现交互，还可以拥有许多实时交互的应用程序。移动、社交和云服务是 Web2.0 的三个核心创新层。Web2.0 的迭代和发展催生了微信、Facebook、YouTube、抖音、快手等时下比较流行的应用程序。虽然 Web2.0 的浪潮还在继续，但是 Web3.0 却以一种颠覆性的姿态将互联网应用程序引入一场新的革命性变革之中。Web3.0 的颠覆性体现在，它允许用户和供应商在没有受信任的第三方的情况下进行私下或公开交易，甚至允许机器人像人类一样去解读信息。确切地说，Web3.0 将会使互联网更加智能、更加自主、更加开放。

边缘计算、去中心化的网络结构和人工智能是 Web3.0 的三大核心技术。根据 OpenStack 社区的描述："边缘计算是为应用开发者和服务提供商在网络的边缘侧提供云服务和 IT 环境服务；目标是在靠近数据输入或用户的地方提供计算、存储和网络带宽。"边缘计算脱胎于云计算，本质上也是一种服务。边缘计算的目的是创造一种"错感"，一种让用户获得刷任何内容都感觉不到时间差的体验，彻底解决传统网络中经常出现的类似"404"错误的情况。微软、Google、阿里、华为、百度等知名云计算巨头都在积极部署边缘计算，作为传统硬件巨头的 Intel 也已深耕边缘计算多年，作为全球内容分发网络的"领头羊"，Akamai 早在 2003 年就与 IBM 在边缘计算领域开展了深度合作，中国移动等运营商也已开始纷纷布局移动边缘计算，更有一些像中国信通院、卡内基梅洛大学等核心研究机构对边缘计算的技术架构、应用场景等开展深入研究，并制定和发布一系列的标准。去中心化的网络结构不仅是 Web3.0 的三大核心技术之一，同时还能够帮助解决数据泄露的问题。去中心化的网络结构让个人健康数据、移动位置数据等出售或交换变为可能，同时又不会失去对数据的所有权和控制权。借助区块链技术可以在去中心化协议上构建新的应用程序，突破被围困在互联网的"围墙花园"。人工智能和机器学习算法的日益成熟，为创建有效的预测和学习算法模型奠定了基础。在人工智能的帮助下，我们可以高效解读互联网上的任何内容，甚至通过新的去中心化数据结构去访问蕴藏有无限可能和价值的海量数据。

11.1.2.2 元宇宙

"元宇宙"思想的源头可以追溯到弗诺·文奇（Vernor Vinge）在 1981 年出版的科幻小说《真实姓名》，小说讲述了一个人类可以通过脑机接口进入并能够获得感官体验的虚拟世界。清华大学新闻学院沈阳教授这样定义"元宇宙"："元宇宙是整合多种新技术而产生的新型虚实相融的互联网应用和社会形态，它基于扩展现实技术提供沉浸式体验，以及数字孪生技术生成现实世界的镜像，通过区块链技术搭建经济体系，将虚拟世界与现实世界在经济系统、社交系统、身份系统上密切融合，并且允许每个用户进行内容生产和编辑。"

新冠肺炎疫情大流行的回荡在给全球社会经济带来巨大冲击、深刻变革商业管理的同时，也加速了非接触文化的形成。2021 年初，Soul App 首次提出了构建"社交元宇宙"的设想；3 月，作为元宇宙的第一股——罗布乐思（Roblox）正式在纽约证券交易所上市；5 月，微软 CEO 萨蒂亚·纳德拉（Satya Nadella）宣布公司正在朝着打造一个"企业元宇宙"的目标努力；8 月，海尔率先发布了制造行业的首个涵盖工业互联网、人工智能、增强现实、虚拟现实及区块链技术的智造元宇宙平台，实现智能制造物理和虚拟融合，融合"厂、店、家"跨场景的体验；10 月 28 日，美国社交媒体巨头——Facebook 更名为来源于"元宇宙"（Metaverse）的"元"（Meta）；11 月，中国民营科技实业家协会元宇宙工作委员会揭牌；12 月，国内搜索引擎巨头——百度发布了首个元宇宙产品——"希壤"，邀请码用户超前体验。"元宇宙"入选"《柯林斯词典》2021 年度热词""2021 年度十大网络用语""《咬文嚼字》2021 年度十大流行语"，2021 年也因此被称为"元宇宙"元年。

在"元宇宙"的世界里，想要满足眼（视觉）、耳（听觉）、鼻（嗅觉）、舌（味觉）、身体（触觉）、大脑（意识）不同需求，并实现不同需求之间的协调，就需要有不同的技术支撑。从技术层面来讲，元宇宙需要：①XR（VR、AR、MR 的总称）、数字孪生、人工智能、区块链等单项技术的突破，以确保能够从不同维度实现深度沉浸、立体视觉和虚拟分身等元宇宙基础应用；②多重技术综合应用上的突破，不同技术的叠加兼容和交互融合，凝聚技术合理推动元宇宙有序稳定发展；③开源的、可交换的、由大众控制的互联网生态环境，给予强而有力的支持。"元宇宙"的终极形态势必是通过区块链实现去中心化的，而现在的 Web2.0 生态尚不能够满足这项要求。然而，Web 3.0 生态和元宇宙需要的网络生态却存在高度的重合。因此，吸收区块链元素并嫁接 Web 3.0，将成为人类迈向元宇宙时代进程中的重要一步。

11.1.2.3 区块链 4.0

区块链技术是数智时代商业经济社会新的基础设施，在推动数智经济稳序发展中发挥着重要的作用，被称作"信任机器"。区块链技术通过加密后构建了一个可靠、透明、安全、可追溯、去中心化的分布式数据库，极大地推动了网络数据记录、传播及存储方式的变革，并且大大降低了信用成本，同时还简化了业务流程、提高了交易效率，进而重塑了现有的产业组织模式、社会管理模式，在提高公共服务水平的过程中实现互联网从信息传播向价值转移的彻底转变。自 2009 年至今，区块链已经经历了以比特币为代表的 1.0 阶段、以以太坊为代表的 2.0 阶段和以 EOS 为代表的 3.0 阶段。在区块链 1.0 阶段，区块链的雏形只是可以编辑的货币，其应用场景主要是承担支付和流通的货币职能。在区块链 2.0 阶段，区块链从可编辑货币走向了可编辑金融，智能合约和以以太坊为代表的数字货币相结合后，区块链的应用场景被拓展到了产权登记与转让、证券和金融行业防伪、交易等领域。在区块链 3.0 阶段，区块链实现了可编辑社会，以 EOS 为代表的共识协议开始得到普遍认可，区块链的应用场景从金融延伸到了能源、医疗、教育、营销等更多的领域，为多个行业提供了去中心化或多个中心分布式解决方案。从以往区块链的发展和革新可以看到，区块链 4.0 将赋予人们无限遐想空间。在区块链 4.0 阶段，应该会有一个去中心化的企业服务生态系统（Decentralized Enterprise Service Ecosystem，DESE），突破以往区块链技术门槛高、与传统产业不相容等弊端，让参与方无须学习区块链知识、不必储备区块链人才，就可以重新搭建一个可信任的、安全的、有保障的、协作便捷流畅的共享型商业协同模式。在区块链 4.0 阶段，共识算法的投入和应用将会使资源充分得以利用，实现应用之间的数据共享、多链并行和跨链交易等。区块链 4.0 未来在引领新一轮科技革命、产业革命和管理革命中将发挥并且将不可替代的作用，覆盖并深刻影响人们学习、工作和生活的方方面面。

11.2　管理的未来

11.2.1　管理的未来三大趋势

正如前面几章中提到的那样，尽管当下仍有个人隐私、数据孤岛、数据垄断、数据操纵、数据伦理等问题，但是"大智移云区"等新兴技术和科技创新的迭代正在变革传统的商业模式、组织结构、运营管理、市场营销管理、人力资源管理、财务管理、战略管理和决策范式。管理的未来需要密切关注以下三个趋势：

第一，科技与管理的深度融合。正如在第 1 章节中所展示的那样，整个人类活动史既是一部经济史，也是一部管理史。虽然有记载的经济史要比人类活动史短，有记载的管理史则相对更短，但是智能化一直伴随着人类的活动。特别是在工业革命以后，技术始终都是引领变革的核心，而管理在技术的引领下创造了更大的价值。迈向数智时代，这种趋势只会增强，而不是减弱。"大智移云区"等新兴技术赋能管理变革，并与管理深入融合在运营管理、人机交互决策中已经得以显现，而未来的区块链等更将以前所未有之势改写已经被无数实践所证明的已有管理理论，重塑整个商业体系。

第二，管理要素之间的内部融合。没有谁能够像科学研究的从业者更希望把管理予以肢解，以便能够深度剖析管理各个单元。自泰勒科学管理以来，企业管理研究一直是沿着精细化的路线逐步向前推进的，也开发出了很多理论和方法。本书虽未穷尽这些理论和方法（事实上，这也是不可能的），但是在无解、无奈的情况下，仍然延续了这一思想。在写作的过程中，虽然也发现想把管理的各个要素之间完全割裂开来已经是一件不可能的事情，但还是尽可能这么来做。在迈向数智时代的进程中，整个商业的变革将由数字技术重新界定新范式，这就对企业重塑业务流程、提升消费者体验、扁平化组织结构、培育新型员工、创新商业模式等提出了新的要求，而这一切好像又与企业战略数智化转型升级密不可分。例如，LBS 是基于位置的服务（Location Based Services，LBS），O2O 是在线离线/线上到线下（Online To Offline），二者融合变异后成为消费半径上的精准营销"LBS+O2O"模式。从母体来看，它是基于社交、交通出行、零售和餐饮娱乐等跨界而生的。基于 LBS 可以将信息按用户位置进行推荐，增加用户个性化定制功能，让用户一目了然地找到周边感兴趣的信息；一旦用户感觉体验还不错，就会很容易形成回头客、带来口碑营销附加值。然而，"LBS+O2O"模式到底是营销的变革、商业模式的变革、企业运营流程的变革还是企业战略的转型呢？这个问题的答案真的很难统一。在《云上的中国：激荡的数智化未来》一书中，描述了插上新翅膀的红蜻蜓、身披新战袍的波司登、数据炼钢的攀钢等案例，这些案例中的企业都是在通过战略调整，打造全渠道营销模式、消除产业链中间环节，以尽可能低的成本获取消费者和潜在客户的海量数据，以数据支持决策、加速产品和服务的迭代和创新。数智化转型意味着"人"的数智化、"货"的数智化、"场"的数智化，企业上"云"工程的启动取决于企业高层领导在何种程度上决定开启数据驱动管理变革，在上"云"的过程中仍然有赖于管理各要素和各环节的深度融合。

第三，管理的复杂性。在日益数智化的世界里，复杂性无处不在。全球数智化的基础设施、物联网、移动社交媒体网络等，通过在自然人、机器人、法人、流程之间建立超链接、创建不同"物种"之间的关系，进一步加剧了数智时代的复杂性。人们在享受数智化技术带来的便利之余，也不得不求助于新的数智化技术方案以应对数智化带来的新问题。例如，平台型企业社会责任及其治理。在实践的过程中，虽然基于大数据和人工智能的数字信息治理平台、基于区块链技术的超级账本等方式能够帮助企业实现数字化治理，但是在应对一些社会性问题的时候却显得苍白无力。技术的发展过程伴有强烈的社会特性，数智化本质上是一个将数字化技术运用到更广阔的社会和制度环境中的社会技术过程。然而，在应对复杂的社会挑战时，社会科学的缺席将导致科学技术的失败。应对"百年未有之大变局","因数而智,化智为能",除实践家的不懈努力外,也需要技术研究者的参与,更需要社会人文科学工作者的参与,携起手来共同应对管理的复杂性。

11.2.2 缔造管理未来的知识之轮

库兹韦尔在《奇点临近》一书中指出:"人类创造技术的节奏正在加速,技术的力量也正以指数级的速度在增长。"然而,技术进步并没有带来经济的同步增长。经济发展与技术发展不相匹配的关键在于,技术引领了变革,但是管理并未跟上技术变革的步伐,没有创造应有的价值。因此,管理的未来在于能否实现技术与管理的完美融合。

缔造管理未来的知识之轮,是实现"技术引领变革,管理创造价值"的有效途径。知识之轮指的是,任何时代、任何组织中的知识都是由沉淀、共享、学习、应用、创新等环节组成的闭环,这些知识运转环节共同组合成为一个螺旋上升的闭环。如果只是一味地强调技术变革,忽略采用组织的文化和知识环,是无法创造价值的。担心隐私泄露而遭受攻击就会重视隐私保护,同样员工担心辛苦获得的知识在与人分享后被取代或工作朝不保夕而不愿与别人分享自己的知识,企业组织、社会等困于数据孤岛而无法发展。因此,全社会都需要从文化、管理和技术三个层面提供相应的保障工具和机制,使技术和管理协同发展,不断提升并释放其价值。

11.3   数据管理与数据治理

11.3.1   数据管理

数据管理的目的是确保数据被管理和监控,从而能够让数据得到更好的利用。作为信息技术发展中的一个新兴领域,数据管理涉及的知识体系不但面广,而且还比较深,想要把其中各要素和要素之间的关系进行梳理并解释清楚,并不是一件容易的事情。自 1980 年成立以来,国际数据管理协会(Data

Management Association，DAMA）在数据管理领域积累了丰富的经验，并致力于数据管理的研究和实践。作为一个由全球数据管理和业务专业志愿者组成的非营利性组织，它组织众多数据管理领域专家推动数据管理知识体系建设，搭建数据管理领域完整的知识体系。在 DAMA 发布的《DAMA-DMBOK2 数据管理知识体系指南（第 2 版）》（以下简称《DAMA-DMBOK2》）中，数据管理被定义为："为了交付、控制、保护并提升数据和信息资产的价值，在其整个生命周期中制订计划、制度、规程和实践活动，并执行和监督的过程。"同时，《DAMA-DMBOK2》借用"车轮图"阐释了数据管理的 11 个职能领域和 7 个基本环境要素，如图 11-1 所示。

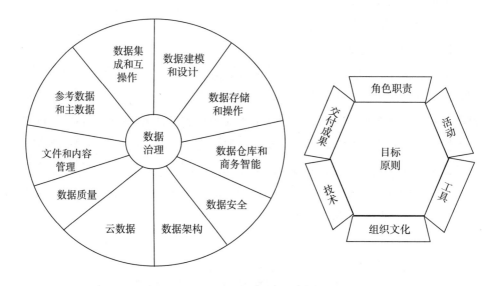

图 11-1　数据管理知识体系

资料来源：DAMA-DMBOK2。

在实际操作中，《DAMA-DMBOK2》将数据管理的 11 个职能领域列入纵轴，将 7 个环境要素列入横轴，以"11×7"矩阵的形式构筑了"DAMA 数据管理知识体系"，认为每项数据职能领域都需要在 7 个基本环境要素的约束下开展相应的工作。

用友平台与数据智能团队在《一本书讲透数据治理：战略、方法、工具与实践》一书中提出："数据管理是实现数据治理提出的决策，并给予反馈，强调管理流程和机制。"根据用友平台与数据智能团队在其书中的描述，数据管理涵盖元数据管理、主数据管理、数据标准管理、数据质量管理、数据安全管理、数据服务管理等不同领域。

11.3.2　数据治理

在 DAMA 发布的《DAMA-DMBOK2》中，数据治理被定义为："对数据资产管理行使权力和控制的活动集合（规划、监督和执行）。"虽然国际数据管理协会将数据治理作为数据管理的一项重要职能，在《DAMA-DMBOK2》中抽出一章专门对其进行了介绍，同时在其他章节中还专门增加了介绍该领域内涉及的数据治理问题。数据治理已经嵌入业务开展、数据应用流程和系统建设之中，从原来的事后治理转向事前管控、从被动治理转向主动治理、从单纯的治理转向"治理+服务扩展"、从传统数据转向大数据，这些现象都说明数据治理的概念已经脱虚向实。其中，大数据治理指的是充分运用大数据、云计算、移动互联网、人工智能、区块链等先进技术，实现治理手段的智能化。用友平台与数据智能团队在《一本书讲透数据治理：战略、方法、工具与实践》中提出："数据治理应该是顶层设计、战略规划方面的内容，是数据管理活动的总纲和指导，指明数据管理过程中哪些决策要被制定，以及由'谁'来负责，更强调数据战略、组织模式、职责分工和标准规范。"

虽然基于大数据和人工智能的数字信息治理平台以及基于区块链技术的超级账本等方式都可以帮助企业实现数字化治理，但是这些都还仅停留在技术层面上，难以与组织管理中的"治理"进行对话。2022 年《政府工作报告》进一步提出："完善数字经济治理，培育数据要素市场，释放数据要素潜力，提高应用能力，更好赋能经济发展、丰富人民生活。"数据治理已成为企事业单位精细化管理不可或缺的基础，只有切实落实好数据治理工作，才能提升企业数据质量、实现数据价值升华，真正成为企业应对数智时代挑战的助推力。

11.3.3　数据管理与数据治理的关系

根据国际数据管理协会的观点，数据管理是对从数据获取到数据消亡整个数据生命周期的管理，数据治理只是数据管理职能领域。因此，数据管理包含数据治理。数据治理旨在解决数据质量问题，使未来更好地管理数据，是数据管理的策略、程序或标准，治理的目的是使数据的使用者能够对数据做出合理的利用，并据此做出可靠的、一致性决策。尽管国际数据管理协会的观点一直处于主流，但是亦不乏挑战权威的观点萌生。与之截然相反的观点认为，数据治理包含数据管理。《DAMA-DMBOK2》在数据管理和数据治理的表述有明显存在矛盾，既然把数据治理当作数据管理的一部分，那么为什么又要在各个章节中都提及数据治理呢？显然，数据治理是为实现数据资产价值最大化而开展的一项持续性系列工程，而数据管理的目的仅仅在于数据应用。数据治理不仅为数据管理指明了方向，还有指导、评估和监督数据管理有效性的功能。用友平台与数据智能团队在《一本书讲透数据治理：战略、方法、工具与实践》一书中，对上述两种观点之间的争论进行了调和，提出了一个有关数据治理和数据管理的金字塔模型。在该模型中，数据治理处于金字塔的顶端，认为数据治理像其他治理一样是一种自上而下的策略或活动；数据管理处于金字塔的底部，侧重于流程和执行；数据治理和数据管理相辅相成，相互影响。值得注意的是：虽然业内经常说自己在搞数据治理，但大多数情况下所做的只是涉及与数据管理相关的工作。企业在具体的实践中，遇到的数据驱动或技术驱动专项实施困难，其根源仍然在于对数据治理和数据管理的认知和定位不清楚，没有从战略数据治理的顶层入手，从而在推动数据管理目标落实的道路上举步维艰。

数据管理是企业日常数据备份、还原、集成等相关操作和行为；以业务的视角对不同结构、不同来源、不同类型的数据进行归纳、整合后，让业务人员更容易识别并能够找到所需的数据，被称为数据资源管理；为提升数据质量和控制数据安全，通过标准规范和保障体系建设促进企业内部数据的利用和共享，是问题驱动的数据治理；更宽泛的数据治理还应该包括价值驱动的数据资产管理，即在数据管理和治理的基础上，增加了数据的确权、估值和流通等问题。管理数据质量、元数据和架构需要严格地实践数据治理，为数据管理活动提供体系性支持。数据治理还支持战略计划的实施，如文档和内容管理、参考数据管理、主数据管理、数据仓库和商务智能，这些黄金金字塔中的高级应用都会得到充分的支持。

11.3.4 数据孤岛悖论

11.3.4.1 突破数据孤岛的意义

对于政府而言，消除数据孤岛有利于提升资源利用率、打破壁垒、数据交换，有利于提高行政效率，首先，有助于提升资源利用率。共享开放政府部门内部数据，可以消灭传统信息化平台建设中"数据孤岛"问题。通过共享开放平台整合人口基础信息资源库、法人基础信息资源库、地理空间信息资源库、电子证照信息资源库四大基础库，以及整合产业经济、公安等主题库，为平台的各类应用及各委办局的应用提供基础数据资源，可以实现资源整合与利用率的提升。其次，有助于推动政府转型。政府数字化转型的本质是基于数据共享的业务再造，没有数据共享就没有数字政府。美国政府的共享平台原则是提倡降低成本，共享数据；英国数字化转型提倡更好地利用数据，开放共享数据；澳大利亚政府在数字化转型中提出基于共享线上服务设计方法和线上服务系统的数据共享；《国务院办公厅关于印发政务信息系统整合共享实施方案的通知》《关于印发政务信息系统整合共享督查工作方案的通知》等文件的发布，大力推动政务数据共享。综上所述，数据共享是各国政府都极其重视的事情，是数字化转型的核心引擎，我国政府数字化转型应当坚持全局数据共享原则，充分发挥政府数据价值。

对于企业而言，首先，打通企业内部的数据孤岛，实现所有系统数据互通共享，对建立企业自身的大数据平台和企业信息化建设都有重大意义。在数据突飞猛涨的进程当中，企业信息化将企业的生产、销售、客户、订单等业务过程数字化，并实现彼此互联互通。通过各种信息系统网络加工生成新的信息资源，提供给企业管理者和决策者洞察及分析，以便做出有利于生产要素组合优化的决策，使企业能够合理配置资源，实现企业利益最大化。其次，打通企业之间的数据孤岛，实现不同企业的数据共享，有利于企业获得更好的经营发展能力。信息经济学认为，信息的增多可以增加做出正确选择的能力，从而提高经济效率，更好地体现信息的价值。每个企业自身的数据资源是有限的，在行为理性的假设前提下，企业要追求效用最大化，就需要考虑扩充自己的数据资源。企业有两种方式可以获得企业外部的数据资源：一是收集互联网数据；二是与其他企业共享数据。

11.3.4.2 数据孤岛破题之难

数据赋能管理变革或者数据驱动管理变革的障碍在于数据孤岛，数据管理和数据治理的核心也在于数据孤岛。一方面，对于企业而言，数据每隔 2~3 年都会翻一倍，而入库的数据并未得到充分的利用，海量未被利用的数据不仅没有成为培育核心竞争力的优质资源或资产，反而成为企业的负担，在企业内部形成数据孤岛；另一方面，每个国家或地区、每个行业或组织，甚至是每一个相关个体，都存在大量敏感性数据，因天然阻隔而形成不同的数据孤岛或群岛。此外，科技巨头差异化发展战略也是形成数据孤岛的重要原因之一。例如，美国的数字科技公司巨头更倾向于往纵深方向发展（如搜索领域的 Google、电商和云计算领域的亚马逊、主打社交领域的 Facebook、移动服务领域的苹果、深耕软件和 SaaS 领域的微软），中国数字科技企业目前还集中在国内市场，但随着人口红利的消退、国内市场趋于饱和，这些巨头普遍倾向于通过生态化横向发展来拓展业务，导致"内卷"现象严重。在这种环境下，数字科技企业之间的竞争也导致它们之间不愿互联互通，加剧了数据孤岛和信息孤岛的形成。数据孤岛给商业运营带来了各种各样的问题，例如，数据重复收集浪费时间和精力、数据不完整导致决策失误、部门协作沟通不畅、对外传递信息混杂不一、增加数据泄露的风险等。

解决数据孤岛的办法有很多，首先是数据持有者双方有合作的意愿，数据孤岛的解决就向前迈了一大步，让数据"见面"是前提；其次是要克服软件系统的难题。各个孤岛上的数据被不同的软件或系统储存，解决储存数据工具的问题，是解决数据孤岛必要的一步。解决数据孤岛并非新提出来的问题，我国早已颁布了一系列针对数据孤岛的法律法规，以促进政府数据共享开放。但是，仍有一些因素阻碍数据孤岛的消解。除了技术上的难题外，数据持有者双方要有合作的意愿，数据才能"见面"，而数据持有者之间不愿意共享合作，一是由于数据的权属问题容易产生矛盾和争端，二是出于保护数据产生者的数据隐私，解除数据孤岛就意味着数据的互通，个人数据就会被更多的企业使用，势必会对数据隐私产生影响，那么这又会涉及数据的权属问题。在前面的个人数据权属的争议中，我们也提到，各个数据拥有者所拥有的数据权限不明确，数据权属问题模糊，导致数据企业在权益之间发生冲突时，法律很难做出判决。这就会使企业之间出于规避风险的心态而不愿意互相合作、数据共享。

所以要想打破数据孤岛，首先，要让数据连接起来，数据的权属问题必须得到有效的解决。其次，由于数据隐私保护制度的不健全，数据流通中缺乏明确有效的规则，那么出于保护用户的个人数据隐私，政府和企业就可能会选择不参与共享。数据本体有时也会为了保护自己的数据隐私而不愿意与企业等数据利用者合作。由于商家与用户之间的信息不对等，用户很难信任商家，没有切实的规则约束商家的行为，那么用户就会选择规避风险。

数据孤岛的存在和数据要素价值发挥之间存在一定的矛盾，解决数据孤岛问题既要依靠隐私计算、区块链等技术手段，又要引入协会公约等制度手段。区块链引起去中心化能够有效保护个人隐私，而隐私计算能够在保证满足数据隐私安全的基础上实现数据价值和知识的流动与共享。协会公约要着眼于"联防联控"，引导"科技向善""数据向善"。如何让数据资源在合规、合法的尺度内流动起来，并发挥更大的价值，是当前企业界和学术界面临的共同难题。一方面，世界各国针对数据安全治理的价值诉求、制度标准、数字安全法律、数据保障能力、网络优势和数字技术优势等存在差异，发达国家与发展中国家更是存在"数字鸿沟"，难以从全球层面形成统一的理念、规则和秩序；另一方面，数据要素跨国流动也面临着数据资源产权归属、数据交易和税收政策等一系列问题，对此尚未有统一的法律规范和认定办法。我国在数据安全治理方面的数字安全技术研发水平有待提升、国际合作不够密切以及同国际规制的兼容性不足等问题，迫切需要加快提升数字管理能力，在国际合作中逐步构建起与我国数字经济发展相适应的、相对独立的包容性数据安全治理框架体系，有效解决跨境数据流动出现的一系列新问题，并在数据安全全球治理实践中贡献中国智慧。

参考文献

［1］曹鑫，欧阳桃花，黄江明．智能互联产品重塑企业边界研究：小米案例［J］．管理世界，2022（4）：125-141.

［2］陈国青，曾大军，卫强，等．大数据环境下的决策范式转变与使能创新［J］．管理世界，2020（2）：95-105.

［3］陈春花，朱丽，钟皓，等．中国企业数字化生存管理实践视角的创新研究［J］．管理科学学报，2019，22（10）：1-8.

［4］陈剑，黄朔，刘运辉．从赋能到使能——数字化环境下的企业运营管理［J］．管理世界，2020，36（2）：117-128.

［5］陈娟，奚楠楠，宁昌会，等．虚拟现实营销研究综述和展望［J］．外国经济与管理，2019，41（10）：17-30.

［6］高锡荣，李诗媛．基于区块链的液态化创新组织形成机制及运行过程研究［J］．科学与管理，2020，40（4）：1-9.

［7］胡斌，王莉丽．物联网环境下的企业组织结构变革［J］．管理世界，2020，36（8）：202-212.

［8］纪华道．企业组织结构的变革演化及趋势［J］．学术界，2014（11）：91-97.

［9］李飞，张语涵，马燕，等．大数据转化为零售营销决策的路径——基于北京朝阳大悦城的案例研究［J］．管理案例研究与评论，2018，11（5）：420-437.

［10］刘梅玲，黄虎，佟成生，等．智能财务的基本框架与建设思路研究

［J］．会计研究，2020（3）：179-192.

［11］刘善仕，孙博，葛淳棉，等．组织人力资源大数据研究框架与文献述评［J］．管理学报，2018，15（7）：1098-1106.

［12］刘志阳，王泽民．人工智能赋能创业：理论框架比较［J］．外国经济与管理，2020，42（12）：3-16.

［13］戚聿东，肖旭．数字经济时代的企业管理变革［J］．管理世界，2020，36（6）：135-152.

［14］马浩．战略管理学50年：发展脉络与主导范式［J］．外国经济与管理，2017，39（7）：15-32.

［15］孙新波，钱雨，张明超，等．大数据驱动企业供应链敏捷性的实现机理研究［J］．管理世界，2019（9）：133-151.

［16］王永贵，洪傲然．营销战略研究：现状、问题与未来展望［J］．外国经济与管理，2019，41（12）：74-93.

［17］解晓晴，刘汉民，齐宇．层级结构与网络结构的混合：复杂情境下的组织结构设计［J］．天津财经大学学报，2018（5）：79-90.

［18］徐鹏，徐向艺．人工智能时代企业管理变革的逻辑与分析框架［J］．管理世界，2020，36（1）：122-129.

［19］赵曙明，张敏，赵宜萱．人力资源管理百年：演变与发展［J］．外国经济与管理，2019，41（12）：50-74.

［20］包国宪，贾旭东．虚拟企业管理专题研究［M］．北京：中国社会科学出版社，2009.

［21］才华有限实验室．VR来了！重塑社交、颠覆产业的下一个技术平台［M］．北京：中信出版社，2016.

［22］董皓．智能时代财务管理［M］．北京：电子工业出版社，2018.

［23］路江涌．共演战略：重新定义企业生命周期［M］．北京：机械工业出版社，2018.

［24］罗家德．复杂：信息时代的连接、机会与布局［M］．北京：中信出版社，2017.

［25］文钧雷，陈韵林，安乐，等．虚拟现实+平行世界的商业与未来［M］．北京：中信出版社，2016.

［26］吴晓波，王坤祚，钱跃东．云上中国：激荡的数智化未来［M］．北京：中信出版社，2021.

［27］周文艺．生态战略：设计未来企业新模式［M］．北京：机械工业出版社，2017.

［28］［比］史蒂文·范·贝莱格姆．用户的本质：数字化时代的精准运营法则［M］．田士毅，译．北京：中信出版社，2018.

［29］［德］克里斯托夫·库克里克．微粒社会［M］．黄昆，夏柯，译．北京：中信出版社，2017.

［30］［法］米卡埃尔·洛奈．万物皆数：从史前时期到人工智能，跨越千年的数学之旅［M］．孙佳雯，译．北京：北京联合出版公司，2018.

［31］［美］保罗·多尔蒂詹姆斯·威尔逊．机器与人：埃森哲论新人工智能［M］．赵亚男，译．北京：中信出版社，2018.

［32］［美］贾森·艾博年，布莱恩·曼宁．商业新模式——企业数字化转型之路［M］．邵真，译．北京：中国人民大学出版社，2021.

［33］［美］克里斯托弗·波特．我们人类的宇宙138亿年的演化史诗［M］．曹月，包慧琦，译．北京：中信出版社，2017.

［34］［美］雷·库兹韦尔．奇点临近［M］．董振华，李庆诚，译．北京：机械工业出版社，2011.

［35］［美］玛丽·L.格雷，西达尔特·苏里．销声匿迹：数字化工作的真正未来［M］．左安浦，译．上海：上海人民出版社，2020.

［36］［美］桑尼尔·索雷斯．大数据治理［M］．匡斌，译．北京：清华大学出版社，2017.

［37］［美］威廉·穆贾雅．商业区块链：开启加密经济新时代［M］．林华等，译．北京：中信出版社，2016.

［38］［美］尤金·F.布里格姆，乔尔·F.休斯顿．财务管理（第14版）［M］．张敦力，杨快，赵纯祥，等，译．北京：机械工业出版社．

［39］［日］三谷宏治．经营战略全史［M］．徐航，译．南京：江苏凤凰文艺出版社，2016.

［40］［英］劳伦斯·弗里德曼．战略：一部历史［M］．王坚，译．北京：社会科学文献出版社，2016.

［41］［英］维克托·迈尔·舍恩伯格，肯尼思·库克耶．大数据时代：生活、工作与思维的大变革［M］．周涛，译．杭州：浙江人民出版社，2013.

［42］余吉安，秦敏，罗健，等．电影精准营销的大数据基础：以《头号玩家》为例［J］．文化艺术研究，2019（1）：8-16.

［43］（美）阿尔文·托夫勒．第三次浪潮［M］．黄明坚，译．北京：中信出版社，2018.

［44］（美）奥瑞·布莱福曼，罗德·贝克斯特朗．海星和蜘蛛［M］．李江波，译．北京：中信出版社，2008.

［45］（美）亨利·明茨伯格，（加）布鲁斯·阿尔斯特兰德，（美）约瑟夫·兰佩尔．战略历程［M］．魏江，译．机械工业出版社，2020.

［46］（英）劳伦斯·弗里德曼．战略：一部历史［M］．王坚，马娟娟，译．北京：社会科学文献出版社，2016.

［47］马可·奥勒留．沉思录［M］．何怀宏，译．北京：中央编译出版社，2008.

［48］大卫·克里斯蒂安．极简人类史：从宇宙大爆炸到21世纪［M］．王睿，译．北京：中信出版社，2016.

［49］刘汉民，解晓晴，齐宇．工业革命、组织变革与企业理论创新［J］．经济与管理研究，2020（8）：3-13.

［50］Chin T，Shi Y，Rowley C，et al. Confucian Business Model Canvas in the Asia Pacific：A Yin-Yang Harmony Cognition to Value Creation and Innovation［J］．Asia Pacific Business Rewiew，2021，27（3）：342-358.

［51］Hjouji Z，Hunter D S，Mesnards N G et al. The Impact of Bots on Opinions in Social Networks［J］．Journal of Evolutionary Economics，2020（5）：1-19.

［52］Koontz H．The Management Theory Jungle［J］．The Academy of Management Journal，1961，4（3）：174-188.

后　记

　　本书是我人生中的第一本著作。确切地说，我对大数据触发的管理变革的思考应该始于"大数据元年"。不过，我是个"慢热"的人。曾经在相当长的一段时间内，我都在质疑大数据，质疑它会不会"昙花一现"！在今天看来，或许是我多疑了，但我还是坚信大数据真的没有像我们想象中的那么美好。让我真正想动笔来写点儿东西的一个重要原因，居然是我儿子的降生。他的到来让我突然意识到：我的世界真的变了，我们生活的世界也真的变了。

　　在过去 3 年多的时间里，我有无数次想中断这个写作过程，因为围绕"大数据""数字化创新""数字化转型"等热点话题的学术研究和调研报告层出不穷。与这些蛟龙凤雏相比，"吾在天地之间，犹小石小木之在大山也"。每每躬身拜读这些"大作"都会有收获，却又深感意犹未尽！"真的没有别的什么了吗？"我的内心总压抑不住地这样问自己。

　　大师执笔，高端、大气、上档次；吾以拙作，低调、朴实、求内涵。每当我打开电脑想把自己看到、听到和想到的写下来的时候，我都思绪万千，却又无从下手；每当我把自己的构想与专家、同事、同学交流时，总是抑制不住内心的激动；无论是建议还是批评，都让我学到很多。最终，我还是坚定信心：把过去积累的、思考的汇聚成册，以飨读者。

　　写文章要以点带面、严谨、有深度；写书要求全责备、不失广度。潜心写一篇好文章，要做的是围点打援，而静心写一本书，对我来说着实是一个不小的挑战。因为你要预定它的读者，就要确定它的风格。真的很难！在写作的过程中，我一直都是"摸着石头过河"。值得庆幸的是：我的儿子总能给我带来惊喜！他邀请我一起看《超级飞侠》，那完全就是一个个"人机"协作的画面，而其中"物流仓库一片混乱"的片段显然就是机器人失控。虽然他可能还意识不到，这些都在为我思考《迈向数智时代的管理变革》补脑。因为，你会发现：孩子的世界就是未来的真实世界！

在写作的过程中，我要感谢我的学生聂琼瑶、张小涵、谢雨伟、蒋梦醒、吕兵缘、刘豪磊、张园园、雷诺、胡力苹、付薪雨、吴腾飞、信亚茹等，是他们利用课余时间帮我收集和整理原始的资料。同时，也要感谢那些已经在这一领域深耕且有建树和公开发表的专家和学者，是他们的付出和分享奠定了此书的基础。虽然限于版面我并未把他们的名字全部列在主要参考文献中，但是在正文中我已尽可能地提及他们的姓名和大作。

在这里我要感谢所有直接或间接帮助过我的人，你们的无私和不厌其烦让我的书得以付梓；同时我也要感谢所有愿意拨冗阅读此书的朋友，希望它能够给你们带来启发。

韩雪亮

2022 年 5 月